Business Ethics

企業倫理

丁志達◎著

序

城若破，有死而已。玉可碎而不可改其白，竹可焚而不可毀其節。身
雖殞，名可垂於竹帛也。

——羅貫中《三國演義·第七十六回》

　　企業倫理是既古老又現代的話題。將倫理實務化為典章制度，早在
古時就已開始進行，例如西方信史的第一部成文民法典之一的《漢摩拉
比法典》（*Code of Hammurabi*），或東方的商鞅變法「立木為信」的故
事，都為人類文明發展史上永遠不可或缺的一環。

　　1859年，大文豪狄更斯（Charles Dickens）所寫的《雙城記》（*A
Tale of Two Cities*）這本小說中說：「這是最好的時代，也是最壞的時
代；這是智慧的年代，也是無知的年代。」相當適合用來描述當今無論在
生態環境、科技進步、經濟發展、社會變遷等議題上，人類都面臨前所未
有的艱鉅挑戰，所呈現的一種徬徨又混沌未明的情境。這是一個期待英明
領袖的時代，卻也是領袖神話破滅的時代。企業人如何在亂世（政治）與
亂市（經濟）中永續經營，唯有重視「企業倫理」，才不會目眩神迷，亂
了章法。

　　印度教是多神主義，是世界現存最古老的宗教，但最主要的神明只
有三位：守城之神毗濕奴（Vishnu）、毀滅之神濕婆（Shiva）和開創之
神梵天（Brahma）。印度神話甚至還賦予三位神明各具象徵意義的妻
子，毗濕奴的妻子吉祥天（Lakshmi），象徵財富；濕婆的妻子帕爾瓦蒂
（Parvati），象徵力量；梵天娶的是辯才天（Saraswathi），象徵創意、
構想、知識。這個神話故事啟發了我們經營企業，要「管理現在」、「選
擇性忘記過去」和「創造未來」，而「企業倫理」正像一根線把這「三顆
珠子」串聯起來，取得平衡的互動關係，確保「守成」、「除舊」、「開
創」的循環持續不斷，沒有起點，也沒有終點，只要是有遠見的企業家，

重視「企業倫理」，就能永續經營，追求每一階段目標的實現。

歷史學家湯恩比（Arnold Joseph Toynbee）指出，每一個文明的沒落，都是從倫常與道德的敗壞開始。倫常乃是國家、社會、族群、組織與家庭，甚至於個人賴於維持運作之無形道德的價值、信念與準則。企業倫理是個人倫理道德的延伸，把倫理道德的規範應用到商業情境中，亦即以倫理道德的觀點，來分析商業活動中所發生的問題。

日本江戶時代末期的薩摩藩武士、軍人、政治家西鄉隆盛（木戶孝允、大久保利通、西鄉隆盛並稱「維新三傑」）的「遺訓」第29條說：「正道的人生必定會遭遇困難，但面臨困難時不必擔心成功或失敗，是生還是死、完成事務的程度因人而異，……只要全心全意走正道，遭遇困難時以克服困難為樂，想該如何突破困難而不要去想結果，就能泰然專注於正道。」

本書共分十四章，闡述有關企業倫理的相關議題。從宏觀面的商道與倫理論述起，再切入企業核心價值與文化、倫理領導、公司治理、接班倫理、資訊倫理、服務倫理、企業併購倫理、企業變革倫理、雇主倫理、職場倫理、企業社會責任、失敗企業的借鏡，並以成功企業的楷模作為總結。

沒有黑的，就比不出白的。本書體系以正（正道）反（邪道）兩面論述對比，採用眾多有啟發性、趣味性的實務案例、圖片、故事，使理論與實務相互結合，讓讀者更容易掌握企業倫理的精髓所在，書上的資料皆可醍醐灌頂，讓讀者受益無窮。

本書承蒙揚智文化事業公司慨允協助出版，在本書付梓之際，謹向葉總經理忠賢先生、閻總編輯富萍小姐暨全體工作同仁敬致衷心的謝忱。又，台南應用科技大學應用英文系助理教授王志峯博士、丁經岳律師、內人林專女士、詹宜穎小姐、丁經芸小姐等人對本書資料的蒐集與整理，提供協助，亦在此一併致謝。

胡適之先生在其《四十自述》一書出版時曾說：「我們拋出幾塊磚瓦，只是希望能引出許多塊美玉寶石來。」由於本人學識與經驗的侷限，本書疏誤之處，在所難免，尚請方家不吝賜教是幸。

丁志達 敬上

目　錄

圖目錄

表目錄

範例目錄

第一章
商道與倫理

> 天下熙熙，皆為利來；天下攘攘，皆為利往。
>
> ——司馬遷《史記・貨殖列傳》

千百年來，中國倫理是以「情、理、法」為中心發展起來的，也維繫著中國社會的安定；而西方國家是以「法、理、情」為中心發展起來的，其道德來自上帝的啟示，並由上帝維繫。

國學大師林語堂說：「中國人與基督教的觀點差異得非常之大，人文主義者的倫理觀念是以『人』為中心的倫理，非以『神』為中心的倫理。在西方人想來，人與人之間，苟非有上帝觀念之存在，而能維繫道德的關係是不可思議的；在中國人方面，也同樣的詫異，人與人何以不能保持合禮的行為，何為必須顧念到間接的第三者關係上始能遵守合禮的行為呢？那好像很容易明瞭，人應該盡力為善，理由極簡單，就只為那是合乎人格的行為。」（林語堂著，黃嘉德譯，2009：86）

範例1-1

西方各宗教的倫理觀

宗教名稱	倫理觀
基督教（Christianism）	無論何事，你們願意人怎麼待你們，你們也要怎麼待人。
伊斯蘭教（Islam）	若不能愛鄰如己，就不配稱為信徒。
猶太教（Yehuda）	你不願施諸於己的，就不要施諸他人，這是律法的總綱。
印度教（Hinduism）	人不應該以己所不欲的方式去對待別人，這乃是道德的核心。
巴哈伊教（Baha'i）	如果你的視線轉向正義，就會為你鄰居選擇你所要選擇的。
耆那教（Jainism）	人應當到處漫遊，自己享受到怎麼的對待，就應該怎麼對待萬物。
約魯巴箴言（Yoruba Proverb）	一個人要拿尖頭棍戳雛鳥之前，該先試戳自己，看有多疼。

資料來源：John C. Maxwell著，李蓁譯（2007），頁41-42。

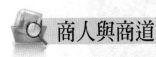 商人與商道

中國有句古話，士農工商，「商」敬陪末座，但這個字在社會上的作用舉足輕重，與「商」的關聯詞有「商討」、「商議」、「商定」、「商榷」等。

《詩經・商頌・玄鳥篇》中有這一句話：「天命玄鳥，降而生商。」《史記・殷本紀》中也記載：殷契的母親簡狄，在吞食了玄鳥的蛋之後，生下商人的祖先殷契。

「商」與玄鳥有關。古代稱燕子為玄鳥。燕子遷徙無定，其後從事貿易的商人也如此。對統治者來說，商人到處跑就不好管，難怪要重農輕商。古代以農立國，農人生活固定，方便抽稅。農村相對的穩定性受統治者歡迎，而商人逐利本性和冒險精神要被統治者長期打壓。

一、孔子門人也經商

日本明治和大正時期的大實業家澀澤榮一成立了日本第一家股份公司和第一家銀行，他有一句名言：「一手捧《論語》，一手打算盤。」他是以《論語》作為做生意致富的手段。

商人在經濟上可以很富有，但在歷史上的某些階段，其社會低下。春秋戰國時的商人地位仍備受尊崇。《論語・述而第七》說：「富而可求也，雖執鞭之士，吾亦為之。」（譯文：富貴如果可以求得，就算是執鞭的卑微差事，我也願意去做。如果富貴無法以正當手段求得，那麼還是追隨我所愛好的理想吧。）可見孔子本人並不排斥金錢。

以孔子的高足學生子貢（端木賜）為例，他是個精明的人。他一邊求學，一邊做買賣。《論語・先進第十一》說：「回也其庶乎，屢空。賜不受命，而貨殖焉，億則屢中。」（譯文：顏回的德行已接近完善，然而常常貧困。端木賜沒有隨其自然、聽天由命，他去做買賣，預測行情，卻常常猜中。）「億則屢中」，用於今日的股票市場，子貢便是今日的股神華倫・愛德華・巴菲特（Warren Edward Buffett）。

北京孔廟孔子塑像（丁志達／攝影）

北京孔廟是中國元、明、清三朝祭祀孔子的場所。在北京東城區國子監街。伊藤博文到中國訪問時，對辜鴻銘說：「現在還提倡孔子的學說，不是太落伍了嗎？」辜鴻銘答道：「在古代，二加二等於四，在現代，二加二還是等於四，有些學問是不受時間的影響的。」

二、「商業」居末業始於秦朝

　　商人地位低下，始自戰國後期商鞅變法，他明確以「農業」爲「本業」，「商業」爲「末業」，並且限制商人經營範圍，重徵商稅，出現了重農抑商思想和政策，到秦始皇亦視商人爲眼中釘。漢代對商人的限制權力更嚴，他們毫無政治地位。漢高祖劉邦登基後，便頒布「賤商令」，法律規定商人不許「衣絲乘車」，不得「仕宦爲吏」，並且對商人加倍徵稅。唐朝時，商人仍不能入朝爲官。

三、商人抬頭在宋朝

　　商人被歧視的情況，到宋朝才有改進。兩宋時期，重農抑商政策鬆動。南宋著名愛國文人陳亮在《龍川集》中有這樣的記載：「古者官民一家也，農商一事也……商藉農而立，農賴商而行，求以相輔，而非求以相

病，則良法美意，何嘗一日不行於天下哉。」陳亮強調了農、商並重，相輔相成，提高了商業和商人的地位。更大的進步在於，北宋允許商人中「奇才異行者」應試；南宋以後，商人及其子弟可以參加各級科舉考試，中舉做官的越來越多。到了明代設立「商籍」，商人可以參加科舉考試，甚至可以透過「捐資」獲取官位。清朝時更捐官成風。這也許由於商人一向在政治夾縫生存，為保證商途順暢，及改變世人眼中「無商不奸」的刻板形象，他們除了捐官，更努力與文化界建立良好關係，熱心公益，以證明他們不只是向錢看（廉翠芳，2011）。

四、紅頂商人胡雪巖

隨著商人社會地位的變化，商人成了「紅頂商人」。史上唯一的一位著名的「紅頂商人」是清朝的杭州人胡雪巖（以杭州經營的錢莊為本業，發跡後擴展至當鋪、房地產，也觸及鹽業、茶業、布業、航運、糧食買賣和中藥行，甚至軍火等事業）。亦商亦官，因辦理太平天國戰亂後的杭州善後工作，及多次幫助左宗棠採購軍火有功，官階升至從二品的布政使司，其朝冠飾上紅珊瑚珠，俗稱「紅頂子」。如今凡有政治背景，同時具有官、商兩種身分，能影響政府決策的人物，都是「紅頂商人」（岑逸飛，2008：25-26）。

五、商道致富

日本江戶時代（德川幕府統治日本的年代）中葉的教育家石田梅岩，提出一套經商哲學，稱作「商道」（Way of the Merchant，或稱心學，指心的科學或心的學習）。石田的時代，商人處於社會的最低層，因為經商被認為是卑下的勞力工作。石田鼓勵商人，灌輸他們信心，並且教導他們：「經商不是卑下的行為。商人賺取利潤和武士領取薪水並沒有太大的差別。但是商人不能以卑鄙或不義的手段牟利。真正的商人，不只為自己賺取利潤，也為他人賺取利潤。」他的理論廣受尊敬和奉行，被拿來作為經商的指導原則。

範例 1-2

晉商諺語

- 生意本領學在身，賽過祖產千萬金。
- 十年寒窗考狀元，十年學商倍加難。
- 忙時心不亂，閒時心不散。
- 快在櫃前，忙在櫃檯。
- 人有站相，貨有擺樣。
- 義中求財，仁中取利。
- 君子愛人以德，良賈行商以義。
- 人正招客，貨正招財。
- 以信為本，以誠求利。
- 一分誠意，一分生意。
- 勤是生財的匣子，儉是聚寶的耙子。
- 勤儉好致富，忠厚好傳家。
- 誠招天下客，義納八方財。
- 能使貨暢流，利可無盡頭。
- 資訊靈通，生意興隆。
- 行情磨得準，生意做得穩。
- 看戲聽唱腔，貨物看品質。
- 出門看天氣，經商看行情。
- 物以稀為貴，貨以遠為高。
- 囤得千日貨，自有賺錢時。
- 誠招天下客，譽從信中來。
- 和氣生財，忤逆生災。
- 秤能衡輕重，話能暖人心。
- 身有實貨，不用吆喝。
- 不怕不賣錢，只怕貨不全。
- 打鐵需看火色，買賣需看時令。
- 創出金色招牌，顧客擠上門來。
- 莫嫌利小，就怕趟少。
- 莫嫌利前薄，客廣利自多。
- 店有雅號，客會常來。
- 死店活人幹，關鍵在人才。
- 若要生意好，全憑腿快跑。
- 買賣莫錯時光，得利就當脫手。
- 門上沒招牌，有貨賣不快。
- 財從譽中來，譽從信中來。

・十年學出個秀才，十年學不成買賣。
・師傅傳幫帶，手藝學得快。
・人中取利真君子，義中求財大丈夫。
・良田萬頃，不抵日進分文。
・出門帶好盤纏，買賣要打算盤。
・經商會理財，開店不倒台。
・顧客是桿秤，斤兩自分明。
・厚生利不如薄生利，重錢財莫如重人才。
・生意好做，夥計難求。
・千計萬計用人第一計，千難萬難有人就不難。
・人無謀略休開店，待客要憑熱心腸。
・十分幹抵不上三分算。
・生意猶如棋盤，盤盤皆有謀術。
・熟知買賣經，商情樣樣精。
・生意無偏心，不負苦練人。
・人穿衣衫布穿漿，好貨還需好裝潢。
・經營信為本，買賣禮當先。
・天下三百六十行，行行離不開買賣郎。
・看人定調，各有所好。
・百樣生意百種做，靈活經營客自多。

資料來源：張正明、馬偉著（2006）；整理：丁志達。

　　澀澤榮一根據《論語》重視誠信的精神，建議「整合道德和經濟」。他也支持這種信念：「商人的職責，是考慮公眾的利益，努力將幸福帶給別人，而不是不必要地追求本身的利益。」根據這樣的傳統，日本人十分重視信任，近代商業交易時，信任的重要性超越金錢（Frank-Jurgen Richter、Pamela C. M. Mar編，羅耀宗譯，2004：265-266）。

　　時移勢轉，商人從「士農工商」的四民之末，在今日搖身一變，脫穎而出，儼然高居首位。

範例 1-3

大選政治獻金　台塑捐馬最多、遠東押兩邊

　　監察院公布2012年總統大選政治獻金收支結算表，其中，企業界捐給馬吳配1億738萬元，以台塑集團旗下企業捐出最多，霖園、永豐餘等集團以及多家建設公司都有捐輸。民進黨蔡蘇配也有穩懋半導體、麗寶建設等企業力挺，企業獻金共7,023萬元，另一組人馬宋楚瑜、林瑞雄，企業捐款則為355.5萬元。遠東集團則是兩邊押寶。

　　由於每家營利事業依規定對於個別候選人的政治獻金不能超過100萬元，因此多家財團都分別以旗下不同企業名義進行政治捐輸，以台塑集團為例，捐給馬吳配的就有南亞電路板、台塑海運、六輕汽車貨運、台塑通運、塑化汽車貨運等，政治獻金至少700萬元。

　　霖園蔡家也分別以國泰建築經理股份有限公司、霖園公寓大廈管理維護，以及三井工程等公司名義捐給馬吳配；永豐餘集團則是以永豐餘造紙、永豐餘投資名義捐款馬吳。

　　不動產業也多數支持馬吳配，包括昇陽建設、新潤建設、宏暉建設、暉都建設、皇苑建設、信義房屋等，捐款金額都達到最高的100萬元。高科技業則僅有旺宏電子等少數幾家捐給馬吳配百萬元。

　　捐給民進黨候選人的以個人名義居多，不過企業界也有人獨鍾蔡蘇配，像穩懋半導體、合興石化、麗寶建設、億欣營造、力揚紙業、全球資產管理公司，捐款金額都達百萬元。

　　遠東集團董事長徐旭東，在本屆總統大選期間，集團旗下分別以遠鼎投資、遠銀國際租賃、亞東預拌混凝土等公司名義捐給馬吳配各100萬元。但同時間也以遠銀國際租賃等名義，捐出百萬元給蔡蘇配，兩邊押寶。

資料來源：中評社（2012/07/17）。

倫理與道德

　　國學大師陳寅恪遊學日本、美國和歐洲十三年，精通二十二種語言，但仍行孔孟之道。清華大學學生到上海拜望他的父親散原老人陳三立，學生都坐下聽講，他則站在父親身旁，直到談話結束。當國學大師王國維投湖自盡，遺體入殮時，學生行三鞠躬禮致哀，陳寅恪著長袍馬褂，跪地三叩首，這就是中國原味的「倫理」精神（龔濟，2012）。

一、倫理的定義

　　中國有關倫理一詞的記載，首見於《禮記·樂記》：「凡音者，生於人心者也；樂者，通倫理者也。」「倫」字根據《辭源》字典定義是：「倫常也，如君臣、父子、夫婦、昆弟、朋友為五倫」。「理」字本來指玉的紋理，引申為有條理或分明的意思。換言之，「倫」是指人際關係，「理」是指價值規範，合起來講，「倫理」一詞的簡單解釋就是人際關係的價值規範。

二、風俗習慣

　　倫理學的英文是ethics，來自拉丁文是ethica，原意指風俗習慣（custom or habit）與品行氣質（character）。在《韋氏大辭典》（*Merriam-Webster Collegiate Dictionary*）上，將「倫理」定義為：「是要符合道德標準或是一專業行為的標準。」就廣義的說，倫理包括社會的一切規範、慣例、制度、典章、行為標準、良知的表現與法律的基礎。因此在拉丁文中，作為研究這一切相關社會的ethics就成為倫理學的基本意義。

　　倫理牽涉到個人事物的「是」與「非」、「對」與「錯」、「善」與「惡」、「好」與「壞」、「應該」與「不應該」等價值判斷與倫理認知，所以很難有一致的定義。而道德的英文是morality，意思是讓所有與

我互動的人，都能夠得到利益、平安，也就是所謂「交友」的功能，即如孔夫子所說：「友直、友諒、友多聞」。

三、倫理與道德的差異

人與人的互動，如果缺乏道德，也就不能稱為倫理，而只是一般的互動罷了。倫理的構成，一定要加上道德的規範，才能夠圓滿。2005年1月10日凌晨一時五十分，台北市仁愛醫院急診室接獲一名四歲女童請求就醫，當時這個小女孩意識模糊，昏迷指數七，心跳正常，但是院方宣稱沒有病床，最後被送至台中梧棲童綜合醫院，經過數日急救，於20日宣布腦死。令人遺憾的是，全台灣醫療資源最豐富的台北市，竟容不下一個四歲的女童（林火旺，2007：36）。

「倫理」在使用上常與「道德」一詞相混淆，兩者在用法上的差異有：

1.倫理是指對人們所應遵守的行為準則作有系統的研究；道德則為行為準則的本身。

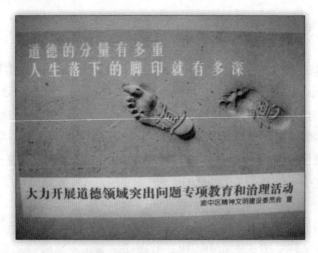

道德宣導海報（丁志達／攝影）

道德的分量有多重，人生落下的腳印就有多深。

2.倫理是指個人在全體中的行為；道德則較屬於個人的行為表現。

3.倫理指較上位的人與他人關係；道德是指較具體化、個別化的個人修養行為。

4.倫理是規範行為的原則，據以檢定行為的對錯；道德則偏重在解釋行為本身的好、壞、善、惡。

倫理與道德有上述的不同，但在一般學者的使用上，大都不作此嚴格的區分（陳聰文，1993：18-19）（**表1-1**）。

表1-1　優良品格教育訓練德目

一、智：道者宇宙既存之真理，德者人類行為之規範	
1.真理（Truth）	篤信真理可使人類的生命具有意義和目的。
2.審問（Accurate Inquiry）	立志追求博學、審問、慎思、明辨，並篤行之。
3.尊重（Deference）	君子應尊德性而道學問，致廣大而盡精微。
4.寬恕（Forgiveness）	己所不欲勿施於人，為人處世應具包容心。
5.智慧（Wisdom）	聰明與智慧意義不同，智慧寓於真理之中。
6.圓融（Perfect Harmony）	智欲圓融而行欲方正，於公於私必能政通人和。
7.幽默（Humor）	幽默可增進和諧的人際關係，惟不得流於庸俗。
二、仁：大慈大悲，己立立人，己達達人	
1.大愛（Benevolence）	無條件的愛心，是人類信仰行事最偉大的法則。
2.慈悲（Merciful）	慈悲與憐憫是人類倫理道德實踐中最高的德性。
3.謙遜（Humility）	人們應效法孔子及蘇格拉底等聖賢，學習謙遜。
4.修禪（Zen）	人們可透過禪修，過著不執著、無私及無我的生活。
5.救世（Salvation）	宗教宣揚不能用怪力亂神，從事救世或渡化活動。
6.懺悔（Confession）	人類所有業障都由貪瞋痴所引起，應知所懺悔。
7.感恩（Gratefulness）	懂得感恩和祈禱的人，能開啟智慧並獲得福報。
三、勇：國家將興，必有禎祥；國家將亡，必有妖孽	
1.忠貞（Loyalty）	軍人的崇高信念應建立在國家、責任和榮譽之上。
2.英勇（Boldness）	忠勇為愛國之本，軍人的神聖職責在於保國衛民。
3.機警（Alertness）	人人提高警覺，具備敏銳的反應力及快速的執行力。
4.危機（Crisis）	全體官兵應具備憂患意識，指揮官應具有危機感。
5.韜略（Military Strategy）	組織領導人最高的資質，應具備高度的哲學修養。
6.決斷（Decisiveness）	果斷的決策來自兵學、科學和哲學的明智判斷。
7.領導（Leadership）	用哲學管理，用策略經營。領導應重視團隊的士氣。

（續）表1-1　優良品格教育訓練德目

四、禮：禮，天之經，地之義，人之行也	
1.真誠（Sincerity）	真誠是領導人最重要的資質。至誠如神，不誠無物。
2.禮節（Politeness）	禮儀之始，在於正儀容，齊顏色，順辭令。
3.孝敬（Piety）	孝者德之本也。以孝事君則忠，以敬事長則順。
4.勤勉（Diligence）	勤勉是成長的原動力，勤能補拙，適者必能生存。
5.整潔（Neat）	整潔為強身之本，對周遭事物要注重環保意識。
6.責任（Responsibility）	盡忠職守係指對職務負責，並非對主管個人盡私。
7.榮譽（Honor）	仕官而至將相，為人情之所榮；榮也者，辱之基也。
五、義：天行健君子自強不息，地勢坤君子厚德載物	
1.正義（Justice）	公義來自天理與良知，法律應尊重程序正義。
2.熱忱（Enthusiasm）	待人熱誠而又盡忠職守的人，令人充滿信賴與希望。
3.自主（Autonomous）	凡正堂的事均應依道理行事，並主動、積極貫徹執行。
4.謹慎（Discretion）	實踐力行是人類檢驗真理唯一的重要標準。
5.守時（Punctuality）	遵守時間是確保人際關係及工作效率的起點。
6.節制（Self-control）	從事社會活動，應自我節制，並避免情緒失控。
7.紀律（Discipline）	紀律是勵行法治精神及維護團隊榮譽的指標。
六、廉：積善之家，必有餘慶；積不善之家，必有餘殃	
1.立志（Ambitious）	建立信心是成功的關鍵秘訣，凡事應從立志開始。
2.關懷（Compassion）	經常關懷並善待他人，自己的心靈先蒙其利。
3.廉潔（Integrity）	操守廉潔而又樸實的人，受人歡迎，更受人信賴。
4.節儉（Thriftiness）	節約應從節儉開始，人人愛惜財務及地球資源。
5.奉獻（Sacrifice）	犧牲奉獻不求非分的報償，可增進心靈的安慰。
6.樂施（Generous）	一般人僅知「取之為取」，殊不知「給才是真正的取」。
7.行善（Beneficence）	善心固然是人類的天性，但能行善才是最偉大的事。
七、信：促進經濟發展，宜善用策略管理	
1.信用（Credit）	民無信不立，國家政經發展應以民意為依歸。
2.策略（Macro Strategy）	用宏觀的策略發展經濟，重視人民對政府的信心。
3.均衡（Equilibrium）	經濟建設應兼顧內部與外部的均衡與發展，避免偏頗。
4.穩定（Stabilization）	經濟發展應防止通貨膨脹；金融穩定，應防範信用危機。
5.創新（Innovation）	利用資訊科技創新產品，創造價值，提升國家競爭力。
6.成長（Growth）	經濟持續成長，旨在提升國民所得，增進人民之福祉。
7.效益（Benefit）	經濟建設計畫方案，要用成本與效益分析其可行性。

資料來源：周君銓（2002）。〈附錄〉，《猶太人的世紀智慧》，金閣企業出版。

倫理特質與企業倫理

　　倫理道德有兩個面向：一是分辨是非、善惡，及正當與否的能力；二是承諾做正確、良善及合宜的事情。倫理道德帶出行動力，而非一個用來沉思或爭辯的議題。所以，倫理道德有兩個不同的層次，一般的層次是公平（justice），較高的層次是仁慈（beneficence）。公平是不損及別人的利益，仁慈是增加別人的利益。

一、倫理的特質

　　根據美國軍事科學院（American Academy of Military Sciences）哲學教授路易斯‧波伊曼（Louis P. Pojman）的分析，倫理應有其五項基本特質：

(一)規範性

　　任何倫理的命題都有其規範的要求，有時這樣的要求呈現為引導的句子，或是命令的形式。不論是哪一種，都涉及並指向於對一個人行為方針的要求或準則。然而此一規範性是概然性的規範，而非絕對性的規範。

(二)普遍性

　　倫理的要求有著放諸四海皆準的特性，並且在不同但相似的情況下可以進行類似的應用。但此普遍性與相對主義所主張的道德無絕對並不衝突。

(三)超越性

　　倫理的命令不一定透過某種形式的原理或成文的規定來表現，而是透過生活中的種種事物而表現出來。其超越性也表達於倫理對於道德命題正當性的論證與要求，其表現為要求一個合理的推論過程，以保證一個倫理命題是合理而且可以被接受的。

(四)公開性

倫理的種種要求都是可以被公開傳送與宣傳的內容，其公開性一方面成為公眾所共同接受的意見或某種共識，另一方面其公開以便使人能夠依循其內容而達到一個更美善的生活。

(五)具體可行

倫理的種種要求是要人在生活中實踐出來，以達至一個理想或完美的生活。就這個角度而言，倫理是必須具體可行的。

這五個倫理特質，同時也會是專業倫理的特質（黃鼎元等著，2006：38-39）。

二、企業倫理的面向

在實務上，倫理與企業的運作息息相關。企業倫理（business ethics），是指從事企業活動所應遵循的行為規範，此可表現在企業體系之內，也可呈現在企業的環境之中，此規定賦予企業在動機和行為上的是非善惡之判斷基準，因此企業倫理較偏向企業整體或企業經營者（邱茂林、王昭明、吳育昇編著，2009：6）。

任何商業團體或生產機構以合法手段從事營利時所應遵守的倫理規範，應用於企業營運以及管理行為上，它包括了下列三個面向：

1. 與產品及業務相關：消費者、供應商、採購者、競爭者、融資者等對象。
2. 與企業內部有關：董事、股東、會計人員、採購人員、員工等人。
3. 與經營環境相關：政府官員、稅務機構、利益團體、媒體、社區等外部對象。

在國內外有許多違背企業倫理的例子，例如：仿冒、侵犯智慧財產權；內線交易，賺取不法所得；行賄，以取得招標；忽視環保，轉嫁社會成本；輕視工廠安全，結果造成災難；壓低工資，僱用童工等，企業稍一不慎就可能出現各種違背企業品德的情況（高希均，2008：14-15）。

範例 1-4

玉山銀行實踐企業倫理蜂巢式操作模式

股東倫理
· 股東權益最大化
· 穩定經營
· 股權釋出、利益分享

勞資倫理
· 人性化管理（愛與紀律）
· 完備教育訓練（重視員工）
· 倫理規範（品格第一）
· 有效溝通（週報討論）
· 組織承諾（生命共同體）

競爭理論
· 資訊透明公開化
· 同業間善意往來
· 同業間相互學習

客戶倫理
· 高品質的精緻服務
· 奉茶文化、大廳接待員
· 首創顧客服務部
· 以客為親

社會責任
· 清淨家園清掃活動
· 淨山環保運動
· 感恩節日晚會
· 合唱團公益表演

政商倫理
· 虛心請益
· 接受政府指導
· 配合政府政策
· 遵守法律

股東 stockholder ／ 員工 employees ／ 競爭者 competitors ／ 企業 business ／ 顧客 customers ／ 社會 society ／ 政府 government

資料來源：玉山銀行／引自：吳成豐（2002），頁176。

中國的倫理觀

　　北京大學前校長蔡培元說，中國以儒家為倫理學之大宗。而儒家，則一切精神界科學，悉以倫理為範圍。哲學、心理學，本與倫理有密切的關係。我國學者僅以是為倫理學之前提。其他曰為政以德，曰孝治天下，是政治學範圍於倫理也；曰國民修其孝弟忠信，可使制挺以撻堅甲利兵，是軍學範圍於倫理也：攻擊異教，恆以無父無君為辭，是宗教範圍於倫理

北京大學校門（丁志達／攝影）

中國第一所國立綜合性大學，西校門是北京大學其中一個校門，是這所大學聞名的景點。1917年，蔡元培就任北大校長。

也；評定詩古文辭，恆以載道述德眷懷君父爲優點，是美學亦範圍於倫理也。我國倫理學之範圍，其廣如此，則倫理學宜若爲我國唯一發達之學術矣（蔡元培，2010：20）。

中國傳統的倫理體系以道家爲從，佛家爲賓，儒家爲主的格局。

一、道家的倫理觀

道家思想是自然主義，求與自然調和，求生命的超越境界，求長生不老。道家主張避世，主張無爲；反對求學，認爲求學有害無利。反對倫理道德，主張反璞歸眞。主張率性，認爲人性善，心靈和情慾的活動都是「善」。他們要清除心知的執著和人爲的造作。《道德經》第十九章說：「絕仁棄義，民復孝慈。」也就是說：棄絕仁義的有心有爲，回到自然樸素的慈孝（王邦雄，1999：218）。

以德報怨，典出老子《道德經》第六十三章：「爲無爲，事無事，味無味。大小多少，報怨以德。」道家重視潛移默化，不以「怨」爲「怨」，許多過錯的出現原因錯綜複雜，不妨以更寬大胸懷處理。「冤家

四川青城山道觀（丁志達／攝影）

四川青城山，在2000年被聯合國教科文組織列入《世界文化遺產名錄》，眾所周知青城山是中國道教的發源地之一。

宜解不宜結」，解「怨」的最好方法，莫如「報怨以德」擺脫報復的陰影。正如耶穌被釘十字架後所做的禱告：「父啊！赦免他們，因為他們所做的，他們不曉得。」（〈路加福音〉二十三章三十四節）（岑逸飛，2005：22）。

老子學說是歷代君王奉為修身治國的圭臬。其無為而治的理想國，更是治國者與企業家所嚮往的世界。

二、佛家的倫理觀

佛教依據的是悉達多・喬達摩（Siddhārtha Gautama），也就是佛陀的教誨。佛家思想中，視人人平等的慈悲情懷是當今「企業倫理觀」中的主要理念之一。佛家相信人生為「生、老、病、死」四苦，所以講「苦、集、滅、道」四諦，先研究人生痛苦的緣由，歸咎於「無明」，因為「無明」才誤認我和萬物是有，於是發生貪念。次則破除引致痛苦的「我執」和「物執」，得萬物皆空的「般若」（智慧），再由「般若」明見自性，最後由自性而與「真如」融合為一，進入「涅槃」（Nibbana）。「真

重慶大足寶頂石窟佛像（丁志達／攝影）

大足石刻是重慶市大足區境內主要表現為摩崖造像的石窟藝術的總稱。

如」指如常不變的真理；「涅槃」指修成正果而得解脫，可入於不生不滅之門。從「無明」到「般若」，都以「心」為中心點，故佛家標出「明心返性」為研究主題。由「見」性而入「涅槃」，是一種「心觀」。在佛學裡，「假心」為宇宙，「真心」為「真如」，在「真如」內，一入一切，一切入一（羅光，1990：12）。

「仁者無敵」，套用佛教的話就是「慈悲」。「無敵」是慈悲的一種體現，慈悲心可以克服一切艱難；一個人慈悲就沒有敵人，因為行慈悲就有智慧，能明白一切，就不會害怕，以慈悲心對待所有怨恨。傳說中當年釋迦牟尼佛成道之際，在降伏群魔時，所有惡魔射來的毒箭，都在其慈悲心的感染下，化為美麗花朵，緩緩落下（岑逸飛，2006：23）。

中國佛教不反對置產，不排斥聚財。因為，只有自給自足的能力，才可望做好對社會的救助工作，因此，佛經中經常可見「自利」（self-benefit）但也「利他」（benefiting-others）的事實，這與現代企業倫理觀

中，企業應求生存的「自利」，進而嘉惠員工乃至回饋社會等「利他」的理念，極爲吻合（吳成豐，2002：36）。

　　被譽爲日本經營之聖的稻盛和夫受佛家思想影響，認爲雖然萬物有情，諸行無常，難脫成住壞空輪迴，但是「有因有緣世界集」，人的一生就是修鍊自我，提升心智的過程。人生此世是專門爲心的修行淨化而設的道場，必須以精進、布施、持戒、忍辱、靜坐與般若智慧的六波羅蜜，不斷地磨練自己的靈魂，才是此生最重大的事。

三、儒家的倫理觀

　　有別於道家的避世及佛家的出世，作爲中國傳統倫理體系主流的儒學，是不折不扣主張入世的思想，專爲求現實人生之道，教導世人善渡現世生活，幾乎可以說不問生前，也不問死後。《論語‧先進篇》說，當季路（即子路）向孔子問及事奉鬼神的道理時，孔子回答他：「未能事人，焉能事鬼？」子路再問：「敢問死？」孔子答：「未知生，焉知死？」在中國傳統社會裡，讀書人所讀的書幾乎全是儒學著作。各朝代科舉考試的

國家一級古蹟台南孔廟山門（丁志達／攝影）

台南孔廟建於明永曆19年（1665年），是目前台灣歷史最悠久、建築群最壯觀的孔廟，莊嚴宏偉，格局完整，列屬國家一級古蹟。

試題都取自《大學》、《中庸》、《論語》、《孟子》四書。兩千多年來，中華民族的生活一直都深受儒家崇尚及重視現實的精神所影響，連廣泛流傳而代表民間通俗智慧的諺語，在在都蘊藏著儒家思想（陳佐舜，2001：47-65）。

四、仁義禮智信五常

我國倫理學說，發軔於周朝。其時儒、墨、道、法，眾家並興。及漢武帝罷黜百家，獨尊儒術，而儒家言始為我國唯一之倫理學。魏晉以還，佛教輸入，哲學界頗受其影響，而不足以震撼倫理學（蔡元培，2010：20-21）。

眾所周知，儒家倫理思想的基本精神是「仁義禮智信」，但若從現代經營的角度詮釋，就會發現「仁義禮智信」不僅是倫理之道，也是經營管理之道。

事實上，「仁」是仁愛之心，是企業發展的保證，孔子所奠定的儒家倫理學，基本上是一種自律型態的倫理學。孔子不但以「仁」為哲學的中心觀念，並進一步以「仁」統攝各種美德，以及如何以「仁」為原則的經營管理思想；「義」是處事得宜和合理，是企業立足的根本，為企業精神的支柱，既注重經濟效益，又重社會效益；「禮」是人際關係的正常規範，如禮儀、禮制、禮法，是企業生存的基礎，以「禮」為基礎的經營管理特色，企業形象建立在員工的言行舉止；「智」是明辨是非，是企業騰飛的關鍵，重視人才資源開發；「信」是言無反覆、誠實不欺，是企業興旺的標誌，為核心的經營管理目標。

此外，儒家思想包含著一種強烈的事業功名意識和自強不息的進取精神，為現代企業管理注入奮發向上的動力。被譽為日本「經營之神」的松下幸之助，主張「仁者愛人」，將儒學精髓融入管理，注重培訓及道德教化（岑逸飛，2005：16）。

深入民間、儒釋（佛）道三教圓融的《菜根譚》書上說：「徑路窄處，留一步與人行。滋味濃的，減三分讓人嚐。此是涉世一極安樂法。」天道無親，常與善人，面對人情世事，不妨三復斯言。

西方的倫理觀

西方倫理的概念指的是道德（moral或ethics）。早期西方的倫理觀，比較重視神的旨意（譬如摩西十誡），屬於先驗性的，透過先知的預言導引世人的行為，因此與上帝及宗教有較深的關聯。古希臘哲學家亞里斯多德（Aristotle）以倫理作為「品行」之學；蘇格拉底（Socrates）以倫理作為「至善」之學；十六、十七世紀英國一位重量級的政治哲學家湯瑪士·霍布斯（Thomas Hobbes）以倫理作為「正邪、善惡判斷」之學。

範例1-5

摩西十誡

摩西十誡在舊約中出現兩次，第一次在出埃及記（出二十2-17），第二次則在申命記（申五6-21）。

第一誡：除了耶和華以外，不可有別的上帝（出二十3；申五7）

第二誡：禁止拜偶像（出二十4-6；申五8-10）

第三誡：不可妄稱上帝的名（出二十7；申五11）

第四誡：遵守安息日（出二十8-11；申五12-15）

第五誡：孝敬父母（出二十12；申五16）

第六誡：不可殺人（出二十13；申五17）

第七誡：不可姦淫（出二十14；申五18）

第八誡：不可偷盜（出二十15；申五19）

第九誡：不可作假見證（出二十16；申五20）

第十誡：不可貪婪（出二十17；申五21）

資料來源：台北市立圖書館兒童電子圖書館，網址：http://kids.tpml.edu.tw/sp.asp?xdurl=DR/library03_1.asp&id=20129&mp=100。

一、資本主義興起

以「自利」爲誘因的現代西方資本主義，雖然推動了持續的經濟成長，但也正面臨兩項重大危機，一是道德危機；一是資源與環境危機。在道德危機方面，過分重視利潤，有時以顧客、員工和社會爲犧牲；有時候公司高層爲了利益，犧牲公司，以致股東、投資人和融資的銀行受到拖累；嚴重時整個社會包括不相干的納稅人都要爲之付出代價。例如美國的安隆（Enron）財務造假醜聞、美國世界通訊集團（WorldCom Group）會計詐欺，使得全球的資本市場面臨投資人的信心危機；2007年8月，美國的次級房貸（subprime mortgage loans）問題引發的世界金融危機，至2008年9月雷曼兄弟（Lehman Brothers）破產而引起的全球金融海嘯（global financial tsunami），信用瞬間收縮，資產價格大幅跌落，使世界經濟陷入第二次世界大戰以來最嚴重的衰退，都是明顯的例子。

二、企業倫理思考的問題

美國聯邦法官麥爾斯・洛德1984年於法庭對A. H.羅賓士公司總裁與律師的發言說：「企業的過錯累積起來，在我眼中就是個人罪孽的呈現。」

企業倫理意謂正確及適當的企業行爲。當企業經營者做出違反企業利益，有損顧客及公共利益時，這就發生企業倫理的問題。企業倫理最重要在於企業責任，而責任觀念決定於企業經營者對企業倫理的看重與否。因爲倫理不涉及法律，但它有絕對道德規範之意（劉原超等編著，2006：3-3）。

根據委託研究機構（Contract Research Organization）提出的一份報告指出，美國企業經營者需要思考十個問題，找到合適的答案，以形塑有倫理的企業文化：

1.企業倫理與其他績效測量間的關係爲何？
2.公司是否已遵照聯邦法規（2004聯邦判決指引）對全體員工進行倫理訓練？
3.實施健全的倫理制度與維持員工工作能力之間的關係？

4.公司是否為揭露內部不倫理行為，建立一套風險評估對策？

5.如何能夠更前瞻性的從事倫理、組織文化及企業公民意識議題？

6.管理階層應該在倫理、誠實與透明度上帶頭樹立何種公司風氣？

7.公司治理單位如何提升與支持倫理？

8.由誰來驅動公司的倫理政策？

9.在董事會、執行長（Chief Executive Officer, CEO）、資深經理團隊及員工間對於企業倫理與文化的認識是否有一致性的見解？

10.目前有哪些阻礙可能延宕了企業倫理的溝通傳導、實踐與規範的擬定？

　　以上十個問題，可藉由董事會、高階主管會議，甚至是每日與員工互動中提出詢問，不但有利於企業內部產生倫理風氣，也能協助管理者善盡企業倫理監督責任，從而達到員工、股東、客戶及商品最大的經營承諾（會計研究月刊編輯部，2009：22）（**表1-2**）。

表1-2　人類幸福之路

一、今日最美好。
二、苦難乃幸福之門。
三、命運自拓、境遇自造。
四、世人乃吾鏡，萬象乃吾師。
五、夫婦本是一對反射鏡。
六、子女是演出父母心裡的名優（著名演員）。
七、肉體是精神的象徵，疾病是生活的紅綠燈。
八、明朗乃健康之本，和愛乃幸福之源。
九、人違約，必失自己之幸，奪他人之福。
十、工作乃世上最大喜悅。
十一、萬物皆有生命。
十二、得在於捨。
十三、本不忘，末不亂。
十四、希望乃心中的太陽。
十五、信則成，憂則潰。
十六、尊重自身，及於他人。
十七、人生猶如神導劇，主角便是我自己。

資料來源：日本倫理研究所／引自：孫曉萍，〈日本倫理研究所經營幸福〉，《天下雜誌》，第287期（2001/11/15），頁256。

 ## 結　語

　　在美國，評斷行為不但是不能「違法」（illegal）而且不能「不合情理」（improper），要譴責某種行為，總是把兩個字平行使用的。倫理跟法治對社會都很重要（天下雜誌編輯部，2000：33-34）。

　　經濟學之父亞當・史密斯（Adam Smith）在《道德情操論》（*The Theory of Moral Sentiments*）中指出，人有「利己」之心，也有「利他」之心。由於利己，所以追求所得與財富；由於利他，所以心存公平和仁慈，這就是倫理價值，這也就是亞里斯多德說的——美德是幸福人生的必備條件。

參考書目

中評社（2012/07/17）。〈大選政治獻金 台塑捐馬最多、遠東押兩邊〉，中國評論新聞網網址：http://www.chinareviewnews.com。

天下雜誌編輯部（2000）。《他們怎麼贏的——標竿企業風雲錄》，天下雜誌出版，頁33-34。

王邦雄（1999）。《21世紀的儒道》，台灣立緒文化出版，頁218。

吳成豐（2002）。《企業倫理的實踐》，前程企業出版，頁36、176。

岑逸飛（2005）。〈以德報怨〉，《讀者文摘》，第81卷，第6期（2005年8月號），頁22。

岑逸飛（2005）。〈冥冥中有天意〉，《讀者文摘》，第81卷，第1期（2005年3月號），頁16。

岑逸飛（2006）。〈仁者無敵〉，《讀者文摘》，第84卷，第3期（2006年11月號），頁23。

岑逸飛（2008）。〈窗下思潮：要求富，去經商〉，《讀者文摘》，第87卷，第5期（2008年7月號），頁25-26。

林火旺（2007）。《道德——幸福的必要條件》，寶瓶文化事業出版，頁36。

林語堂著，黃嘉德譯（2009）。《中國人》，群言出版社，頁86。

法蘭克‧容根‧李克特（Frank-Jurgen Richter）、馬家敏（Pamela C. M. Mar）編，羅耀宗譯（2004）。《企業全面品德管理：看見亞洲新利基》（*Asia's New Crisis: Renewal Through Total Ethical Management*），天下遠見出版，頁265-266。

邱茂林、王昭明、吳育昇編著（2009）。《職場倫理與就業力》，普林斯頓國際公司出版，頁6。

約翰‧麥斯威爾（John C. Maxwell）著，李蓁譯（2007）。《沒有企業倫理這回事》（*There's No Such Thing As Business Ethics*）。財團法人基督教橄欖文化事業基金會出版，頁41-42。

高希均（2008）。〈序：導讀企業社會責任（CSR）〉，《企業社會責任入門手冊》，天下遠見出版，頁14-15。

張正明、馬偉（2006）。《話說晉商》，時英出版。

陳佐舜（2001）。〈中國傳統倫理思想〉，《神思》，第48期（2001/02），頁47-

65。

陳聰文（1993）。《專科學校企業倫理教學之研究》，國立政治大學教育研究所
　　博士學位論文，頁18-19。

黃鼎元等著（2006），《科技倫理：走在鋼索上的幸福——爲什麼是倫理
　　學？》，新文京開發出版，頁38-39。

廉翠芳（2011）。〈淺談中國古代商人社會地位的變遷〉，山西省2011年高
　　中教師培訓網：http://2011.shanxi.teacher.com.cn/GuoPeiAdmin/UserLog/
　　UserLogView.aspx?UserlogID=88814&cfName=2011081288814。

會計研究月刊編輯部（2009）。〈企業倫理必須思考的問題〉，《會計研究月
　　刊》，第281期（2009/04/01），頁22。

劉原超、林佳男、沈錦郎、林以介、黃廷合、齊德彰、黃榮吉編著（2006）。
　　《企業倫理》，全華科技圖書出版，頁3-3。

蔡元培（2010）。《中國倫理學史》，五南圖書出版，頁20-21。

羅光（1990）。《中國哲學的精神》，台灣學生書局，頁12。

龔濟（2012）。〈曾經活過的「清大精神」〉，《聯合報》（2012/12/07），A23
　　民意論壇。

第二章
企業核心價值與文化

- 策略管理
- 企業核心價值
- 經營理念
- 塑造企業文化
- 震旦集團經營理念
- 結　語

> 他願意改變戰術，但是最終的目的絕不放棄。
> ——英國前首相溫斯頓·邱吉爾（Winston Churchill）

　　為什麼在經濟景氣中仍有企業倒閉？為什麼在經濟蕭條中仍有企業成長？一個重要的答案就是，這個企業是否具有專業知識、職業道德與事業理想的企業文化（corporate culture），這一主持人是否具有這「三業」的特質。要追求這「三業」是一條走不盡的路。他需要吸取日新月異的專業知識；他需要面對傳統與現代價值觀念的衝突；他需要克服心理上的壓力；他需要拒絕不合法賺錢的誘惑；他需要突破事業上的挫折；他更需要不斷的自我鞭策（天下文化編輯部，1997：Ⅲ）。

　　管理學者賴利·包熙迪（Larry Bossidy）在《執行力》（*Execution*）一書中說：「當你知道如何去完成你的絕妙點子，它才是一個good idea。如果不讓全球各地員工瞭解、認同公司的經營理念及目標，那麼各自的努力很可能全盤浪費，最終引發公司營運危機。即使擁有再完美的執行力，若是不能與公司的願景、策略結合，依然不能帶領企業走向成功之路。」這就是領導人最重要的工作（**表2-1**）。

表2-1　檢視商業決策道德的十二個問題

1.你是否已正確的釐清問題？
2.如果從相反的角度，你會如何來看待問題？
3.事件發生的最初情況為何？
4.站在個人和公司成員的角度，你會對誰及對何事忠誠？
5.你做這個決策的意圖為何？
6.這樣的意圖可能會有什麼樣的結果？
7.你的決策或行動可能會傷害到誰？
8.你在作決策前，是否會先和受你決策影響的團體溝通？
9.你是否確信你的觀點不會隨時間而改變？
10.你是否可以毫不猶豫地將你的決策或行動告訴你的上司、總裁、董事會、家庭和社會全體？
11.如果別人瞭解你的行動，會有什麼結果？如果他們誤解了呢？
12.什麼情況下你會動搖立場？

資料來源：Reprinted by permission of Harvard Business Review. An exhibit from "Ethics Without the Sermon" by L. L. Nash, November–December 1981, p. 81. Copyright®1981 by the President and Fellows of Harvard College, all rights reserved. ／引自：Robbins Stephen、Mary Coulter著，羅雅萱、吳美惠等譯（2009）。《管理學》，培生出版，頁113。

 # 策略管理

在大型百貨公司跟地攤之間，三商行以低價、小型專賣店找到自己的市場定位，這是策略。台塑集團以大量生產來降低成本，又用合理利潤卡住競爭者進入其經營的產業領域，這也是策略。任何企業的策略，都是技術、管理、市場整體考量的結果，只要能掌握這些重點，「衡外情、量己力」，策略運用就像戲法一樣，人人會變，只是巧妙各有不同。

一、策略定位

價值、願景與策略是企業的三個支柱。管理大師彼得‧杜拉克（Peter Ferdinand Drucker）說：「企業規模的大小，將來在經營策略上，將是非常重要的一環。『大就是美』的時代，絕絕對對結束了，大象不比蟑螂優秀，在蟑螂活過的歷史中，大象不知已經演進了多少代。環視國際經濟的世界，表現優異的企業，都是小範圍的專家，企業把工作外包的情形愈來愈見普遍，而這些工作對經營而言，都不是最核心的。」（李慧菊譯，1989：45）

策略應該是一個行動計畫，其執行細節必須由與行動最密切、最瞭解市場狀況、最清楚資源情形、最瞭解本身長處與弱點的人參與規劃。

健全的策略計畫內容，應該回答下列問題：

1.對外部環境評估如何？
2.對現有客戶與市場瞭解嗎？
3.提高公司獲利的最佳方法為何？阻礙公司成長的障礙是什麼？
4.誰是未來的主要競爭對手？公司該如何面對競爭？
5.未來的五年計畫如何？
6.公司有能力執行此策略嗎？
7.此策略能否在短期與長期之間取得平衡？
8.此策略計畫的執行有哪些重要里程碑？

9.公司面臨的重要課題是什麼？

10.公司如何持續賺錢？（EMBA世界經理文摘編輯部，2002：118）

二、總體策略

策略在定位上，可分爲總體策略及事業策略。總體策略乃公司該進入何種產業較爲有利，何種新興產業對公司轉型有利，就像老鼠要到哪裡找稻米？到山上找一定找不到，到稻田裡去找，一年只能找到兩次，唯有到穀倉裡去找，一年四季都有得吃。因此，企業的經營總體策略必須先確定後，各項事業策略的展開才能收事半功倍的之效。例如：台灣鹽業實業公司在總體策略上即是將原有「複合式多角化」策略，調整爲鞏固核心本業的「聚焦式」經營。包括原有的核心本業（工業用鹽及食用鹽品）產品及後續進入的生技（膠原蛋白、微生物製劑）事業。而且，台鹽的企業願景也與公司的策略相呼應，因而調整爲「在海水化學及生物科技領域，成爲國際市場的領導者」。

三、事業策略

企業願景之達成，必須靠策略，策略計畫必須是一個行動方案，可供企業領導人具體達成企業目標。例如：台鹽公司以行銷、品牌、研發、生產作爲風箏的四角，形成「風箏理論」（民眾日報編著，2003：85-88）。

四、激進策略

1987年，中國第一家肯德基餐廳（Kentucky Fried Chicken, KFC）在北京天安門廣場開張時，西式速食店在中國還聞所未聞。目前肯德基在中國，已有大約三千三百家分店，現在平均每天有一家新餐廳開張，目標是達成一萬五千家。

肯德基在中國的事業能有這種成就，主要是捨棄在美國拓展業務的基本邏輯：餐點項目精簡、價格低廉、著重外賣。肯德基能贏得中國消費

肯德基餐廳（丁志達／攝影）

肯德基炸雞是美國跨國連鎖餐廳，同時也是世界第二大速食及最大炸雞連鎖企業。

者的成就，源自於深切瞭解根基穩固的市場和開發中市場的不同，而且願意徹底改變美國的經營模式。

　　1992年，中國政府准許外國企業在當地市場擴大營業後，肯德基中國部門領導人逐漸發展出一套藍圖，引領這家連鎖企業轉型。再經由嘗試和錯誤的學習曲線，逐漸成長茁壯。但這種過程最後形成的策略非常明晰，包含五項激進的要素：把肯德基變成帶有一點中國本土感受的品牌、在中小城市快速擴展業務、發展龐大的物流和供應鏈組織、向員工提供密集的客服訓練、採用公司直營而非特許加盟店。1989年，肯德基中國部門描繪了一個令人信服的願景：「他們建立的公司，能把中國變得更好。」

　　肯德基在中國的經驗，提供的最重要的一課，就是多國籍企業在進入新興市場時，必須決定它究竟只是想趕快多賣點東西，還是想建立長期基業。如果是想長期經營，就應該任用眼光遠大的當地經理人，致力創建能持久發展的組織（David E. Bell、Mary L. Shelman著，黃秀媛譯，2011：82-89）。

企業核心價值

　　核心價值（core values）就是企業最核心、最持久、最能代表企業特色的東西，社會價值正在急速改變中，但企業價值卻不一定要跟著社會價值一起改變。《基業長青》（*Built to Last: Successful Habits of Visionary Companies*）的作者吉姆·柯林斯（Jim Collins）說：「企業創新不忘守恆。」也就是說，企業要堅守著歷經時光淬鍊而益發燦爛的企業核心價值。

一、知名企業的核心價值

　　一個領導者要將企業引領到卓越之路，最重要的任務在於：確認核心價值、提升核心價值、運用核心價值並與崇高理想結合。

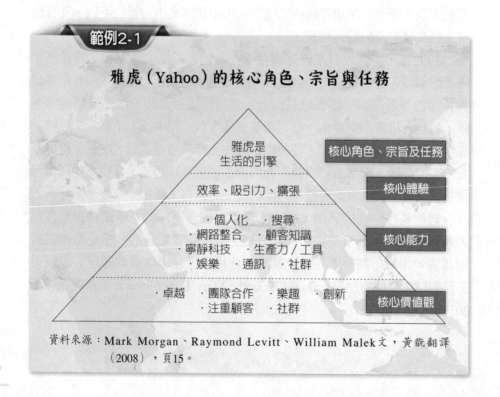

範例2-1

雅虎（Yahoo）的核心角色、宗旨與任務

- 雅虎是生活的引擎 —— 核心角色、宗旨及任務
- 效率、吸引力、擴張 —— 核心體驗
- ·個人化　·搜尋　·網路整合　·顧客知識　·寧靜科技　·生產力／工具　·娛樂　·通訊　·社群 —— 核心能力
- ·卓越　·團隊合作　·樂趣　·創新　·注重顧客　·社群 —— 核心價值觀

資料來源：Mark Morgan、Raymond Levitt、William Malek文，黃甎翻譯（2008），頁15。

觀諸世界知名企業的核心價值，例如：

1.沃爾瑪（Wal-Mart）：服務顧客，永遠給顧客最低的價格與最多的選擇。
2.迪士尼（Disney）：創造力、夢想與想像力為千百萬人製造快樂。
3.惠普（HP）：誠信、尊重與關心「人」的價值。
4.三星（SAMSUNG）：不滿現狀的第一主義及重視人、培育人的價值觀。
5.西南航空（Southwest Airlines）：員工第一、顧客第二，只有快樂的員工才有滿意的顧客。

企業在招募新人時，需確認是否具相同的價值觀。安進生技公司（Amgen）前執行長戈登·邦德（Gordon Binder）說：「我總是對他們說，如果這些價值觀與你的價值觀不同，你就應該離開。這不代表你不好，只表示你不適合安進。」

成功再造奇異、擁有史上最有效率執行長頭銜的傑克·威爾許說：「價值觀是由公司的領導人所確立的，所有的員工會漸漸地接受價值觀，創造出一種企業文化。」

吉姆·柯林斯是《基業長青》與《從A到A⁺》（*Good to Great*）的作者，他對於成功經營公司企業有相當深入廣泛的研究。最近，他被問及研究中心是否談到成功企業在建立過程中，倫理道德所扮演的角色？柯林斯答道：「我們的研究提出了一個在所有成功企業裡的必備要素，那些頂尖企業都會設立一套正確的核心價值觀，並且身體力行。」（John C. Maxwell著，李蓁譯，2007：125-126）

二、企業願景

麻省理工學院（Massachusetts Institute of Technology）教授彼得·聖吉（Peter M. Senge）在《第五項修練》（*The Fifth Discipline: The Art and Practice of the Learning Organization*）一書中對領導人下了這樣的註解：「領導者是僕人，是願景的僕人……永遠忠於自己的願景。」領導的任務

中，屬於訂定方向的層面，並不會制訂計畫，而是創造出願景和策略。企業已逐漸瞭解到競爭力的來源，不是表象的技術、規模等，而是在於擁有一群有共同願景及價值觀的員工，及這些員工所共同形塑的企業文化。

三、願景和策略

願景和策略描繪的是從長遠的角度來看，一個事業、科技或企業文化應成為什麼模樣，並清楚說明達成那個目標的可行方法。例如，斯堪的納維亞航空公司（Scandinavian Airline Systems, SAS）總經理簡·卡爾森（Jan Carlzon）提出一個願景，要成為全球商務旅行常客心目中的最佳航空公司，他說的這些話，其實是航空界人人皆知的事。商務旅客比其他市場區隔的顧客更常搭機飛行，而且通常願意付出較高的票價。因此，把重點放在商務旅客，航空公司就有機會獲得高利潤、穩定客源和可觀的成長。但是航空這個習於官僚作風而非願景的行業裡，沒有一家公司把這些簡單的概念組合在一起，並全心投入實現目標。SAS卻起而行，而且成功了。

範例2-2

台肥公司使命、願景、經營理念、核心價值

使命	願景	經營理念	核心價值（TAIFER）	
以卓越長青企業開創大地生機	成為大中華地區肥料化工業的領先者	培元 固本 創新 永續	誠信	Trust
			主動	Active
			創新	Innovation
			前瞻	Foresight
			有效	Efficiency
			負責	Responsibility

資料來源：陳羿璇（2010）。

四、杜邦的「營養套餐」

願景的關鍵不在於原創性，而在於能為顧客、股東、員工這些重要關係人帶來多大的好處，以及是否可將願景輕易轉化成實在的競爭策略（John P. Kotter著，鄭懷超譯，2011：123）。

杜邦公司（DuPont）在2002年7月9日慶祝二百週年的紀念冊上談到：「願景本身需要持續，讓願景維繫下去的『營養套餐』是耐心、勇氣以及成功。杜邦兩百年來靠著這個套餐養生而常保年輕。」（Adrian Kinnane著，2002）

經營理念

大公司資源豐富，行銷網完備；小公司彈性大、效率高、衝勁足。上世紀六〇、七〇年代，美國企業界相信「大就是美」，八〇年代流行的是「小而卓越」。二十一世紀的企業思考卻告訴人們，企業規模的大小並非成功的保證，關鍵在於肯拚、肯衝、有創意的企業精神。

一、自強不息，厚德載物

「精神」二字，很抽象。國學大師梁啓超曾到清華大學以「君子」為題發表演講。他說，「君子」是中國傳統人格的標準，但其涵義卻無明確的界說，惟在《周易》中有所涉及，而乾、坤兩卦所言又最為基本。乾象曰：「天行健，君子以自強不息。」坤象曰：「地勢坤，君子以厚德載物。」

梁啓超特別向學生強調坤象的話：「君子接物，度量寬厚，猶大地之博，無所不載。君子責己甚厚，責人甚輕。蓋惟有容人之量，處世接物坦焉無所芥蒂，然後得以膺重任，非如小有才者，輕佻狂薄，毫無度量，不然小不忍必亂大謀，君子不為也。」

他還希望清華學子，薈中西之鴻儒，集四方之俊秀，為師為友，相

蹉相磨，他年遨遊海外，吸收新文明，改良我社會，促進我政治，所謂君子人者，非清華學子，行將屬焉？

梁啓超的演講，感動了清華大學師生，從此「自強不息，厚德載物」就懸爲清大的校訓，清大人自勉做君子人（龔濟，2012）。

二、宜家家居的經營理念

總部設在瑞典（Sweden）的全球最大的家具商宜家家居（簡稱IKEA），IKEA這個字就是Ingvar Kamprad Elmtaryd Agunnaryd的縮寫。Ingvar Kamprad就是創辦人英格瓦・坎普拉，Elmtaryd代表瑞典南部農場埃姆瑞特，Agunnaryd則是代表距離農場附近幾公里遠的阿干那瑞村落。宜家家居被視爲是「鐵氟龍公司」，不會沾上任何負面的消息。在讓企業顯得不好的事件、報導之後，總是又能以驚人的速度抹去黑點。

宜家家居的經營理念是：

1.要以最低的價格，提供一系列種類齊全、設計精良、實用可靠的家

宜家家居（丁志達／攝影）

瑞典的宜家家居（IKEA）於全球三十八個國家共擁有三百二十五家分店，每年約有七億人次造訪，是全球最大的家具家飾品牌。該公司的願景是──爲大多數人創造更美好的生活空間。

庭裝潢產品，使最大多數民眾負擔得起。

2. 價格與競爭對手比較起來，還必須有明顯價差；每個商品區，一定要有「令人屏息的特價品」。

宜家家居秉持著這個經營理念，其經營方式為：

1. 先定價格再設計、製造，創造有意義的低價。
2. 訂出比同類商品低30～50%的價差。
3. 善用所有材料，兼顧產品美觀實用。
4. 不做組裝，節省運費及工資。
5. 採大賣場，少用售貨員及折扣戰。

「簡單是一種美德」是坎普拉常掛在嘴上的一句話。這句話，正是宜家家居成功發展史的關鍵。

三、台積的經營理念

台灣積體電路製造股份有限公司（Taiwan Semiconductor Manufacturing Company Limited, TSMC，簡稱台積）創立於1987年，總部座落在新竹科學工業園區，它是全球領先且規模最大的專業晶圓代工企業。

台積董事長張忠謀說，他的經營理念有三個基石：一個是顧景（visions）；一個是理念（principles）；一個是策略（strategies）。顧景是「志同道合」的「志」；理念是「志同道合」的「道」；策略則是如何能夠達成顧景的「方法」。「志」和「道」不但要完全公開，而且應該是員工、客戶都熟悉，策略則是有部分需要保留。

台積所揭櫫的經營理念為：

1. 台積在專業積體電路製造服務領域居領導地位，重視承諾，並堅持誠信、正直。
2. 台積身為業界領導者，在經營策略上反映出全球半導體產業的長期願景，並兼顧客戶的需求。

範例2-3

張忠謀　反對員工長期過勞

　　台積董事長張忠謀透過公司內部網站談話，希望員工努力工作以外，兼顧家庭生活、運動等，擁有健康、平衡的生活。他反對員工長期超時工作，即使自願加班，「每週工時最好不要超過五十個小時」。

　　張忠謀以影片方式，對員工發表「工作時間」談話，提出兩個原則、兩個贊成和三個反對。

　　他說，近幾年，台積的技術推進到與世界最強大的半導體公司競爭的地位，有這個地位，是員工的努力和大量資金注入，以後要保持這地位，甚至更進步，需要大家繼續努力，所以，原則一：「努力工作是必要的」，但「工作究竟只是生活的一部分」，原則二：希望員工都有「健康而平衡的生活」，工作之餘有家庭生活、運動、個人興趣和社交生活。

　　基於這兩個原則，公司贊成主管與員工共同思考，如何增進工作效率和成效，「工作效率與成效往往比工作時間更重要！」他也贊成在主管和員工雙方同意下，如果要加班，應依照《勞動基準法》規定，請領加班費或申請補休。他不反對同仁因對工作有興趣，自願下班後工作，以強化自己的實力，但不希望同仁每週工時超過五十個小時。

　　另外，他堅決反對主管要求員工加班，但又不核發加班費或不給予補休；反對即使有加班費，同仁卻長期超時工作；反對同仁受主管或同儕影響，「感覺非要長時間待在公司不可」。

　　他指出，有許多員工在新製程導入量產的階段，需長時間加班，以解決各種技術難題，他承諾一定會研究各種方式，有效解決這個問題。

資料來源：高宛瑜（2012）。

新竹科學園區行政大樓（丁志達／攝影）

新竹科學工業園區，是我國第一個科學園區，有「台灣矽谷」之稱，園區產業共分六大類：
積體電路產業、電腦及周邊產業、通訊產業、光電產業、精密機械產業及生物技術產業。

3.台積視客戶為夥伴，客戶從台積公司各單位獲得持續的創新及高品
　質的服務。
4.台積致力營造一個有活力、充滿樂趣且同心合作的工作環境，為員
　工設想，鼓勵創新思維與持續不斷的流程改進。

　　台積的經營團隊力求在紮實的營運與財務表現中達到和諧平衡，關
懷員工的福利，善盡良好企業公民的責任，以照顧股東的權益（台灣積體
電路製造股份有限公司，2004：1）。

 ## 塑造企業文化

　　現在企業之間的競爭，不僅是產品上的競爭，更是企業文化之間的
競爭。要成為一家優秀的企業，就要培養出優秀的企業文化。企業文化
是軟實力（soft power），就像日本團隊精神的文化、美國直來直往的文
化、歐洲的個人價值和生活品質的文化。

文化大革命（丁志達／攝影）

文化大革命（1966年5月～1976年10月），這種盲目的革命激情衝擊之下，紅衛兵成為一股恐怖力量，對國家行政體系、社會秩序、文化價值觀念以及千千萬萬人的無辜生命造成無法挽回的損害。

　　聯合訊號公司（Allied Signal）前執行長包熙迪曾說：「以重要性而言，人的問題絕不亞於事的問題；公司如果只在策略或架構上求變，進展是很有限的。」所謂人的問題，不外乎人的信念、態度、價值觀與行為。對於現代的企業來說，創造出高能量的企業文化，才是帶動獲利成長的關鍵力量（林紹婷，2007：34）。

　　企業文化能反應出組織的核心與靈魂，及所代表的象徵與價值。即使員工來來去去，這些價值依舊持續不變。因此，企業文化可以精準地反應組織累積的記憶，並提供行動計畫及後續作為可依循的架構。

一、企業文化傳輸

　　成功的策略可以被模仿，例如豐田汽車（Toyota）生產與行銷汽車的方式、西南航空的廉價航空旅遊方案等等，這都不是什麼秘密，但是「橘越淮而為枳」，優越的高能量企業文化，沒有辦法輕易的複製，因為模仿只是硬套上別人的制度與規範，而忽略了更進一步重要的文化改變因子：

員工的態度與管理者的領導風格。

二、趨勢科技的獨特文化

　　企業文化乃是指決定企業內員工應該如何行為的一個組織內共同的信念與價值系統。畫家在畫虎時，不是在強調其外型的「逼真性」，而在於掌握「虎虎生風」的那股英氣，這就是「文化」的精髓所在。例如：趨勢科技公司，工程師不需要打卡，他們相信：工程師是「樂於學習，想做對的事」的知識工作者，鼓勵創意，不在「防止」員工做錯事，而是讓工程師有「安全感，勇於創新」。創造「無懼」（no fear）的企業文化，致力建構愉快的工作環境，如穿脫鞋、牛仔褲是工程師上班的打扮，午、晚間讀書時間提供餐食、點心和成立十幾個無關績效的社團活動（林育嫻，2007：106）。

三、企業文化傳輸的方式

　　根據文化大師吉爾特·霍夫斯塔德（Geert Hofstede）指出，企業文

虎虎生威（丁志達／攝影）

老虎是哺乳綱豹屬的四種大型貓科動物中體型最大的一種，有「百獸之王」之稱。

化傳輸是依據下列的方式來進行：

(一)英雄典範

在英雄典範的身上可嗅出、可以找到、可以看出——企業文化、信念、價值觀，換句話說，英雄典範是公司的眞諦、公司價值觀的化身，它是公司規範具體的表現，在組織內樹立成員做事模式的楷模和效法的對象，藉由典範彰顯企業文化並指導成員做事的原則、方向，於是企業文化得以形成。

(二)典禮儀式

企業的價值觀、信念除了在英雄典範「個人身上」顯現外，同時也透過設計各種典禮或儀式，如各種慶典活動（企業週年慶、員工表揚大會、就職典禮）、娛樂活動（尾牙節慶、企業運動大會）、工作或社交等儀式，由組織內的成員浸濡其中而感受到組織傳遞的價值觀是什麼，也學習了在組織內做事的方式。

表2-2　企業文化類型相關比較

類型	價值觀	組織氣氛	英雄	儀式	溝通語言
硬漢文化	·重視速度而非持久力 ·機運扮演重要角色	·爭取做明星 ·缺乏合作精神	·能冒「大贏或大輸」風險的人 ·有攻擊性的人	·迷信儀式權威持久力 ·倚重英雄的護身符	·愛用新奇的字眼
努力工作／盡情享樂文化	·成功得自不屈不撓的角色	·重團隊共同的成就 ·光榮不能歸諸個人	·衡量的價值按「量」 ·具團隊精神	·「盡情享樂」的儀式	·簡化語句 ·常用術語
長期賭注文化	·決策、政策非常重要 ·尊重經驗	·尊重權威和技術專家的意見	·雖被擠一角，但仍努力進行方案到成功	·業務會議	·引經據典
過程文化	·小題大作以求不犯錯 ·過程和細節力求準確無誤	·保護自己小心謹慎	·渡過一、二場風暴也就會變成英雄 ·職位可以創造英雄	·集中在工作型態和程序上 ·重視頭銜和形式	·解說詳盡

資料來源：王素芸（2004）。企業文化塑造與員工諮商講義，財團法人中國生產力中心編印（2004/05/08），頁12。

(三)溝通網絡

溝通網絡是企業文化傳播、溝通、蒐集意見、解釋內涵的樞紐或頻道，好比是人的血液、神經傳導養分和訊息，也好比電腦的網路傳達資訊。溝通網絡有別於英雄典範、典禮儀式，它僅傳達蒐集、解釋訊息的功能，較不似兩者除了具傳達的功能外，也具有顯現文化價值的功能。

(四)形象表徵

它是將組織所要傳達的組織之願景、理念、價值觀、使命等轉化成為各項有形的設計，如建築物、各式印刷品、有聲媒體等事務用品，有系統性、一致性的表達，而使組織的文化視覺化，能為外界更容易的辨識（王素芸，2004：22-29）。

如果將企業比作一棵樹，那麼文化就是樹的根，根紮得越深，樹才能枝繁葉茂，企業才能茁壯成長，實現永續經營。傑克‧威爾許說：「價值觀是由公司的領導人所確立的，所有的員工會漸漸地接受價值觀，創造出一種企業文化。」

台糖總部標誌（丁志達／攝影）

台灣糖業股份有限公司，於民國35年5月1日成立，為經濟部所屬國營事業。一進大門，就可以看見樹幹相當粗壯的大榕樹，枝葉茂密，氣根垂地，其頂圓弧，頗似鋼盔，因而有個暱稱——鋼盔樹。

四、塑造企業文化

塑造企業文化，就是要把企業員工的個人價值觀引導到企業價值觀上加以融合，引導員工的事業心融入到企業的發展目標，倡導企業精神形成員工的精神支柱，使員工的思想和命運與企業的興衰聯繫起來，使員工有了歸屬感和向心力，聚合員工的能力和才智，達到員工與企業共存的「上下同欲者勝」（語出《孫子兵法》）的境界。在這個過程中，員工貫穿於整個過程，也是企業文化形成的主力軍。

企業文化的塑造也必須體現以員工為本，以人為本，只有這樣，才能使這個工作的核心不偏離，才能更好地得到員工的認同和接受，才能更好地激發員工的工作熱情和積極性，形成整個企業的風氣，形成企業文化（任寶香，2011：74-75）。

 # 震旦集團經營理念

震旦集團於1965年在台灣創立。「震旦」的涵義是東方日出，英文名稱「AURORA」是黎明曙光之意，兩者都是象徵光明與希望，代表朝氣與活力。創業之初，震旦行以代理AMANO品牌打卡鐘及中文打字機銷售起家，逐步發展，目前事業版圖涵蓋通信、辦公家具、辦公自動化設備系統及消費性電子商品，公司遍布台灣、大陸、日本及新加坡等地。對歷史古物有深度投入與瞭解的創辦人陳永泰，使震旦行（「震旦」創辦之初叫「震旦行」）從創辦之初就展現儒商的氣質。

一、經營理念

「永續經營」是震旦集團的經營理念，其精髓在於「同仁樂意、顧客滿意、經營得意，為追求企業長久的發展，為社會創造更美好的未來。

震旦集團的《震旦經營理念》第十版已在2012年8月份出版，除了有系統的整理經營觀點，內容上也做了與時俱增的更新，具體加入集團重要紀事，讓全體員工對經營理念更清楚瞭解，更容易實踐（震旦月刊編輯

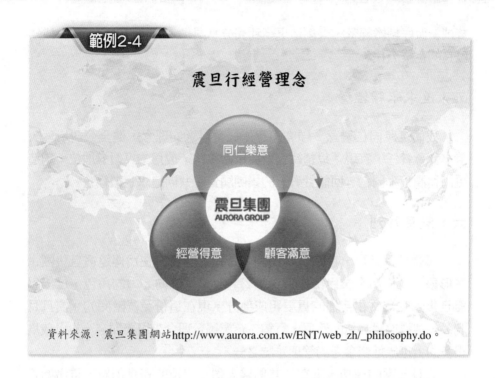

範例2-4

震旦行經營理念

同仁樂意

震旦集團
AURORA GROUP

經營得意　　顧客滿意

資料來源：震旦集團網站http://www.aurora.com.tw/ENT/web_zh/_philosophy.do。

部，2012：31）。

二、同仁樂意

我們建立完善的制度，營造活潑快樂的工作環境，努力實現同仁的職涯發展，讓同仁與企業一起成長，分享經營成果，共創「企業家族」。

三、顧客滿意

我們秉持誠信的原則與熱忱的態度，以精緻服務超越顧客期望，不斷提升企業形象與品牌價值，來獲得顧客長久的信賴與支持。

四、經營得意

我們堅持正派經營，透過全員參與，發揮自發性自轉經營，並以務

實創新做好精緻經營，來創造更高利潤分享同仁，回饋股東與社會，成爲優良的企業公民。

五、追求永續經營

我們實踐同仁樂意、顧客滿意、經營得意的理念，健全公司治理，善盡社會責任，實現「以精緻經營與精緻服務，成爲業界領導地位，創造更高利潤分享同仁，回饋社會」的集團願景，共同追求永續經營。

六、震旦月刊

《震旦月刊》，自1971年創刊，透過月刊一直在爲傳達震旦集團企業形象，並扮演企業內部傳播、聯繫、凝聚員工向心力的角色，已成爲震旦集團企業文化傳播的重要組成部分。現在這份免費贈閱的《震旦月刊》，透過傳播最新的管理、行銷、企業經營理念來服務顧客，也已成爲很多的上班族進修參考的管理雜誌之一。

震旦集團的成功，就在於其領導人劍及履及的務實創新、貫徹始終的經營理念和價值。

 結　語

企業文化是群體裡心照不宣的默契及價值觀，它的意涵是必須被企業無遠弗屆的實踐與不容破壞的，它訴諸文字顯得三言兩語，卻充滿感動與生命力，也是企業最無法複製的核心競爭力。

作家龍應台在其著作《目送：星夜》這篇文章裡寫道：「如果科學家能把一滴眼淚裡所有的成分都複製了，包括水和鹽和氣味、溫度——他所複製的，請問，能不能稱作一滴『眼淚』呢？」也許人世間最難複製的就是帶有情感的生命力，以企業的角度而言，就是企業文化，也是企業群體遵循的價值觀。

參考書目

大衛‧貝爾（David E. Bell）、瑪莉‧薛爾曼（Mary L. Shelman）著，黃秀媛譯（2011）。〈在地化以便全球化：肯德基前進中國的激進策略〉，《哈佛商業評論》，第63期（2011/11），頁82-89。

天下文化編輯部（1997）。〈序：作一位值得驕傲的「天下人」〉，《帝王學：貞觀政要的領導藝術》，天下文化出版，頁Ⅲ。

王素芸（2004）。企業文化塑造與員工諮商講義，財團法人中國生產力中心編印，頁22-29。

台灣積體電路製造股份有限公司（2004）。〈經營理念〉，《豐收的一年：台灣積體電路製造股份有限公司93年度公司年報》，頁1。

民眾日報編著（2003）。《點鹽成金》，民眾日報出版，頁85-88。

任寶香（2011）。〈企業文化的塑造在管理〉，《企業研究》，總第363期（2011/11），頁74-75。

金南（Adrian Kinnane）著（2002）。《杜邦200年：發源於布蘭迪河畔的科學奇蹟》，台灣杜邦公司出版。

約翰‧科特（John P. Kotter）著，鄭懷超譯（2011）。〈領導與變革大師開講：領導人真正該做的事〉，《哈佛商業評論》，第63期（2011/11），頁123。

約翰‧麥斯威爾（John C. Maxwell）著，李蓁譯（2007）。《沒有企業倫理這回事》（*There's No Such Thing As Business Ethics*），財團法人基督教橄欖文化事業基金會出版，頁125-126。

馬克‧摩根（Mark Morgan）、雷蒙‧李維特（Raymond Levitt）、威廉‧馬勒克（William Malek）文，黃甝翻譯（2008）。〈策略到執行一路通〉，《大師輕鬆讀》，第302期（2008/10/30-11/05），頁15。

李慧菊譯（1989）。〈管理大師杜拉克看九〇年代的企業〉，《遠見雜誌》，第38期（1989/07/15），頁45。

EMBA世界經理文摘編輯部（2002）。〈企業成敗的關鍵在執行〉，《EMBA世界經理文摘》，第192期（2002/08），頁118。

林育嫻（2007）。〈形塑有安全感的企業文化：把工程師當寶創造三五%高毛利〉，《商業周刊》，第1044期（2007/11/26-12/02），頁106。

林紹婷（2007）。〈對手偷不走的優勢──高能量企業文化〉，《商業周刊》，

第1046期（2007/12/10-12/1），頁34。

陳羿璇（2010）。〈台肥公司使命、願景、經營理念、核心價值〉，《台肥季刊》，第51卷，第1期（2010/04）。

震旦月刊編輯部（2012）。〈《震旦經營理念》第十版出版〉，《震旦月刊》，第495期（2012年10月號），頁31。

高宛瑜（2012）。〈張忠謀 反對員工長期過勞〉，《聯合報》（2012/11/24），A17綜合版。

龔濟（2012）。〈曾經活過的「清大精神」〉，《聯合報》（2012/12/07），民意論壇。

第三章
倫理領導

- 領導統御
- 領導鐵則
- 領導特質與行為
- 高績效領導力
- 金車的毒奶精事件
- 結　語

> 領導人要有品德和能力。如果你只能擁有一種，選擇品德。
> ——美國四星上將諾曼・史瓦茲柯夫（Norman Schwarzkopf）

近年來發生的企業醜聞，使得企業倫理議題受到社會高度的重視，也衍生出一種領導理論，稱之為倫理領導（ethical leadership）。被尊為經營之聖的京瓷（Kyocera）創辦人稻盛和夫有一次被問到如何評價一位經營者，與經營者到底需具備哪些特質時，他提出這樣的「經營者公式」：發想力×熱情×生活方式＝經營者評價。

稻盛和夫認為經營者，特別是創建事業的那群人，都具有構思商業模式的「發想力」，以及實現抱負的「熱情」。但這兩項（發想力×熱情）即使是正（＋）的，若生活方式是負（－）的，由於此公式是乘法算式，所有經營者的評價仍然是負的（稻盛和夫著，呂美女譯，2007：8-9）。

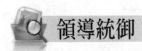 ## 領導統御

領導力是養成公司性格唯一最重要的元素。誠實和正派經營觀念，就像一條山中的溪流從山頂奔下。所有員工都在看領導人怎麼做，領導人說什麼、做什麼，都是他們體會公司性格的根源。位於芝加哥的海斯人力顧問公司（Heidrick & Struggles）的管理合夥人達爾・瓊斯（Dale Jones）說道：「在商業新世代中，經營者被賦予了一個新的使命。魅力與浮華已經落伍了，倫理、價值及目標的透明化正在當道。」

安隆全球財務部副總裁雪倫・華特金斯（Sherron Watkins），發現該公司的創新交易結構中蘊含著不法。在2001年，她寫信給當時安隆的董事長兼財務長肯尼斯・雷伊（Kenneth Lay）長達七頁的備忘錄，直接了當提出有疑問的帳目，並警告公司可能「爆發假帳醜聞」，在信上她提到：「我非常擔心公司會被一波波會計醜聞擊倒，我在安隆工作的八個年頭，在履歷表上將毫無價值，商業界會認為我過去的成績只是一場精心設計的

會計騙局。」這種勇於揭發弊案已成為企業倫理領導的模範，媒體譽為難得的吹哨子（whistle-blowing）的人（**表3-1**）。

表3-1　經理人經常遇到的30項倫理困境

1.貪婪。
2.報導和控制程序中的掩飾。
3.對產品或服務誤導性的宣稱。
4.對已談妥的條款背信或欺騙。
5.設定使人很可能要說謊才能做好事情的政策。
6.對個人本身的判斷過度有自信，造成對公司整體的危害。
7.在時局險惡時對公司不忠。
8.品質低劣。
9.在工作中羞辱人，或在廣告中採用刻板印象的宣傳手段。
10.對權威死忠地順從，不管有多不合倫理或不公平。
11.自我權力擴張超過對公司的義務（利益衝突）。
12.偏袒。
13.圍標。
14.為了完成工作，犧牲無辜或無助的人。
15.壓抑基本權利：言論自由、選擇權和個人關係。
16.當不合倫理的做法發生時，未能說出來。
17.忽視家人或忽略個人的需要。
18.明知安全有問題還做出產品決策。
19.拿出來屬於環境的、員工的和公司的資產，沒有放回去。
20.為了得到必須的支持，故意誇大一個計畫的優點。
21.未能對可能的頑固（bigotry）、性別歧視、種族歧視著手處理。
22.逢迎上司而非把事情做好。
23.站在別人的頭上以爬上公司升等的梯子。
24.提拔企圖心強而具毀滅性的人。
25.未能跟公司其他單位合作——敵人心態。
26.為公司的緣故，以省略不講的方式對員工說謊，如關廠的決定。
27.跟很有問題的夥伴結盟，儘管是為了一個好的原因。
28.對造成傷害別人的做法，不管有意或無意，不肯負責任。
29.濫用或附和公司一些浪費金錢和時間的好處。
30.以合法的管道腐化公眾政治過程。

資料來源：哈佛大學商學院教授Laura Nash, 1993. *Good Intentions Aside: A Manager's Guide to Resolving Ethical Problems*. Boston: Harvard Business School Press／引自：李春旺（2005），《企業倫理》，正中書局出版，頁139-140。

一、領導者自身的修養

在中國歷史上，對於組織領導之道研究最爲透澈的大思想家，是法家的韓非子。韓非子的思想體系，可分爲領導者自身的修養和領導方法兩大部分。

在領導者自身的修養方面，韓非子認爲領導者必須保持「虛靜之心」，心中空無一物，始能容下萬物。《韓非子‧大體第二十九》說：「古之全大體者：望天地，觀江海，因山谷，日月所照，四時所行，雲布風動；不以智累心，不以私累己；寄治亂於法術，託是非於賞罰，屬輕重於權衡。」（譯文：古代能夠全面把握事物的整體和根本的人，瞭望天地的變化，觀察江海的水流，順應山谷的高低，遵循日月照耀、四時運行、雲層分布、風向變動的自然法則；不讓智巧煩擾心境，不讓私利拖累自身；把國家的治亂寄託在法術上，把事物的是非寄託在賞罰上，把物體的輕重寄託在權衡上。）這一段話，蘊涵了許多領導的基本原則，值得體會。

二、領導方法

在領導方法方面，韓非子的思想係以「性惡論的假設」爲基礎，但不是說「每一個人都是惡人」，而是說，領導者在從事組織設計時，必須「假設」每個人都是追求自身利益的。只要一有機會，他便會表現自私自利的行爲，來追求自身利益。甚至危及他人或組織的利益，亦在所不惜。用現代心理學的概念來說，每一個人都有生理、安全、尊嚴、歸屬感、認知及自我實現的需求，爲了滿足這些需要，他必須從外界獲取不同的資源，而成爲他人心目中的「自利者」。

三、領導行爲的構成向度

近代研究領導行爲的心理學家，大多使用問卷的方式，來測量被領導者如何評估其領袖人物。依據美國俄亥俄州立大學（Ohio State University）

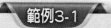

範例3-1

衛人嫁女

（原文）

　　衛人嫁其子而教之曰：「必私積聚，為人婦而出，常也；其成居，幸也。」其子因私積聚，其姑以為多私而出之。其子所以反者，倍其所以嫁。其父不自罪於教子非也，而自知其益富。今人臣之處官者，皆是類也。

（譯文）

　　有一個衛國人，告誡即將出嫁的女兒說：「（嫁過去以後）有機會妳一定要私下多斂聚一些財物。當別人的媳婦，被休是很平常的；如果始終平安的住在夫家，那是很幸運的事了。」後來他的女兒終因私聚太多財物，被她的婆婆逐出家門。衛人的女兒回到家所帶的錢財，比她出嫁時要多一倍。而她的父親不自責自己教育女兒的方法錯誤，只知道自己更加的富有了。現在為人臣子做官的，也都像這樣啊！

（啟示）

　　本文旨在敘述衛人教女不當，致使女兒因積私房錢而被休。故事中，衛人唯一的生活信條是「必私積聚」。而且，他以此教女，樂此不疲。女兒被休逐出，他非但不因自己教育錯誤，破壞了女兒的家庭生活幸福，內疚自責，反而因看到女兒帶回了私房錢時，自認聰明過人，計高一籌。人性自利，過度的為自己的利益考慮，於是忘了自己應做的角色，今之官吏做事，往往都是這一類的。這是韓非子的感嘆，也點出了「倫理與道德」的家教方式，影響兒女一生幸福多重要啊！

資料來源：選自《韓非子‧說林》／引自：http://publicserviceworker.blogspot.tw/2010/05/blog-post_5897.html。

53

心理學者的研究，被領導者通常都以兩個基本向度來評估領導者的領導行為。

1. 工作結構：它指領導者在分派工作給被領導者時，所交代的工作是否清晰而有條理。在較大的組織中，此一向度又涉及規章制度是否明確清晰。

2. 人際關係：領導者和屬下交往時，是否考慮到屬下的立場，是否體恤到屬下的困難，領導者的作風是否能和屬下保持良好的人際關係（黃光國，頁1）。

真正的領導人嚴守最高倫理行為標準。在上位者力行正直誠信，倡言價值準則。這樣的領導統御可以激勵員工效忠公司並貢獻優異績效。員工會以自己服務的公司為傲，並對其文化和價值準則產生認同（Frank-Jurgen Richter、Pamela C. M. Mar編，羅耀宗譯，2004：151）（**圖3-1**）。

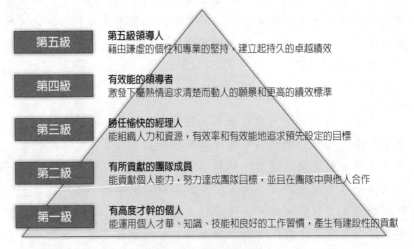

圖3-1　第五級領導圖

資料來源：柯林斯，《從A到A⁺》，第二章，遠流博識網，http://www.lib.com/author/jimcollins/point_levels.html／引自：鄭華清編著（2005），頁432。

領導鐵則

　　要有人跟隨，才配當領導者。不管企業組織結構爲何，如何演變，領導階層永遠扮演舉足輕重的角色。從有經驗的執行長到初次接任管理職務的經理人，「領導」一直是受到關切的議題，因爲其影響足以改變整個企業的發展，甚至牽動企業的成敗。

　　近代史上沒有一位軍事將領像美國陸軍五星上將道格拉斯・麥克阿瑟（Douglas MacArthur）如此功業彪炳、又極具領袖魅力，他是一位光芒四射的優秀領導者。他的領導原則、面臨危機時的臨場反應，堪爲各級領導人、管理人學習及仿效的最佳典範。

麥克阿瑟的領導典範

　　彼得・杜拉克讚譽麥克阿瑟是「最佳的責任領導典範」。他的戰地經驗與領導知識有如寶藏，人們往往可從中獲得各種啓發。

　　麥克阿瑟在第二次世界大戰中，擔任西南太平洋地區盟國武裝部隊總司令，曾被西方人譽爲最傑出的和天才的軍事家。麥克阿瑟在五十年前提出的一些領導原則，對現代領導者的提高管理效率，仍具有重要的借鏡價值。他認爲，作爲一位傑出的領導者，應該時常問自己：

1.我在品格、衣著、舉止、禮貌各方面，是否足爲部屬表率？
2.我的聲音、態度是否鎭靜，讓人感到信任，還是暴躁易怒、容易激動？
3.我是否曾對某人大發脾氣？
4.對於我工作上必須的技巧、必備的條件、目標和行政管理，我是否都完全熟悉？
5.我的言行是否能夠讓部屬眞心想要追隨我？
6.對於我所負責的部屬，我是否盡量認識他們的姓名和性格？
7.我對部屬的認識是否透澈？

8.我是否像關心自己家人一樣地關心每一位部屬的個人福利？

9.我的大門是否對部屬敞開？

10.我是否重視職位甚於工作？

11.我是否僭取一切權力，完全不能授權？

12.我是否授權每一位部屬能夠承受的最大責任，並盡力栽培他們？

13.我是否竭盡全力做到鼓舞、激勵、給予誘導，以挽救那些犯錯、能力不足的人？

14.我有沒有在眾人面前使部屬難堪？

15.我對部屬是刁難，還是鼓勵？

16.對於確實不適任的部屬，我有沒有道德勇氣把他們開除、調職？

（Larry Donnithorne著，龍靖譯，2005：317）

領導統御，基本上就是對人的承諾，這就是著名的麥克阿瑟「領導鐵則」，我們只要掌握了某些高超的領導藝術，就能成為一位有效的領導者。

 ## 領導特質與行為

日本趨勢大師大前研一說，由於技術和世界經濟板塊的驟變，事業會失去連續性、持續性而突然暴斃死亡。從前的經驗和常識已經行不通，組織瀕臨危機的時候，能夠應對突發事態的領導能力非常重要，當今領導者應具備的特質和過去有極大的不同（呂玉娟，2012：20）。

一、領導共同特質

領導學之父華倫・班尼斯（Warren Bennis）認為，正確的領導方式不只一種，每個人都要找出最適合自己的領導風格。同時他也提出領導者共同具備的四項特質與能力。

(一)注意力管理（management of attention）

它指領導者必須找出一個令人敬佩的目標或願景，凝聚每一個成員

的心智與經歷。領導者必須心中有夢，決心實現夢想。

(二)意義管理（management of meaning）

它指領導者有能力把自己的夢想傳達給部屬，讓他們認同夢想的意義。

(三)信任管理（management of trust）

它指領導者言行一致，誠懇正直。決策時的考量要點以公司的利益為前提；充滿自信又不自負。

(四)自我管理（management of self）

它意味著領導者必須澈底瞭解自己有哪些弱點與優勢，並須具備堅強的心智，他人的批評有理時，必須虛心接受。領導者還得知道何時須改變方向或策略，何時須義無反顧堅持到底（Charles Handy文，汪芸譯，2005：68）。

二、激勵與溝通

領導者的觀念成就組織的風氣，一位品德不佳的領導者，無論學識多麼豐富，專業能力再強都會對組織帶來破壞。倫理領導不僅是以身作則，更需要透過獎勵和善用溝通來指引跟隨者，部屬會自動形成一個以他為領導中心的團隊，透過主管的指導使組織成員自我達成道德知覺，認同組織的文化，進而做出對組織最有利的判斷（韓志翔，2012：30）。

可口可樂（Coca-Cola）執行長穆塔·肯特（Muhtar Kent）說，他喜歡深入細節、機房，但也喜歡從設定公司策略、願景、方向的角度，在高層次上運作。到最後，當你成為在全球206個市場中，僱用14萬名員工的公司執行長時，你唯一能做的就是發揮影響力。

三、領導行為

美國聖塔克萊拉大學（Santa Clara University）的詹姆士·庫塞基（James Kouzes）和貝瑞·波斯納（Barry Posner）教授合著的《模範領

可口可樂（丁志達／攝影）

可口可樂公司（Coca-Cola）成立於1892年，目前總部在美國喬治亞州亞特蘭大，是全球最大的飲料公司，擁有全球48%市場占有率。

導》（*The Leadership Challenge*）一書中提及他們的研究成果，發現成功的領導者大都有下列五種基本領導行為，使他們能夠做更多的事，並獲得優良的績效。

(一)向現行程序挑戰

成功的領導者會尋找機會，樂於冒險，以便找到或創造做事的新方法。他們不僅從成功中學習，也能從錯誤中學習。

(二)激發共識

成功的領導者擁有一個夢想、目的或目標。他們希望促成某些事情，改變某些事務，創造一些新的事情。他們除了對未來有遠見，還能激發他人認同共同的目標，可替大家帶來好處。

(三)促成行動

成功的領導者和他人一起工作，他們永遠說「我們」而不說「我」；他們會激勵士氣，排除障礙，使其他人能順利完成工作。三十多

年前，中信金前董事長辜濂松帶著兒子辜仲諒等一行人到南美洲考察，行經巴拉圭時，在邊界碰到政府反抗軍，辜濂松把身上的錢塞給帶隊官，對方只允許兩人出境，辜濂松毫不猶疑讓兩位員工先走。多年後，其兒子辜仲諒才明白：犧牲精神是領導能力最重要的一環，這也是辜濂松有不少部屬一輩子不再投效他人的原因（薛翔之，2013）。

(四)以身作則

成功的領導者，作別人的榜樣，他們說得到就做得到，言行一致。

(五)激起熱忱

成功的領導者會讚美部屬的貢獻，並鼓勵其他人跟進。他們關心別人，同時為別人的成就喝彩（林明山，2002）。

司馬光在《資治通鑑》中寫到：「聚德無才為君子，聚才無德為小人，聚德聚才為聖人。」作為領導者，具備的「德」要大於「才」，才能帶領自己的團隊和組織走向正確的方向。稻盛和夫結合自己的經驗，提出了領導者磨礪心智的精進方法：付出不亞於任何人的努力；戒驕戒躁；每天自我反省；感謝生命；行善積德；摒棄感性所帶來的苦惱。

高績效領導力

領導人是訂定策略、激勵士氣、創造使命、建立文化。但領導人的唯一任務是追求組織績效，績效決定企業的命運。許多企業之所以能長久績效卓著，便是因為它們的領導人跟別人想的不一樣，他們在一開始就設想如何結合財務目標與環境、社會關懷，投資於未來，建立可長可久的體制。

英國的阿德里安·凱德博雷爵士（Sir Adrian Cadbury）說：「真正的領袖鼓勵追隨者發揮他的天分，並且向上進步。他們培養繼承人，等他們可以功成身退的時候接班。失敗的領袖從追隨者拿走做決策的機會，奴役別人，不讓別人有出頭的機會。這個差別很簡單，好領袖讓人成長並服務

他們的追隨者；壞領袖則阻礙成長並奴役追隨者。」

　　成爲領導者，首先要學會培養人，包括培養自己的接班人和團隊的骨幹。傑克‧威爾許說：「如果你無意培養別人，你就不具備成爲領導者的資格。」

一、領導風格

　　根據黑麥博顧問公司（Hay/McBer）進行的一項研究發現，領導人會運用六種不同的領導風格行事。採用高壓式領導人要求立即的服從；權威式領導人帶領大家朝某個願景前進；協調式領導人創造情感上的連結與和諧；民主式領導人透過參與來建立共識；前導式領導人期待卓越的表現及自我領導；教練式領導人則培養未來的人才。

　　研究指出，績效最佳的領導人會視情況輪流採用多種領導形式。精於四種以上的領導風格，尤其是權威式、民主式、協調式、教練式的領導人，能帶來良好的風氣與企業績效；而最有效的領導人，會在適當的時機，彈性運用不同的領導風格。

　　這六種不同的領導風格，都由不同的情緒智慧（Emotional Intelligence, EQ）要素組成。著名的哈佛大學心理學家大衛‧麥克里蘭（David McClelland）發現，那些擁有六種或六種以上情緒智慧能力的領導人，效能遠比沒有這些長處的同儕更高（Daniel Goleman文，吳佩玲譯，2011：101-114）（**表3-2**）。

二、報時者和造鐘者

　　《基業長青》的作者柯林斯以「報時者」和「造鐘者」比喻兩種不同類型的人，「報時者」能告訴別人現在的時刻，但「造鐘者」能打造可以長久運作的時鐘。能爲企業打造願景及形塑文化的領導者都屬於「造鐘者」，他們的企業禁得起時間考驗，比領導者個人的壽命還長，也比僅由一群「報時者」所組成的組織表現更好。因爲「報時者」的領導風格保守，只期望靠著風行一時的創意大賺一筆。

表3-2　六大領導風格

	高壓式	權威式	協調式	民主式	前導式	教練式
領導人的表現方式	要求立即服從	將大家帶向同一個願景	創造情感上的連結與和諧	在參與的過程中產生共識	建立高績效標準	為未來培育人才
以一句話說明領導風格	「照我的話做」	「追隨我」	「以人為優先」	「你認為呢？」	「現在跟著我做」	「試試看這個」
EQ能力	成就動機、主動精神、自我控制	自信、同理心、變革催化者	同理心、建立關係、溝通	合作、團隊領導、溝通	周到、成就動機、主動精神	培育人才、同理心、自我認知
何時運用	在危機時可開始進行反敗為勝計畫，或是處理問題員工	當改革需要一個新的願景，或是需要明確的方向時	需要排解團隊不和，或是在面臨壓力的情況下激勵大家	爭取支持或共識，或者徵詢重要員工的想法	透過工作動機強大、有能力的團隊，迅速獲得成效	協助員工改善績效，或是發展長期優勢
對風氣的整體影響	負面	非常正面	正面	正面	負面	正面

資料來源：Daniel Goleman著，吳佩玲譯（2011），頁108-109。

三、高抱負的領導方法

高抱負的領導方法有打造策略認同和建立擁有共同目標的社群。

(一)打造策略認同

1.透過策略來創造卓越的經濟表現、有意義的社會價值、充滿生機的組織。
2.策略發展既合乎理性，也合乎直覺，並發掘組織的優勢來源。
3.總經理是首席策略師，但需要廣泛動員組織之力，共同參與制定策略。
4.組織的設計可以創造競爭優勢。
5.公司花費多年時間來培養能力和建立關係。

(二)建立擁有共同目標的社群

1.以共同的願景和價值觀來說明企業目標。

2.期望個人的行為符合公司和社群的利益。

3.業務上和組織上的衡量指標，有明顯的關聯。

4.員工多樣性是競爭優勢的來源。

5.社會行動方案的目標，是建立更好的世界，並據此來調整組織，為組織注入活力（Nathaniel Foote、Russell Eisenstat、Tobias Fredberg文，羅耀宗譯，2011：117-125）。

《雪球：巴菲特傳》（*The Snowball: Warren Buffett and the Business of Life*），作者艾莉斯‧舒德（Alice Schroeder）於書中指出，股神華倫‧巴菲特一生追求的是別人對他的肯定，尤其是他在乎的人，其中當然包括了把錢交給他管理、信任他的投資人，他一生誠信、誠懇，努力替投資人賺錢，自己也變成了世界首富之一，但是他的生活簡單，已經決定把所有的錢都捐助公益，他就是個非常了不起的人（周行一，2013）。

四、無疆界領導力

傑克‧威爾許認為今天和明日的無疆界（boundarylessness）領導力，可以從三個「E」來定義其特質。

第一個「E」指活力（Energy）。

第二個「E」指能激勵（Energize）他人的能力。

第三個「E」指優勢（Edge）。

領導著重未來，是開創；管理偏重過去與控制，是守成。我們能從傳統中得到教訓，但這幫不了大忙；只有超越過去的習慣，敞開心胸方能成為勝利者（**圖3-2**）。

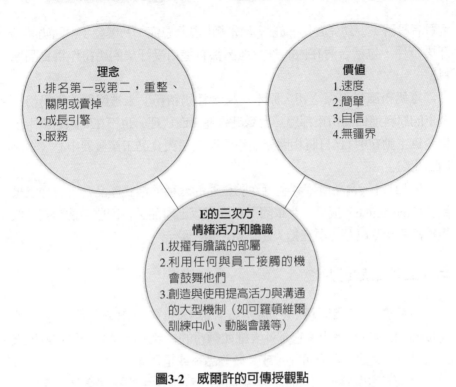

圖3-2　威爾許的可傳授觀點

資料來源：Noel M. Tichy、Eli Cohen著，邱如美譯（2000），頁368。

金車的毒奶精事件

　　金車股份有限公司（簡稱金車）是一家飲料和食品公司，在1979年成立，屬於金車關係事業旗下。品牌產品包括伯朗咖啡、波爾系列飲料和食品、金車麥根沙士、健酪乳酸飲料等。此外，金車也與日本大塚製藥合作成立金車大塚，在台灣代理寶礦力水得（POCARI SWEAT）運動飲料。

一、三鹿牌毒奶粉爆發事件

　　在2008年7月12日，中國石家莊三鹿集團（成立於1956年）陸續接到

消費者投訴，嬰幼兒食用三鹿牌奶粉後出現急患症，乃爆發了中國奶製品汙染事件，包括台灣在內的許多地區都有進口受汙染的奶粉作為食品原料。

毒奶粉風暴引爆之初，原本「植物性奶精粉」未被歸類成毒奶粉，金車的原料進口商山東都慶（台灣汎昇進口商代理）也不在問題名單中，但金車主動在9月16日將相關產品送至財團法人食品工業發展中心（食品所）化驗。

9月21日，食品所確認金車送驗生產的八種沖泡式產品含有添加三聚氰胺（melamine）成分。金車隨即全面對以上產品進行回收，估計總回收規模高達十三萬箱，潛在損失超過新台幣一億元。

二、三聚氰胺的用途

俗稱塑化工業原料的三聚氰胺，於1834年由德國化學家李比希（Justus Liebig）發明。它是外表細如麵粉的白色結晶粉末，用它做出來的美耐皿，生活中隨處可見，或是裝飾品，或是杯盤。

這個工業塑膠原料，尿素經過高溫、高壓產生的有機含氮化合物，它被廣泛應用製成塑膠容器，它是尿素和有毒物質甲醛化合而成。特性是含氮量高，一個三聚氰胺分子（$C_3H_6N_6$）含氮66.6%，且溶於水。於是，三聚氰胺被拿來添加到牛奶中，提高氮含量，以「冒充」蛋白質，商人從中賺取暴利。但是含氮量並不是真正蛋白質，人體吃下肚後，三聚氰胺和三聚氰胺在製程中產生的氰尿酸，兩者在人體代謝過程中，經過腎臟、膀胱或輸尿管，使尿液酸化，產生結晶。在人的肚子形成結石，嚴重會引起水腎、腎衰竭（林育嫻，2008：128）。

三、誠實是做人起碼的道德

企業興衰，年年上演，領導人的精神是主宰企業靈魂的關鍵。金車新台幣一億元的損失，為何下這決策不見猶豫？金車董事長李添財說：「哪有猶豫？你要去查、要去送驗，就要有公布的心理準備。我沒有講假的，誠實是做人起碼的道德。很多事不是有錢賺就好，你賺錢要賺得心安

範例3-2

金車「毒奶事件」危機處理流程（2008年）

9.15 —— 大陸三鹿毒奶事件爆發後，中國奶製品安全亮紅燈，董事長李添財主動要求全面檢驗金車原物料的產地來源。

9.16 —— 整理工廠庫存的原物料，把檢體分袋包裝，送往新竹食研所檢驗。同時，內部的金車研究室也安排對照組，比對檢驗結果。

9.18 —— 傍晚食研所初檢結果出爐，得知疑似檢出三聚氰胺。正在日本休假的金車研究室主任吳怡玲，接獲台北通報後，火速搭機趕回台北，隔日一早直奔新竹食研所瞭解情況。

9.19 —— 食研所開始進行複檢，金車也同步啓動危機處理作業。

9.20 —— 因應複檢報告週日可能出爐，李添財父子與相關主管機關，早上七點進辦公室加班開會。

9.21 —— 早上七點，相關主管進辦公室待命。

　　　　 早上八點，食研所通知複檢結果，確定含有三聚氰胺，金車趕赴新竹食研所拿報告書。

　　　　 早上九點半，金車拿著報告書，登門拜訪衛生署食品衛生處處長蕭東銘。

　　　　 下午三點，金車緊急召開記者會，公告旗下八款沖泡式產品驗出含有三聚氰胺，即日起全面回收。

9.22 —— 處理各地湧入的回收商品。

9.23 —— 問題產品回收率已達99%。

9.24 —— 三合一新配方商品重新上架。

資料來源：陳鳳英（2008），頁132。

理得，要對得起消費者，對得起社會的錢才去賺，不是有錢賺就可以的，我的觀念是這樣。」身爲領導人，以德服人，一言一行，洞見觀瞻。

　　李添財回憶道：大概五十幾年前，他剛開始做殺蟲劑時，志成公司（金車前身）只是一家小工廠，那時每一桶配方都要貼在桶前，爲確保品質，出貨前都要照配方攪拌好。有一次，等到大家快要休息時，才發現有一桶香茅油沒有放下去，儘管香茅油沒有放下去，消費者也不易察覺，但他卻堅持全部倒掉重做。

範例3-3

為省10萬　義美砸了79年招牌

桃園地檢署查出義美公司生產的小泡芙，使用過期原料大豆分離蛋白，約三十六萬箱、五千多萬顆小泡芙已被消費者吃下肚。桃園縣衛生局主任秘書楊文志說，義美用過期原料成本只省十萬元，卻砸了七十九年老招牌（創立於1934年），「值得嗎？」

行政院消保處認定義美以過期原料製造，就是不當得利，因此與義美接洽，義美為了顧及長期商譽，願拿出一千五百萬元，捐給消保公益團體。若消費者持有相關發票，證明購買產品，義美也同意退費。

5月22日義美食品發表聲明稿，向社會大眾致歉，並在各媒體登廣告道歉。其聲明書內容如下：

敬致　愛護義美食品的朋友們：

因為我們生產線上的管理疏失，讓大家失望了，謹向各位深深致上歉意，我們對此也深感痛心，對食品安全的追求所需顧及的細節極多，千慮仍然會有一疏。這次的事件，對我們無疑是一項警惕，督促我們必須更為戰戰兢兢。我們誓言會更加努力追求每一工作細節至善完美，以符合消費者您的期待。

義美食品決定捐出新台幣一千五百萬元，敦請社會公正人士主持，捐交消費者相關公益團體，呼應消費者對食品安全的關切。

再一次，致上我們深深的歉意！

義美食品公司

總經理高志成敬上（2013.05.22）

資料來源：義美官方網站http://www.imeifoods.com.tw／蘇湘雲，〈義美道歉救形象　捐1500萬〉，《聯合報》（2013/05/23），A8生活版／李順德，〈義美使用過期原料　消保處認定不當得利〉，《聯合報》（2013/05/23），A8生活版／楊德宜、賈寶楠，〈為省10萬　義美砸了79年招牌〉，《聯合報》（2013/05/22）。

　　你做一個錯沒去承認，你不曉得後面會滾出幾個錯。直到殺蟲劑生意市場站穩腳跟後，他才又擴張事業版圖，在上世紀八〇年代（1979年成立金車飲料廠）揮軍進入當時沒有人看好的罐裝咖啡市場。

四、一億元對五十億元博弈

　　西洋諺語說：「每片烏雲都有銀邊」（Every cloud has a silver），每一個危機的背後都是機會。五十年後，李添財看的不是金車短期超過一億元的回收損失，而是著重控管，避免毒奶精事件發酵後，消費者對伯朗咖啡品牌信度大打折扣，進一步衝擊伯朗罐裝咖啡年營收新台幣五十億的品牌形象，這也是一場「一億元對五十億元」的經營心法（陳鳳英，2008：122-126）。

結　語

　　有一位高僧，帶著一群弟子，走向沼澤森林修行，高僧看到一位獨行者，高喊：「小心哦！這個地區充滿了沼澤，步子踏錯，會陷入泥沼中，而命喪黃泉。」修行者回答說：「你要更小心！我踩錯步子，只我一個人受害。你帶著一批人，踩錯了步子，可能讓一大批人滅頂！」（聯合報工會，2012）

　　一個人走錯了路，最多只是自己受害；一個領導人走錯了路，可能讓所有跟隨者一起受難。領導人有多卓越，組織才有可能多卓越。領導統御最終極的考驗，就是企業能將成功延續，而這需要靠不斷地培養未來的領袖。企業領導人應該謙虛且常常省思為什麼企業會成功，以及成功的條件是否存在，越是從顧客角度去發展經營策略的公司，便越容易持續經營。

參考書目

丹尼爾·高曼（Daniel Goleman）文，吳佩玲譯（2011）。〈EQ大師開講：高績效領導力〉，《哈佛商業評論》，第61期（2011年9月號），頁101-114。

呂玉娟（2012）。〈10大潛能指標培育領導者：互動精要為領導奠定磐石〉，《能力雜誌》，總號第681期（2012/11），頁20。

周行一（2013）。〈2013聚焦貢獻〉，《聯合報》（2013/01/01，A17民意論壇）。

林育嫻（2008）。〈大人免驚！32萬杯三合一咖啡才會致命〉，《商業周刊》，第1089期（2008/10/6-10/12），頁128。

林明山（2002）。〈領導與激勵〉，《台肥月刊》，第43卷，第2期（2002/02/15）。

法蘭克·容根·李克特（Frank-Jurgen Richter）、馬家敏（Pamela C. M. Mar）編，羅耀宗譯（2004）。《企業全面品德管理：看見亞洲新利基》（*Asia's New Crisis: Renewal Through Total Ethical Management*），天下遠見出版，頁151。

納桑尼爾·傅特（Nathaniel Foote）、羅素·艾森史泰特（Russell Eisenstat）、托比亞斯·弗瑞伯格（Tobias Fredberg）文，羅耀宗譯，〈不只拼經濟，更要拼聲譽：高抱負的領導人〉，《哈佛商業評論》，第61期（2011年9月號），頁117-125。

陳鳳英（2008）。〈金車董事長李添財一億元的危機處理課：「誠實」是做人起碼的道德〉，《商業周刊》，第1089期（2008/10/06-10/12），頁122-126、132。

黃光國（1985），《管理心理學》講義，台灣國際標準電子公司編印，頁1。

稻盛和夫著，呂美女譯（2007）。〈推薦序二——李仁芳：經營者的情操教育〉，《稻盛和夫的哲學》，日本館出版，頁8-9。

鄭華清編著（2005）。《管理學：一個變動中的世界》，新文京開發出版，頁432。

諾爾·提區（Noel M. Tichy）、艾利·柯恩（Eli Cohen）著，邱如美譯（2000）。《領導引擎：誰是企業下一個接班人？》，天下遠見出版，頁368。

賴瑞·杜尼嵩（Larry Donnithorne）著，龍靖譯（2005）。《西點鐵則——成功

管理者必讀的22條軍規：哈佛只教企管知識及技巧，西點則塑造成功者的靈魂》，智言館出版，頁317。

聯合報工會（2012）。〈從工會發展談工會改選〉，《聯工月刊》，第272期，聯工論刊2版。

薛翔之（2013）。〈兒女憶辜濂松是嚴父也是慈父〉，《聯合報》（2013/01/07），A3焦點版。

韓弟（Charles Handy）著，汪芸譯（2005）。〈領導學之父華倫·班尼斯〉，《遠見雜誌》，第225期（2005/03），頁68。

韓志翔（2012）。〈倫理領導5原則品德更勝專業〉，《能力雜誌》，總第681期（2012/11），頁30。

蘇位榮（2012）。〈塑化劑案　昱伸老闆判15年確定〉，《聯合報》（2012/12/28），A12社會版。

第四章
公司治理

- 誠信經營
- 公司治理議題
- 內部控制與內部稽核
- 企業舞弊的防制
- 內線交易的預防
- 台積公司治理典範
- 結　語

> 　　品質、正直與卓越無法仰賴立法一蹴而成，必須透過日積月累的踏實努力方可造就。
>
> 　　　　　　　　　　　——資誠聯合會計師事務所（PwC）總裁
> 　　　　　　　　　　　山姆‧迪皮薩（Samuel DiPiazza）

　　企業要能基業長青，領導人一定要有堅固踏實的經營理念，而這些理念則是建立在誠信治理上。《聖經‧雅各書》說：「卑微的弟兄升高，就該喜樂；富足的降卑，也該如此！因為他必要過去，如同草上的花一樣。太陽出來，熱風颳起，草就枯乾，花也凋謝，美容就消沒了；那富足的人，在他所行的事上也要這樣衰殘。」不要看一個人有權有勢，好像是長的很旺的野草，哪天一割就乾枯了，這是永恆不變的真理。

範例4-1

不義之財　惹禍上身

　　中國古代周朝時，有個人叫陶答子，他在陶城做官三年，名聲並不怎麼好，但他的家產財富卻翻了三倍。

　　他的妻子勸他說：「沒有能力而做大官，這是禍害；沒有功勞而家昌盛，這是積災。現在你只貪求富貴越來越多。我聽說南山有玄豹，在霧雨中隱藏七天而不下來覓食，為什麼呢？牠是想潤澤皮毛長成斑紋，為的是能夠隱藏自己躲避禍害。豬不擇食長得肥壯了，就會被殺掉。現在你不修德而家越來越富有，災禍就要到了。」

　　陶答子沒有聽妻子的話，反而將其趕出家門。結果僅過了一年，陶答子就因事發被處以死刑了。

　　談古論今，不義而富貴者，豈可不警醒哉。真相一顯，悔已晚矣！

資料來源：貫明（2007）。

公司治理（corporate governance）的精神，在於任何一個有決策權的人，無論多位高權重，都應該明白自己是被監督的，因此都需要攤在陽光下，這就是公司治理（吳琮璠，2007：12）。

 ## 誠信經營

《論語・顏淵第十二》有以下一段話：子貢問政。子曰：「足食，足兵，民信之矣。」子貢曰：「必不得已而去，於斯三者何先？」曰：「去兵。」子貢曰：「必不得已而去，於斯二者何先？」子曰：「去食；自古皆有死，民無信不立。」對「自古皆有死，民無信不立」這一句話，根據孔安國的註解是：「自古人皆有死，死而君德無所可譏，民心終未能忘，雖死之日，猶生之年。」意思是統治者與常人一樣是會死的，只有立信於民，才可以雖死猶生（李怡，2010：205）。

一、誠信是來自好的公司治理

前惠普（HP）董事長兼執行長卡莉・菲奧莉娜（Carly Fiorina）說，公司治理是遂行企業社會責任的必要基礎，因為沒有誠信為基礎，就不可能做好企業社會責任，而誠信是來自好的公司治理。企業主一切的努力與作為，無非是替股東創造最大財富與維持企業永續生存的機會，這是經營者無可替代的兩項任務。

誠信，對於一位有道德良知的人而言，可能是他的生命，對於一家有社會責任的企業，則可能是他的永續生機。台塑集團創辦人王永慶說：「一個人要修養成被尊敬的人格需要長時間的被信任，但要人格破產只要做錯一件事。」

葉國一承認炒房　7億元飛了

英業達創辦人葉國一、王富代夫婦找人頭低價買進台北市政府專案住宅，涉嫌炒房；因坦承犯行，士林地檢署處分緩起訴兩年，葉國一須繳納國庫四千六百萬元，無條件返還二十二戶配售的專案住宅及千萬元租屋津貼。

王富代和葉國一的女會計王麗蘭深具悔意，也緩起訴兩年，各須支付公益團體兩百萬元。葉國一的兒子葉力誠、葉力銓及二十二名人頭友人，因為親情、友誼當人頭且證據不足，都獲不起訴。

葉國一投資房產眼光佳，1999年得知台北市政府計畫開發士林官邸北側地區，先買下該區的建物。事隔五年，市府作區段徵收，同意拆遷戶可以依每坪十八萬五千元價格購買新建的專案住宅；興建期間，另補助每戶四十七萬元租屋津貼。

當時葉國一已收購二十多間拆遷戶，但受限市府規定一人僅能配售一戶專案住宅；葉國一找親友當人頭，再指示王麗蘭製作不動產買賣契約書，以假買賣方式取得二十二戶的專案配售住宅資格。

檢方查出，2009年8月葉國一把房款匯入二十二名人頭帳戶，同年11月再把房屋所有權移轉到兒子葉力誠、葉力銓所經營的銓誠公司；依房價增值行情估算，不法獲利超過四億元。

葉國一的人頭包括：英業達董事長李詩欽、益通光能科技董事長徐信群、無敵科技董事長曾炳榮，葉的外甥李文輝、葉的球友吳柏慶等，都說是「情義相挺」。

葉力誠、葉力銓則辯稱，公司印章、存摺是父親保管，不清楚他投資地產。葉國一向檢方說，市府當初衝著他，更改專案住宅的配售資格為「一人僅限一戶」，他心有不滿，一時貪念才犯行。

檢方認定葉國一等人用假買賣詐得專案住宅認購資格與房租津貼，涉嫌詐欺罪；但犯後態度良好，與市府達成協商，願無償返還二十二戶專案住宅和一千多萬元租屋津貼，並繳納緩起訴處分金；

盼他緩起訴期間，能替企業多做公益。

　　葉國一炒房案，依檢方估計，葉當初以每坪十八萬五千元萬元、共二億三千萬餘元取得二十二戶國宅，加上付出的成本及稅捐，以及緩起訴處分金等，損失逾三億元。如依據內政部公布的房屋成交價及房仲資料，用每坪市價現值五十萬元計算，粗估葉二十二戶房產可獲利超過四億元。葉國一為此筆房市投資，實際的支出損失逾三億，如加上未實現的炒房獲利逾四億，等於此炒房詐欺案讓葉國一損失逾七億元。

資料來源：聯合新聞網／綜合整理；徐尉庭，〈葉國一承認炒房　7億元飛了〉，《聯合報》（2012/09/06）。

　　誠信就是從人內心底層散發的正念意志與善念行為之體現，能夠對己負責任並取得別人信任，如此企業價值就會在誠信經營下不斷延伸累積（**表4-1**）。

表4-1　企業的誠信風險徵兆

‧公司財務狀況與業績獲利已經疲乏衰敗。
‧重大訊息發布不完整、不即時、不確實。
‧財務預測明顯與股價掛勾。
‧業外投資與購併操作積極，惟績效不彰。
‧董監事以低持股取得經營權，惟績效不佳且質押高。
‧經營者時常高談闊論，卻是華而不實。
‧董監、經理大權一把抓，團隊昏庸善逢迎。
‧經常募集資金，但效益總是平平。
‧不愛江山愛美人，生活作息不正常。
‧哥哥爸爸真偉大，才德平庸一肩挑。

資料來源：張漢傑（2009），頁86。

二、誠信經營的企業

　　如何定義「誠信經營」的企業，以資本市場真實的角度歸納如下三點：

1. 經營者認真務實本業，且及時透明地反應公司各項財報資訊，讓內部人與外部人分享平等互惠的訊息。
2. 經營者應有能力維持公司長治久安的穩定力量，亦即免於受到產業面及財務面的衝擊而危機重重。
3. 經營者係以長期穩健的經營績效回饋長線股東，而不是操縱股價漲跌吸引短線股東。

　　上述三點，其實已包括許多企業競爭與生存的條件。例如，公司治理、股權穩定、領導統御、企業文化、績效管理、專注本業等六大條件與能力。台積公司董事長張忠謀說：「我們專注在晶圓代工，不做別的。專注，使我們建立信任，而且是長期的信任。」（張漢傑，2009：83-85）

 公司治理議題

　　1997年，亞洲發生金融風暴；2001年年中開始的一年半之間，美國陸續爆發安隆、世界通訊、環球電訊（Global Crossing）、泰科國際（Tyco International）、全錄（Xerox）、阿戴爾菲亞通訊（Adelphia）、默克藥廠（Merck）等數十家知名公司涉及執行長舞弊、作假帳弊案的醜聞，涉案公司市值狂跌75%，這一切都和公司治理有關。

一、沙賓法案

　　2003年7月，美國為了預防企業因管理缺失形成弊端，造成企業經營的崩解，進而影響社會整體經濟的運作，國會即迅速立法並經布希總統簽署公布沙賓法案（Sarbanes-Oxley Act），其主要目的在重建投資大眾對證

券市場之信心。

沙賓法案公布後，美國證券交易委員會（The U.S. Securities and Exchange Commission）、紐約證券交易所（New York Stock Exchange）及公開公司會計監督委員會（Public Company Accounting Oversight Board）相繼提出各項規範，其重點都在於提高公司會計及財務資訊的透明化、明訂管理階層對財務報表的責任，以及加強對企業詐騙行為之防治及懲罰（薛明玲，未註明日期，頁2）。

二、公司治理語源

公司治理是一個從法律學、經濟學、財務學、會計學，甚至政治學、文化學與社會學的多元角度，來探討這個企業組織的運作，以及其所涉及的各種利害關係人（stakeholders）之間的互動，以評估其個別績效的一個課題，其意義主要係將所有股東一視同仁，維護其既有之權益，並設法提升公司的價值。

公司治理這個名詞來自西方的概念，主要是因為governance這個用語。國內有不同的譯名，如管制、治理、管控、監控、控管、統理等，在台灣統一「corporate governance」一詞的中譯文時，可能因為「治理」較具有自律、自我調適的意涵，因而中選。大陸也採「公司治理」的用法，香港的通用名詞是「公司管治」，日本則直譯為「企業統治」（kigyo tochi）。

為維繫公司正常經營，依照我國《公司法》之規定，公司組織設有股東會、董事會、監察人等三個機關，各司所職，治理公司，以謀求股東、員工最大利益，以及對社會之貢獻為原則。

三、公司治理的精神

公司治理的精神在於守法與誠信，企業應在內部培養遵循法規的文化。良好的公司治理架構，應該由公司內部自行產生，然後隨著公司成長而調整內容，並藉以防止可能發生的舞弊。

公司治理一般泛指公司管理與監控的方法，包括：擬定與追蹤目標

之執行、理念、政策、風險歸納、責任及績效等，並由此衍生出一連串的公司文化、政策、程序與授權的制度。更廣泛的說，公司治理必須與法律、商業道德、會計準則、公司政策等層面互相配合，以防制任何舞弊的情況（**表4-2**）。

表4-2　診斷董事會的二十二個問題

如果你對以下二十二個問題都答「是」，那麼，你就有一個模範的董事會。

1.董事會中每有一位內部董事，就有至少三位的外部董事嗎？
2.內部董事只限於執行長、營運長及財務長嗎？
3.董事有無與未出席董事會的資深管理人員進行例行對話？
4.董事會的規模大小是否適當（約八至十五人）？
5.稽核委員會（而非管理階層）是否有權決定負責審核公司的會計師人選？
6.稽核委員會是否定期檢視公司的「高危險地帶」？
7.薪酬顧問報告是否直接交給你的薪酬委員會，而非送到公司的人力資源部門主管手中？
8.薪酬委員會是否有勇氣建立一套以執行長長期績效計算酬勞的公式——即使這套公式可能會與產業的常態相當不一樣？
9.是否能約束執行委員會的活動，以避免董事會分成兩個階層的情形？
10.外部董事是否每年固定對公司資深管理階層人員，進行接任人選計畫的審核？
11.每一年，外部董事是否都會對執行長的能力、弱點、目標、個人計畫及績效，進行正式評鑑？
12.負責尋找新任董事人選，並邀請候選人參加選舉的單位，是否是提名委員會，而非執行長？
13.外部董事有沒有可能改變執行長設定的開會議程？
14.公司有沒有在董事會開會之前，分發一些相關的例行性資訊，並對會議的主要討論項目提出分析，以協助董事們作會前的準備？
15.除了管理人員唱獨腳戲之外，有沒有足夠的時間讓董事們進行周詳的討論？
16.外部董事是否經常在沒有管理人員的參與下碰面？
17.董事是否能在計畫周期一開始，就積極參與公司長期經營策略的規畫？
18.無論在實際及理論上，都是由董事會——而非現任執行長——來選擇新任執行長人選？
19.董事的酬勞是否至少有部分是與公司經營績效有關？
20.是否定期審核每位董事的績效？
21.是否有勸退不再盡責的董事，讓他們不再競選連任？
22.有沒有採用適當的措施，建立董事彼此之間的信任？

資料來源：Walter Salmon等著，林宜賢、蔡慧菁譯（2003），頁26-27。

彼得‧杜拉克強調，用短線心態經營企業，勢必得付出昂貴代價。就算賺到短期資本利得，股票若無法轉賣，對持有人也無任何好處。董事會應以強勢所有權投入經營事務，以發揮功效（王怡棻整理，2005：189）。

四、公司治理的議題

公司治理最重要的，便是要有「真、善、美」的企業文化。以「真實、關心、美好」為企業經營的出發點，正派經營，不賺不應該賺的錢，故公司治理是關乎「人心」的問題（石滋宜，2004）。

近年來，有關公司治理的主要議題有：

1. 獨立董事（independent directors）或外部董事的問題。
2. 併購與公司治理績效的問題。
3. 國際之間有關治理體系統合（convergence）的問題。
4. 公司融資法治與公司控制之間的關係。
5. 金融機構的治理問題。
6. 從公司治理角度探討國營事業、民營化以及金融制度等比較體制層面的問題。
7. 公司治理與投資人保護訴訟機制。
8. 從債券發行、企業破產與重整、改組等角度探討公司治理問題。
9. 從市場競爭的角度，觀察競爭機制如何迫使公司加強內部的組織與運作的健全，如何加強公司治理與公司績效，以及如果市場競爭程度不足，因為享有獨占利益，以致腐化公司治理機制的情形（劉紹樑，2002：26-27）。

五、董事會及管理階層控管職責

為了達到有效的公司治理目標，董事會及管理階層必須注意下列主要流程的控制：

1. 策略及營運計畫。

2.風險管理。

3.道德管理（高層的共識）。

4.績效衡量與監測。

5.購併及其他交易的控制。

6.對管理階層的評量與報酬給付計畫。

7.溝通與呈報。

8.動態式公司治理。（馬嘉應、蘇英婷，2007：46-47）

好的公司治理能產生強大的力量使公司更加卓越，同時也能提高董事會的能力，引導團隊的合作，從好的公司治理中，獲得最大利益的將是公司股東（**表4-3**）。

六、公司治理的內容

公司治理已成為世界潮流，它主要包括強化企業資訊揭露及透明度、保護股東權益、公司與股東的關係、確保公平對待股東、保障利害關係人的法定權利、完備的董事會組織架構與運作（包括董監事績效評估、

表4-3　微軟評估績效使用的關鍵績效因子

revenue （利潤）	customer satisfaction （顧客滿意度）
sales and licensing volume （銷售與授權數額）	customer acceptance （顧客接受度）
contribution margin （邊際收益）	developer community satisfaction （開發人員群體滿意度）
innovation （創新程度）	organizational culture and leadership （組織文化與領導能力）
corporate citizenship （企業公民程度）	strategic planning and development （策略規劃與改善）
product development and implementation （產品改善與執行）	operations excellence （營運優化度）
quality （品質）	efficiency and productivity （效率與創造力）

資料來源：Microsoft (2010)，"2010 Proxy Statement" ／引自：蔡文雄、李瑞仁（2011），頁113。

決策與議事程序、有無外部獨立董事等）、所有權架構與其對公司的影響等，這些透明（transparency）、公平（fairness）與責任（responsibility）的各種原則，以及各種權利、義務關係能否有效落實，都與訂定各項決策的董事會良窳有著密切的關係。

七、公司治理實務守則

依據《上市上櫃公司治理實務守則》中所歸納出下列的六大方向，並將之澈底執行，這樣能有效的減少弊端的發生，進而降低對經濟帶來的負面影響。

1.強化董事會職能。
2.發揮監察人功能。
3.重視股東及利害關係人之權利。
4.資訊揭露透明化。
5.內部控制暨內部稽核制度之建立與落實。
6.慎選優良之會計師與律師。（劉原超等編著，2006：4-7～4-8）

「公司治理」不只是消極的監督、管理而已，更有積極追求高效率、高利潤等創造價值的功能，也因此近來的研究不斷顯示，公司治理程度愈高的公司，享有較高的股價及具國際競爭力的體質，經營者則同時享有良好的聲譽、贏得各方信任的特質。相反地，公司治理差的企業，不但股價低落、掏空資產等各種舞弊事件層出不窮，甚而是國家經濟無法提升的主因（高振凱，2002）。

公司治理最重要的是興利而非防弊，要以興利為主軸，防弊為配套，讓公司的薪酬政策從「自肥」走向「自律」。徒法不足以為行，企業並不是設有獨立董事、稽核委員會或薪酬委員會等制度，就意味成功落實公司治理，制度的建立與執行的品質本身並無相關；成功落實的關鍵在於董事長及所有經營團隊都能將公司治理當作是長久且重要的事情，並貫徹實踐，最終才能反應到企業整體的文化上（張書瑋，2011：72-73）。

內部控制與內部稽核

政府為促進上市上櫃公司運作健全，確保投資人權益，頒布《上市上櫃公司治理實務守則》（以下簡稱《守則》）。《守則》第3條第一項規定：「上市上櫃公司應依公開發行公司建立內部控制制度處理準則之規定，考量本公司及子公司整體之營運活動，建立有效之內部控制制度，並應隨時檢討，以因應公司內外在環境之變遷，俾確保該制度之設計及執行持續有效。」（**表4-4**）

表4-4　公司內控之九大循環之名稱

九大循環之名稱	內容
銷售及收款循環	包括訂單處理、授信管理、運送貨品、開立銷貨發票、開出帳單、記錄收入及應收帳款、執行與記錄現金收入等之政策及程序。
採購及付款循環	包括請購、進貨或採購原料、物料、資產和勞務、處理採購單、經收貨品、檢驗品質、填寫驗收報告書或處理退貨、記錄供應商負債、核准付款、執行與記錄現金付款等之政策及程序。
生產循環	包括擬訂生產計畫、開立用料清單、儲存材料、投入生產、計算存貨生產成本、計算銷貨成本等之政策及程序。
薪工循環	包括僱用、請假、加班、辭退、訓練、退休、決定薪資率、計時、計算薪津總額、計算薪資稅及各項代扣款、設置薪資紀錄、支付薪資、考勤及考核等之政策及程序。
融資循環	包括借款、保證、承兌、租賃、發行公司債及其他有價證券等資金融通事項之授權、執行與記錄等之政策及程序。
固定資產循環	包括固定資產之增添、處分、維護、保管與記錄等之政策及程序。
投資循環	包括有價證券、不動產、衍生性商品及其他長、短期投資之決策、買賣、保管與記錄等之政策及程序。
研發循環	包括對基礎研究、產品設計、技術研發、產品試作與測試、研發記錄及文件保管等之政策及程序。
電腦資訊系統循環	包括資訊部門之功能及權責劃分、系統開發及程式修改之控制、系統文書之控制、程式及資料之存取控制、資料輸出入之控制、資料處理之控制檔案及設備安全之控制、軟硬體之購置使用及維護之控制、系統復原計畫制度及測試程序之控制、資通安全檢查之控制、公開資訊申報相關作業之控制。

資料來源：老年人部落格，網址http://tw.myblog.yahoo.com/f_chiou/article?mid=641。

一、內部控制

　　內部控制，重點在於九大循環，即銷售及收款、採購及付款、生產、薪工、融資、固定資產 、投資、研發、電腦資訊系統。做這些內部控制的好處是，可使資源有效運用，促進組織目標達成，並降低錯誤及防止舞弊（**圖4-1**）。

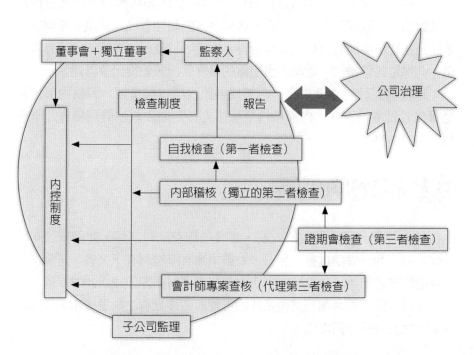

說明：「內控制度」是由董事會及經理人設計的，公司應行自治管理，故先有「自我檢查」（由稽核覆核），相對的有「獨立的第二者檢查」即內部稽核，證期會則將扮演第三者的監督檢查，但有問題的則請會計師先專案審查，構成完整的「檢查制度」。但是，公司仍應以自治為主，故賦予監察人「監督」之責（註：子公司及轉投資公司，將視為母公司之延伸或其一部分）。

圖4-1　內部控制基本架構

資料來源：劉奕鐘（2003）。

二、內部稽核

公司內部辦理稽核的目的，在於檢查、評估內部控制制度之缺失及衡量營運之效率，適時提供改進建議，以確保該制度得以持續有效實施，並協助董事會及管理階層確實履行其責任，即藉由內部稽核的實施，消除人為的缺少，以達維護公司財產的安全，保障投資人的權益。

內部稽核就是內部控制的一環，其目的是防弊與興利。內部稽核是一種對公司的監理效果。事實上，內部稽核的屬性有二：一是遵循稽核，重點是在查核部門的作業流程是否符合規定，以確保組織的制度被有效遵循；其次是經營稽核，重點查出組織的異常狀況，並提出改善建議。

以稽核人員的立場來看，內部控制比內部稽核重要，因為內部控制是管理者日常的責任；內部稽核是稽核人員定期去幫忙健康檢查（李義雄，2002：54）。

 ## 企業舞弊的防制

2007年初，國內發生的力霸、嘉食化掏空公司案件。此兩家公司於2006年12月29日聲請重整，翌日，力霸集團實際控制者王又曾、王金世英夫婦隨即潛逃出境，一夕間，老店與老招牌之財務問題成為2007年國內經濟的頭條新聞，對台灣經濟所造成的影響與造成社會之動盪成本，似乎與美國安隆案有些雷同之處。

一、舞弊的定義

《審計準則公報》第四十三號「查核財務報表對舞弊之考量」（以下簡稱為四十三號公報）自民國95年底開始實施。依據第四十三號公報第6條規定：「舞弊係指管理階層、治理單位或員工中之一人或一人以上，故意使用欺騙等方法以獲取不當或非法利益之行為。」（第一項）

掏空掬水軒　負責人母子潛逃日本

掬水軒成立於1925年，擁有八十五年文化、歷史及穩定商譽。掬水軒第二代負責人柯富元被控違反銀行法及背信罪，其中背信罪二審確定，涉掏空判刑十五年五月確定，必須入監服刑。檢方掌握情資顯示，柯富元已潛逃日本橫濱市。

柯富元2012年10月9日到高院聽判後，當晚便搭機投靠具有日本國籍的母親柯陳幸佳。柯陳幸佳是掬水軒前負責人柯德勝遺孀，十三年前隱瞞丈夫死亡訊息，偽造董事會決議紀錄，推選自己擔任董事長，逃漏上億元遺產稅；北檢2011年依偽造文書罪起訴她並求處重刑，但她在案發後避居日本遭通緝。

柯富元被控以開發購物中心名義招募會員，吸引數千人加入，吸金逾台幣十億元；另外，柯因為掬水軒食品業績不佳，挪用掬水軒開發公司資金填補掬水軒食品缺口，損害股東權益。

資料來源：張宏業（2012）。

判斷舞弊的要件為：

1. 嚴重錯誤表達交易之本質。
2. 明知故犯。
3. 受害者接受該錯誤陳述為合理的事實。
4. 產生損害，係因上述三種情況所造成的財務損失。

造成舞弊發生之因素，依據第四十三號公報第12條規定是：

1. 誘因或壓力：個人挪用資產之誘因可能因收入無法滿足生活上之奢求，而財務報導舞弊之誘因可能來自企業內部或外部對管理階層達成預計盈餘目標之壓力，尤其是在無法達成財務目標對其有重大影

響之情況。

2.機會：當某人受到信任或知悉內部控制所存在之缺失等，而相信其可踰越控制時，即可能發生財務報導舞弊或挪用資產。

3.態度或行為合理化：個人偏差之態度、人格特質或道德觀可能使其做出舞弊之行為，並將其行為合理化。即使誠實之人在壓力過大情況下，亦可能做出舞弊行為。（**圖4-2**）

二、踰越內部控制之舞弊方式

企業管理階層踰越內部控制之舞弊，通常藉由下列方式為之：

1.記錄虛偽之交易（特別於資產負債表日前發生者），以操縱營運結果或達成其他目的。

2.不當調整假設或改變會計估計之判斷。

3.漏列、提早或延後記錄已發生之交易或事件。

4.隱匿對財務報表金額有影響之事實。

5.從事可導致財務狀況或績效不實表達之複雜交易。

6.變更重大及不尋常交易之相關紀錄或條件。（陳伯松，2012）

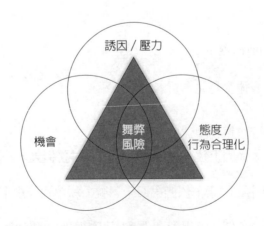

圖4-2　舞弊鐵三角

資料來源：馬嘉應、蘇英婷（2007），頁45。

三、防治企業舞弊的組成要素

為了防治企業舞弊的發生，其組成要素有四項：

1.建立公司治理。
2.建立會計財務報表傳遞的控制程序。
3.建立反覆查核的機制。
4.對於可疑的問題立即著手調查及擬定對策。（馬嘉應、蘇英婷，
　2007：44）

　　查核人員必須質疑所取得之資訊及查核證據，是否可能存有因舞弊導致重大不實表達之風險；在整個查核過程中，即使認為管理階層及治理單位係屬誠實及正直，仍應維持專業上之懷疑態度。（圖**4-3**）

　　星星之火，可以燎原。企業舞弊之發生，或許無法完全避免，但是透過適當的預防機制，至少可以降低舞弊發生並將傷害減至最低。

內線交易的預防

　　2006年5月，台灣最熱門的新聞話題是趙建銘的台開股票內線交易炒股案。趙建銘身為台大醫師，又貴為前總統陳水扁的女婿，以他的家庭背景狀況，如果安分守己，也一定可以過一個相當不錯的生活，但他為了貪圖更多利益，貪得無厭的結果，造成趙建銘被收押一個月，震驚社會，最後以一千七百萬元交保。

　　2012年5月，高等法院更二審認定，趙家父子等人犯罪所得達一億一千六百多萬元，依修法後的《證券交易法》（簡稱《證交法》）內線交易罪，判趙建銘七年徒刑，趙玉柱則涉內線交易及公益侵占兩項犯行，判八年半徒刑，均併科三千萬元罰金，此案一億多元犯罪所得均應追繳沒收（此案可上訴）。同案被告前台開公司董事長蘇德建遭判刑七年二個月、併科三千萬元罰金，寬頻房訊總經理游世一遭判刑七年二個月、併科六千萬元罰金（楊國文、孟慶慈、劉婉君、林孟婷，2012）。

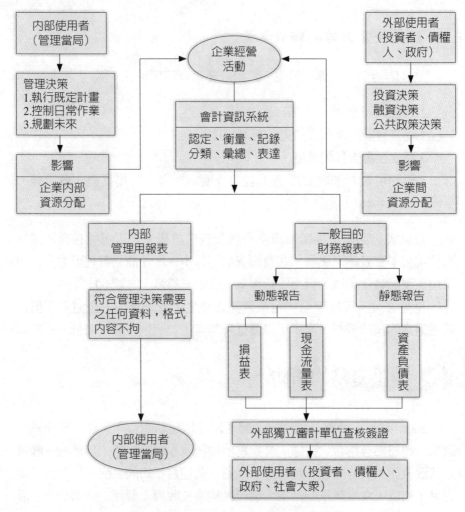

圖4-3　財務報表與企業經營環境之關聯性

資料來源：黃美玲（2002）。

內線交易的定義

　　內線交易，係指具有特定身分之人，於獲悉未經公開且能影響證券價格的重大消息後買賣證券。依據《證交法》第157條之1第一項規定，受

　　規範對象實際知悉發行股票公司有重大影響其股票價格之消息時，在該消息明確後，未公開前或公開後十八小時內，若對該公司之上市或在證券商營業處所買賣之股票或其他具有股權性質之有價證券，自行或以他人名義買入或賣出，即構成「內線交易」。

　　另依《證交法》第157條之1第二項規定，受規範對象實際知悉發行股票公司有重大影響其支付本息能力之消息時，在該消息明確後，未公開前或公開後十八小時內，若對該公司之上市或在證券商營業處所買賣之非股權性質之公司債，自行或以他人名義賣出，亦構成「內線交易」（台灣證券交易所編印，2011：1）（**圖4-4**）。

　　《證交法》於2006年修法時，違反《證交法》內線交易犯罪所得超過一億元以上，法定刑責為七年以上，因此，前總統陳水扁女婿趙建銘等人因「台開案」確定判刑，都是七年徒刑起跳，趙建銘被判七年算是最輕者。

　　因此欲有效預防內線發生，必須透過企業建立良好的內控及法令遵循制度，以減少行為人從事內線交易之動機、改變助長內線交易發生的不良道德風氣與規範文化，以及減少內線交易犯罪之機會。

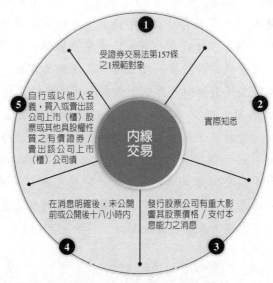

圖4-4　內線交易五項要件

資料來源：台灣證券交易所編印（2012），頁1。

範例4-4

太平洋電線電纜公司資產掏空案

太平洋電線電纜公司（簡稱太電）成立於1957年，當年被視為與台塑、中鋼等傳統產業齊名的績優廠商。但是在2004年爆發台灣歷年來經濟犯罪的最高紀錄（總共被掏空高達二百億元）後，太電股票慘遭下市，使得數十年所建立的信譽與獲利均毀於一旦，投資人蒙受重大損失。

資產掏空手法

太電原本是多個家族共同創業，董事會與高階管理階層由這些家族成員分別擔任，形成共治的局面。

胡洪九、孫道存是在2000年前，未經投審會核准和太電公司董事會決議，擅自決定投資大陸地區，為避免主管機關察覺，2000年起，每一年度的財務報告都作假；發行新股或有價證券時，也用假財報向主管機關申報。

胡洪九另利用太電資金私自在香港設立中俊、太豐行等公司，同時在英屬維京群島等地設立公司，以太電為擔保，透過這些公司發行公司債，或是太電轉投資、交易等名義，將太電資金轉入中俊與太豐行，接著將資金匯到一百四十六家海外公司紙上洗錢。

胡洪九還利用海外公司交叉持股，以太電在港資金購買不動產後，登記在太豐行旗下海外紙上公司，更多次擅自處分太電資產予以挪用，並以海外假定存單掩飾資金缺口；同時在1999年9月退休離職後，將中俊公司清算解散，另指示財務人員，先後將太電處分香港港麗酒店所得資金轉匯入胡洪九擔任董事的泰鼎公司挪為私用，共掏空侵占太電一百多億資金。（王己由，2012）

法院民事判決

被檢方喻為世紀最大掏空弊案的「太平洋電線電纜公司遭掏

空兩百多億元案」，台北地院在2012年11月30日審結太電提出的民事求償案，向前財務長胡洪九求償九十一億多元，前董事長孫道存連帶賠償七億多元，賠償總金額近百億元，加計利息達一百四十億元，創司法判賠最高紀錄。

　　法界人士指出，雖然判賠數字驚人，但胡洪九、孫道存透過海外紙上公司，資金早就移轉國外；檢方未查扣到犯罪所得，胡洪九和孫道存名下也早脫產。

　　判決指出，胡洪九、孫道存私設與太電子公司同名的海外空殼公司，利用偷天換日手法，掏空太電港幣一億八千四百九十萬多元。胡洪九又操作太電的香港轉投資公司舉債兩億多美元，由太電擔保，其中一億六千多萬美元流入胡洪九掌控的海外公司。胡洪九再化整為零，在五年內透過這些幽靈公司，把資金匯到登記於英屬維京群島的紙上公司洗錢，掏空美金二億四千多萬。太電出售香港資產港麗酒店，胡洪九將其中六千一百五十萬美元匯到私人帳戶，再將太電的定存解約回補挪用缺口。（蘇位榮，2012）

資料來源：丁志達整理。

台積公司治理典範

　　台積，一家在國內所有企業中，品德形象及經營績效都極為顯著的公司，其自創立迄今，能夠維持公司歷久不衰的成功要素，正是其最重要的經營理念「正直」（integrity），也就是「堅持高度的職業道德」，而這種的企業文化，也深植在所有員工的內心。

堅持高度職業道德

這個理念代表公司的品格，是我們最基本也是最重要的理念，也是執行業務時必須遵守的法則。

所謂高度職業道德是：

- 我們說真話。
- 我們不誇張、不作秀。
- 對客戶我們不輕易承諾，一旦做出承諾，必定不計代價，全力以赴。
- 對同業我們在合法範圍內全力競爭，但絕不惡意中傷。同時，我們也尊重同業的智慧財產權。
- 對供應商我們以客觀、清廉、公正的態度進行挑選及合作。
- 在公司內部，我們絕不容許貪汙。
- 不容許在公司內有派系或小圈圈產生。
- 也不容許「公司政治」（Company Politics）的形成。
- 至於我們用人的首要條件是品格與才能，絕不是「關係」。

資料來源：台灣積體電路公司。

1994年9月，台積以每股96元上市。2013年1月4日台積股價再寫下101.5元的還原權值新高，若投資人手上這張101.5元的股票是上市時買進，經歷多年配股、配息之後，現在成本已經低到只剩下2.86元，換算投資報酬率高達34.48倍。目前台積擁有四十多萬名股東，外資持股比率近78%，過去靠著穩定成長的業績與配息能力，向來被視為定存概念股（陳碧珠，2013）（**圖4-5**）。

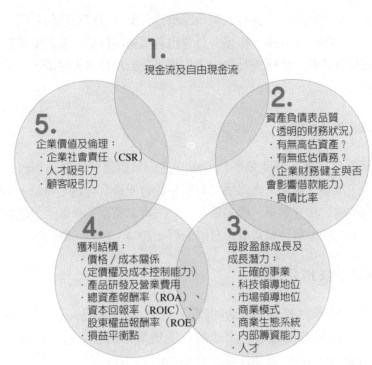

圖4-5 企業經營五大基本面

資料來源：白詩瑜整理，〈企業必須守住的五大關：張忠謀的經營教戰手冊〉，《天下
　　　　雜誌》，第483期（2011/10/19-11/01），頁91。

除了致力本業外，台積致力於維持最高標準之公司治理，堅持營運
透明，並注重股東權益。台積相信健全及有效之董事會是優良公司治理的
基礎。在此原則下，台積於2002年及2003年先後於董事會下成立稽核委員
會（Audit Committee）及薪酬委員會（Compensation Committee）。

一、稽核委員會

稽核委員會旨在協助董事會監督公司財務報表的誠信度等職責。審
議事項包括：公司財務報表、公司稽核及會計政策與程序、公司內部控制
制度。

依《稽核委員會章程》規定，稽核委員會於其責任範圍內有權進行

任何適當之審核及調查，其與公司內部稽核人員、簽證會計師及所有員工之間皆有直接聯繫之管道。稽核委員會也有權聘請律師、會計師或其他顧問協助其執行職務。稽核委員會由獨立董事及公司監察人組成，一年至少開四次常會。

二、薪酬委員會

薪酬委員會旨在協助董事執行與評估公司整體薪酬與福利政策，以及經理人、董事、監察人之報酬。薪酬委員會成員共有五名委員，其中三人具有表決權之獨立董事，兩名為不具表決權之董事，一年至少應召開四次常會（台灣積體電路製造股份有限公司，2004：15）（**圖4-6**）。

三、社會責任揭露體系

台積將其非財務績效資訊揭露於投資人、債權人及其他利害關係人。由於台積積極實踐，因此被列明道瓊永續性指數（Dow Jones Sustainability Indexes）組合公司之一。

四、推動環境會計

為了將台積所執行的環境保護相關活動有效揭露，在2002年開始，台積推動並建立環境會計制度。2003年將效益評估工具與環境管理系統相結合，協助各廠區在執行環境管理方案時，同步進行經濟效益評估，以推動具經濟效益的環境管理方案，有效揭露公司相關環保活動（邱茂林、王昭明、吳育昇編著，2009：27-29）。

 結　語

法令的執行、制度功能的發揮，還是要有厚實的企業倫理做基礎，才能克盡全功。股票市場的法令，儘管千條萬條，都是建立在開誠布公、信實無欺的基本原則之上（賴英照，2007：XIX）。

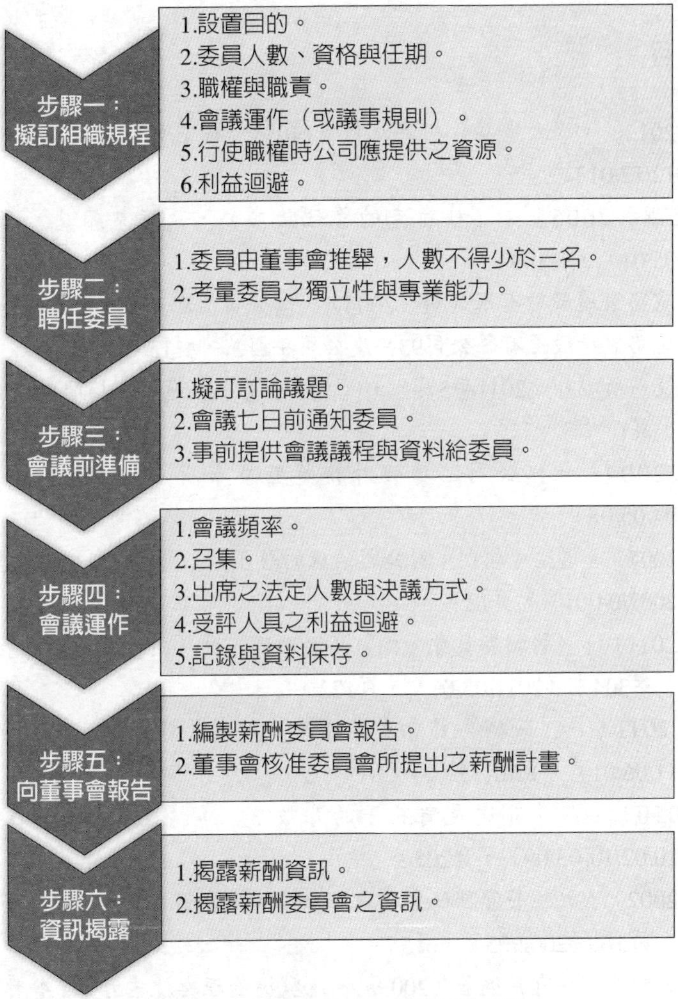

步驟一：擬訂組織規程	1.設置目的。 2.委員人數、資格與任期。 3.職權與職責。 4.會議運作（或議事規則）。 5.行使職權時公司應提供之資源。 6.利益迴避。
步驟二：聘任委員	1.委員由董事會推舉，人數不得少於三名。 2.考量委員之獨立性與專業能力。
步驟三：會議前準備	1.擬訂討論議題。 2.會議七日前通知委員。 3.事前提供會議議程與資料給委員。
步驟四：會議運作	1.會議頻率。 2.召集。 3.出席之法定人數與決議方式。 4.受評人具之利益迴避。 5.記錄與資料保存。
步驟五：向董事會報告	1.編製薪酬委員會報告。 2.董事會核准委員會所提出之薪酬計畫。
步驟六：資訊揭露	1.揭露薪酬資訊。 2.揭露薪酬委員會之資訊。

圖4-6　薪酬委員會實務運作流程

資料來源：李伶珠（2011），頁70-75。

　　誠如《聖經·馬太福音》說：「一個聰明人，把房子蓋在磐石上。雨淋，水沖，風吹，撞著那房子，房子總不倒塌。因為根基立在磐石上。」唯有堅持誠信治理，才是企業經營的「王道」，立於磐石上的企業，不好也難。

參考書目

王己由（2012）。〈太電案　胡洪九判賠140億　掏空史新高〉，《中國時報》（2012/12/01）。

王怡棻整理（2005）。〈杜拉克的管理箴言〉，《遠見雜誌》，第223期（2005/01），頁189。

台灣積體電路製造股份有限公司（2004）。〈公司治理〉，《豐收的一年：台灣積體電路製造股份有限公司93年度公司年報》，頁15。

台灣證券交易所編印（2011年5月），《內線交易一點通——揭開內線交易的5個W》，頁1。

石滋宜（2004）。〈公司治理與外務董監事無關〉，《獨家報導》專欄（2004/05/08）。

吳琮璠（2007）。〈聖經原則：對公司治理的啟示〉，《會計研究月刊》，第257期（2007/04/01），頁12。

李伶珠（2011）。〈薪酬委員會，搞訂高階經理人的「薪」事〉，《會計研究月刊》，第304期（2011/03/01），頁122。

李伶珠（2011）。〈薪酬委員會實務指南〉，《會計研究月刊》，第307期（2011/06/01），頁70-75。

李怡（2010）。〈尊孔還是對孔子的背叛？〉，《天下雜誌》，第441期（2010/02/10-03/09），頁205。

李義雄（2002）。〈經營管理研習營課程精要：內部稽核〉，《統一企業》，第29卷，第5期（2002/05），頁54。

邱茂林、王昭明、吳育昇編著（2009）。《職場倫理與就業力》，普林斯頓國際公司出版，頁27-29。

馬嘉應、蘇英婷（2007）。〈企業舞弊的防制（上）〉，《會計研究月刊》，第257期（2007/04），頁44-47。

高振凱（2002）。〈從美國Enron弊案探討「公司治理」之真義〉，《台肥月刊》，第43卷，第8期（2002/08）。

張宏業（2012）。〈掏空掬水軒　負責人母子潛逃日本〉，《聯合報》（2012/11/26），A9社會版。

張書瑋（2011）。〈個案分享：專訪元大金控董事長顏慶章談薪酬委員會與公司

治理〉，《會計研究月刊》，第303期（2011/02/01），頁72-73。

張漢傑（2009），〈貞觀之治與誠信治理〉，《會計研究月刊》，第283期（2009/06），頁83-86。

貫明（2007）。〈民間傳說不義而富且貴，於我如浮雲〉，大紀元時報網址：http://hk.epochtimes.com/7/11/27/55547.htm。

陳伯松（2012）。〈高效審計──審計準則公報第四十三號導讀〉，《會計研究月刊》，第325期（2012年12月號），網址：http://paper.udn.com/udnpaper/POB0007/229356/web/。

陳碧珠（2013）。〈買台積電若沒出脫19年來每張賺34倍〉，《聯合報》（2013/01/05，AA2股市‧基金版）。

華特‧薩門（Walter Salmon）等著，林宜賢、蔡慧菁譯（2003）。〈危機的預防：如何讓你的董事會做好準備〉，《公司治理》（*Corporate Governance*），天下遠見出版，頁26-27。

黃美玲（2002）。〈認識四大財務報表〉，《台肥月刊》，第43卷，第2期（2002/02/15）。

楊國文、孟慶慈、劉婉君、林孟婷（2012）。〈台開案更二審趙玉柱判8年半　趙建銘7年〉，《自由時報》（2012/05/11）。

蔡文雄、李瑞仁（2011）。〈薪酬委員會的運作與員工獎酬工具比較〉，《會計研究月刊》，第311期（2011/10），頁113。

劉奕鐘（2003）。〈新頒內部控制制度處理準則的改革與注意要點〉，《台肥月刊》，第44卷，第4期（2003/04）。

劉原超、林佳男、沈錦郎、林以介、黃廷合、齊德彰、黃榮吉、晉家騏、梅國忠、卓文記等編著（2006）。《企業倫理》，全華科技圖書出版，頁4-7～4-8。

劉紹樑（2002）。《從莊子到安隆──A$^+$公司治理》，天下雜誌出版，頁26-27。

賴英照（2007）。〈自序「思無邪」〉，《賴英照說法──從內線交易到企業社會責任》，聯經出版，頁XIX。

薛明玲（未註明日期），《公司治理篇：企業文化及制度是杜絕財汙詐騙的根本之道》，資誠會計師事務所出版，頁2。

蘇位榮（2012）。〈太電掏空案胡洪九、孫道存判賠140億〉，《聯合報》（2012/12/01），A6版。

第五章
接班倫理

> 對人才的競爭力一直在改變，頂尖企業正使用接班人管理來取得競爭優勢。
>
> ——富爾默（Robert Fulmer）與康格（Jay Conger）

　　西元626年，是唐朝第一位皇帝唐高祖李淵統治的第九年。這一年的6月4日，朝廷爆發了軍事政變。秦王李世民設伏於玄武門，殺死了親哥哥太子李建成和弟弟齊王李元吉，隨後控制首都長安，控制了李淵和他的朝廷。兩個月以後，李世民代替李淵成為唐朝的皇帝。他就是歷史上的明君唐太宗。從此，一個圍繞唐太宗的中央政府帶領唐朝走向繁榮。因為李世民的年號叫做「貞觀」，所以史稱「貞觀之治」（孟憲實，2008）。

　　接班繼承，在中國社會，一向是最幽微、隱晦的議題，也是所有領導人人生最終的智慧測驗。國際商業機器公司（**IBM**）的研究發現，有明確接班布局的企業，長期經營績效明顯優於沒有明確接班布局的企業。

接班計畫管理

　　在企業組織裡，高階經理人或重要員工突如其來，毫無預警的離職或跳槽，已經是見怪不怪。因此，藉由接班人管理制度，組織可以培養一批優秀的人才，加深組織的板凳深度（bench strength），以應付經理人才或重要幹部離職跳槽的突發狀況。

　　接班人管理，按字面上看來，無疑是在一般工作職缺，或高階職位上尋找一位適合頂替的人選。今日的企業組織對於接班人的評價標準，也從以往的個人能力，轉移到接班人對整個組織的領導能力。最有效的接班人規劃制度，是在審視接班候選人如何將組織團隊表現效益發揮到最大（輕鬆讀文化事業有限公司編輯部，2004：5）。

　　企業必須分析每位領導人才外流或被挖角的可能性，以及當他離職時，公司可能面臨的風險。接班人才深度分析（succession depth analysis）能幫助公司瞭解是否有足夠的人才，以接替離職領導人才的職務。

範例5-1

內舉不避親，外舉不避讎

（原文）

　　晉平公問於祁黃羊曰：「南陽無令，其誰可而為之？」祁黃羊對曰：「解狐可。」平公曰：「解狐非子之讎邪？」對曰：「君問可，非問臣之讎也。」平公曰：「善。」遂用之，國人稱善焉。居有間，平公又問祁黃羊曰：「國無尉，其誰可而為之？」對曰：「午可。」平公曰：「午非子之子邪？」對曰：「君問可，非問臣之子也。」平公曰：「善。」又遂用之。國人稱善焉。孔子聞之曰：「善哉！祁黃羊之論也，外舉不避讎，內舉不避子。」祁黃羊可謂公矣。

（譯文）

　　晉平公問祁黃羊：「南陽縣缺個縣令，你看，誰可以擔任這個職務？」祁黃羊毫不遲疑地回答：「派解狐去，他可以勝任。」

　　平公驚奇地問：「解狐不是你的仇人嗎？」祁黃羊回答：「國君問我誰可以勝任縣令職務，並沒有問誰是我的仇人。」

　　於是，晉平公就委任解狐做南陽縣令。果然，解狐勵精圖治，一掃弊政，百姓讚不絕口。

　　不久，晉平公又問祁黃羊：「現在朝廷缺少法官，你看，誰可以去擔任？」祁黃羊回答：「祁午可以勝任。」

　　平公又奇怪地問：「祁午不是你的兒子嗎？你推舉他，不怕別人說閒話？」祁黃羊答道：「國君問我誰可以勝任法官，並沒有問祁午是不是我的兒子。」

　　祁午當了法官，執法如山，除害興利，舉國一片讚揚。

　　孔子聽說，高興地讚道：「好，祁黃羊推舉人才，外舉不避私人仇隙，內舉不避親子之嫌，真是大公無私啊！」

資料來源：《呂氏春秋・去私》，網址：http://boktakhk4.pixnet.net/blog/
　　　　　category/1458047。

一、建立接班人的目的

由於領導能力是稀少且珍貴的資源，領導人才很容易找到新的就業機會，發揮長處，不需要終身服務同一家公司，因此，好的接班人管理制度有兩個目的：

(一)因應組織需求

持續提供大量的人才供應，以填補人才供需之間的落差。若缺乏有遠見的接班人管理制度，企業勢將不斷急就章地試著以任何可得的人才，來填補落差。例如，可口可樂前執行長高祖塔（Roberto Goiueta）因肺癌過世，董事會為完成高祖塔遺願，倉促之中選擇了道格拉斯・艾維斯特（Douglas Ivester）接任執行長一職。可惜的是，艾維斯特任職期間風波不斷，很短時間內便宣告下台。如果，董事會有更充裕的時間為可口可樂選擇繼任人選，便能察覺艾維斯特並不適任的特質，也可以讓可口可樂免除一場災難。

(二)因應員工的需求，特別是表現傑出者

因為表現傑出者在別處也有很多機會。除非企業能讓最好的人才感覺到他們的前途充滿希望，否則他們將傾向選擇其他的良木而棲。例如，朗訊科技（Lucent Technologies）內部原本蘊藏許多管理人才，但他們卻深感被拔擢的機會渺小而紛紛掛冠求去。原惠普執行長菲奧莉娜與英國電訊執行長維瓦元（Ben Verwaayen）原本都是朗訊的高階主管。

找尋接班人並不容易，但是企業若要永續經營，這是現任執行長刻不容緩的課題（EMBA世界經理文摘編輯部，2004：20-21）。

二、建立接班人管理制度

企管顧問帕斯莫（William Pasmore）與特瑞斯（Roselind Torres）在《默瑟管理期刊》（*Mercer Management Journal*）的分析中，指出一個完善的接班人計畫，往往包含理性、情感與政治運作等複雜元素在內。發展

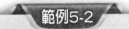
範例5-2

日企接班妙招──招男入贅

日本男子田中恆丸正在尋找結婚對象，特別的是他準備放棄自己的姓氏。如果一切順利，2013年他就會找到一位家裡是經營企業的新娘，被岳家領養，改隨妻姓，繼而成為岳家事業的掌門人。他說：「我經商很有一套，可以貢獻給對方的家庭。」

英國獨立報報導，19世紀著名企業家卡內基說過，繼承來的財富，會「削弱人的天分與能量」。對企業的研究大都顯示，由創辦人後代掌理的公司，表現不如專業經理人掌管的好，然而日本卻是例外。

日本有世界上最古老的家族企業「星賓館」，創立於西元717年。建設公司「株式會社金剛組」由創辦人及其後代前後經營達一千四百年，一度曾是全球最長壽企業，直到2006年遭併購為止。許多知名家族企業如鈴木汽車、啤酒商三得利等，都突破「富不過三代」的魔咒。

這些老字號能夠歷久不衰的秘訣，就在於「領養」。近日發表日本領養現象研究報告的加拿大亞伯達大學教授梅洛特拉說，去年日本逾八萬一千人被領養，在全球領養率排行榜名列前茅；尤其特別的是，其中有九成以上的被領養人是成年人，大多為二十、三十多歲男性。企業主領養有商業才能的男子，是為了彌補自己沒有親生兒子，或親生兒子能力不足的缺陷。

日本紅娘網站創辦人伊達千惠子說，雖然日本的出生率下滑，要找到適合接掌家族企業的女婿比以前難，但在日本這個大男人主義社會裡，女兒頂多只能在幕後經營，而代表公司出面的仍必須是男人。

過去十年來，她主持的網站已經促成六百對企圖心旺盛的年輕男子與家族企業千金結合。伊達說，「我們相信這樣的婚姻不只是商業交易」；如果雙方彼此不喜歡，還硬要結合，那婚姻和事業都會失敗。

資料來源：李京倫編譯（2012）。

極佳接班人管理制度的組織，會較其他組織有更強的競爭優勢。

接班人管理制度成功要素，約有下列數端：

(一)企業策略

每個組織都必須有市場策略與人才策略，作為接班人制度的基礎。這兩項策略必須能夠回答為何接班人值得公司關心。

(二)支持者與參與者

除非接班人管理制度贏得管理高層的支持，否則這項制度不會有任何效果。同樣地，企業各主管也必須參與負責，才能真正推動接班人管理制度。

(三)人才辨識系統

挑選接班人，要根據他們的特質來挑，依據過去表現、個人潛力（過去績效、領導能力、組織能力），以及企業重視的組織與領導能力，但也要根據他們的缺陷來判斷，盡一切合理、合乎道德的努力，辨別候選人的缺陷，是企業首要任務之一。

(四)發展經驗與職務之間的連結

有效的接班人制度，必須在職位與相關工作經驗之間建立明顯的連結，而這樣的連結又必須有一系列合乎邏輯的「能力延伸任務」，使候選人做好接任的準備。影響接班的時間，與現任執行長的年齡、企業的現狀與有無合格的人選也有關聯。

(五)評估者

在接班人管理制度中，評估者決定誰有高潛力、誰能升遷。評估者必須有跨部門的觀點，以及綜合各項要素與活動的能力。

(六)追蹤系統

在接班人制度中，「追蹤」意味監督進度與成果。好的追蹤系統必須有量化與質化的衡量指標，並且會突顯整個制度的優缺點。

(七)成功的衡量標準

要判斷接班人制度是否有效，必須仰賴個別與系統的評量標準，雙管齊下，才能確保評估制度長期有效，並使制度能不斷調整與強化。

藉由嚴格的評估，接班人管理制度變成培育員工最有利的工具，能辨別勝任下一項任務的人才，並找出哪些任務最能符合培育人才的需要（Robert Fulmer、Jay Conger文，曾消菁譯，2004：4）。

傑克・威爾許的前任執行長雷奇諾・瓊斯（Reginald H. Jones）在他就任第三年即開始規劃接任者的相關文件，冷靜而慎重地辨識接班候選人。依序由初選的九十六人，篩選至十二人、六人、三人，最後才由威爾許中選。所以，公司要能找到長期勝任的執行長，必須做到三件事：

首先，公司要有一套自基層到最高位的領導人才培育流程，儲備充裕的內部人才。其次，董事會應制定接班計畫，並持續更新修正，同時對人選的決定應有嚴謹的流程。最後，董事在考量外部人選時，要熟練而精確地推動執行長搜尋流程，能引導獵人頭公司而不是被牽著鼻子走（Ram Charan著，李明譯，201：110）。

三、內部傳承制度

企業若要讓高潛力人才足以晉升到更大、更高階、更複雜的職位，最能培養他們具備所需技巧的方法，就是透過職務輪調的方式，來學習工作上的各種經驗，以作為培育高潛力人才的主要策略。

1993年，傑克・威爾許確認二十位可能接班的人選時，奇異公司共有二十二萬五千名員工，而七年後，他把可能人選減少為三人，最後，由傑夫・伊梅特（Jeff Immelt）脫穎而出，擔任奇異執行長。他談到執行長接班，得用掉一噸礦砂，才能產出一盎司黃金，一點都不誇張。

四、麥當勞的接班

全球餐飲業巨無霸麥當勞（McDonald）公司，六十歲的執行長吉姆・坎特路波（Jim Cantalupo）在2004年因心臟病突然發作而去世。不過

麥當勞（丁志達／攝影）

麥當勞（McDonald's）是全世界最大的跨國連鎖餐廳，1940年創立
於美國，主要售賣漢堡，同時也售賣薯條、炸雞、汽水、冰品、沙
拉、水果等快餐食品。

幾個小時後，查理‧貝爾（Charlie Bell）立即晉升為執行長，不到一年，
繼任者貝爾又死於癌症。雙重悲劇讓公司深為震驚，但未能阻止其扭虧為
盈的腳步，在首席執行官吉姆‧斯金納（Jim Skinner）的領導下，公司業
績持續好轉，足以反映麥當勞的秩序井然。相較於同時間可口可樂的接班
紛擾，更顯得麥當勞的接班順利。

五、人算不如天算

但有些企業「人算不如天算」，一手被培養的中國信託集團辜仲諒與
元大集團馬維建、馬維辰兄弟，因二次金改弊案遭到金管會解職。大同集
團董事長林蔚山原規劃的第三代接班人林建文猝逝，打亂內部傳承布局。

　　兄弟鬩牆爭產，削弱集團實力，最有名的例子就是新光吳氏家族。新光吳家原本希望透過家族投資公司交互持股，打造無法分割的堅強堡壘。沒想到，新光吳東進、台新吳東亮、新纖的吳東昇兩次為版圖分配，大打出手。一個吳家，同時開了新光、台新、大台北三家銀行，兩家投信；台新金一度還要跟外商共組保險，與新光人壽打對台。分散力量的結果，新光金與台新金的市值遠遠輸給國泰金和富邦金，值得台灣家族企業在分家、分產時引以為鑑的參考。

範例5-3

爭產爭權亂侯門：台灣企業後代相爭事件簿

企業／家族	爭奪標的	結果
新光吳家	新光合成纖維經營權	新光集團創辦人吳火獅的四個兒子中的吳東亮、吳東昇爭奪新纖經營權，後由母親吳桂蘭出面協調，吳東亮讓出新纖給吳東昇。
亞化衣家	亞洲化學經營權	亞化創辦人衣復恩交棒給兒子衣治凡，但實權掌握在女兒衣淑凡手上。2008年1月，衣治凡透過市場派操作，將妹妹逐出董事會。今年初復又聯合三名董事向證交所檢舉董事長葉斯應涉嫌掏空。其後葉斯應請辭。亞化今年3月舉行股東臨時會，衣氏家族未獲任何一席董事。
陳查某家族	台灣青果及陳查某遺產	青果大王陳查某身後留下超過二十億元遺產，子女爭產互訟，累積未繳納遺產稅與滯納罰鍰超過六億元，但迄今未繳納，國稅局因而查封陳家五十七筆土地。陳查某遺體停棺四年半後，於1998年1月下葬。
中泰賓館創辦人林國長家族	遺產	林國長遺產高達二十四億，遺產紛爭纏訟逾三十年至今未結。 林國長妻妾共七房，元配為林國長獨子林紹明之母余卓漢。林國長遺囑將25%遺產分配給林紹明，75%留給趙璧芝與另一房朱佩芳。但遺囑中載明，這75%遺產日後將轉贈林紹明的兩個兒子林命群、林命嘉。林紹明控告兩位「姨媽」偽造遺囑。原任中泰賓館董事長的林命群，也控告父親獨占祖父遺產。

資料來源：張漢宜（2009），頁92。

不論接班者是家族後代或專業經理人，執行力的暢銷管理大師瑞姆‧夏藍（Ram Charan）在《領導梯隊：全面打造各級領導人》中直陳，接班人最好是從內部培養，找不到接班人，是領導力培養的流程出了問題。

夏藍指出，企業接班人失敗，往往是因為：

第一，忽略並非人人都能成為領導人。

第二，企業未給予充分的練習與自我修正。

第三，未給予執行長職務需要學習的躍進，一再接受複雜挑戰的洗禮（陳一姍、王曉玟，2009：86-97）。

 寶僑執行長接班計畫

美國寶僑公司（Procter & Gamble, P&G，簡稱寶僑），是一家美國消費日用品生產商，總部位於美國俄亥俄州（Ohio）辛辛那提（Cincinnati），在全球八十多個國家和地區擁有十二萬七千名員工。

根據《財星》雜誌報導，2009年6月，寶僑執行長雷富禮（A. G. Lafley）將領導人的棒子交到新執行長麥當諾（Bob McDonald）的手上。雷富禮回憶十年前，他突然接到公司的電話，請他出任執行長，那可以說是寶僑史上最糟的一次執行長交接。後來，他辦公室的牆上一直掛著一張照片，翻拍他第一次上電視接受訪問的樣子，當時他看起來憂心忡忡。

一、寶僑的一本人才檔案集

雷富禮不希望之後的執行長經驗相同的接班混亂現象，因此從2001年開始，他就積極展開接班人計畫。這項計畫的核心是一本厚厚的藍色機密檔案夾「人才集」（Talent Portfolio），裡面詳細追蹤公司每一位有潛力的高階主管。「人才集」包括每位潛力高階主管跟同儕的比較，在過去六年來於兩方面的表現（一方面是業績，另一方面是領導力，以及幫助別人領導的能力）。「人才集」將人才分為兩組：

第一組是表現持續超過同儕的優等組。

第二組是表現比較不穩定的風險組。

「人才集」中有一個清單，列出員工準備好的接班程度：

一類是已經完成好可以升遷的人。

一類是完成目前的職務，就準備好的人。

最後一類是還需要時間培養才能準備好的人。

二、總經理績效評分卡

每一位做到總經理級的員工，寶僑每半年都會進行一次總經理工作績效評分。工作績效評分卡有兩頁：一是受評者的業績；二是受評者的領導與團隊建立能力。兩頁一樣重要，公司會請受評的上司、同儕與部屬一起進行評分。

如此蒐集資料與逐步篩選，雷富禮當上執行長五年，董事會已經知道寶僑可能的執行長接班人有八到十位。他們常常被要求到董事會進行簡報，公司也讓他們主辦每年一次的海外旅行，邀請所有董事參加，從過程中慢慢觀察每個接班人選。

三、完成順利接班

最後，雷富禮、董事會跟專家一起擬定寶僑執行長需要具備的十個特質，以及未來十年寶僑需要新執行長所具備的技能，結果麥當諾雀屏中選。從2009年春天開始，董事會和人力資源主管便協助規劃麥當諾的新角色，並幫助麥當諾做好接班準備。同年6月，雷富禮和麥當諾兩個人一起透過網路，向全球員工宣布執行長交棒的消息。麥當諾並沒有經歷雷富禮當年接班的混亂局面出現（EMBA世界經理文摘編輯部，2010：16-18）。

 高露潔接班計畫

消費者巨擘高露潔棕欖公司（Colgate-Palmolive，簡稱高露潔）的業務，遍及兩百個以上的國家，因此，公司新興領導人也會呈現國際化與多

元化。對未來執行長人才的確認與養成,有一套卓越的流程。

　　領導人的評鑑,打從僱用第一年就開始。「對某位才進公司一年的員工就討論到執行長儲備人才的問題,聽起來好像很奇怪。」高露潔全球人力資源資深副總裁鮑伯‧喬伊(Bob Joy)表示:「但愈早開始確認人才,愈早能根據培養執行長的需要,提供必要的職務分派,累積寬廣的企業經驗。」

高潛力人才的確認

　　高露潔每一分支單位會確認自己的高潛力人才,並把名單交給當地的總經理,經過他的斟酌,再送交事業部主管。這些名單在組織內層層上報,最後呈送高露潔人力資源委員會(組織成員有執行長、營運長、資深人資副總裁、未來可能接任執行長的資深主管)。

範例5-4

寶僑公司對高階主管的要求條件

‧性格、價值觀與誠實正直。
‧過往有良好的實績業務、財務與組織的績效。
‧有能力,而且可以培養能力。
‧有旺盛的精力、持久的耐力。
‧高瞻遠矚且有策略的領導人。
‧能激勵人、勇敢、有同情心。
‧與同事、合作夥伴、其他外部利益關係人的關係能產生成效。
‧欣然接受變化,領導轉型變革。
‧面對衝突與批評時,沉著、冷靜、不被擊垮。
‧能建立制度,以企業的大我利益與長遠健全發展為優先。

資料來源:A. G. Lafley、Noel M. Tichy著,侯秀琴譯(2011),頁92。

　　委員會把所有名單修正整合成一份主名單,再發回各層級,而經理人如果對上級的決定有意見,可以據理力爭。這個流程每年進行一回,遴選出的人員,會分派到三個不同階層。第一個階層是地方人才,屬於較資淺的幹部,可能成為直屬總經理的人員;資歷較深的,則歸為區域人才,可能會分派到重要職位,例如亞洲地區;至於最高階層的全球人才,則會進入最高階職位的人才儲備庫。

　　高露潔的全球成長方案規定,所有高階經理人必須留住所屬90%的高潛力人才,否則薪資會遭扣減。全球任何地方、任何階層的高潛力人才如果辭職,執行長、營運長會在二十四小時內收到警訊,並即刻進行慰留(Ram Charan著,李明譯,201:118-119)。

麗嬰房的接班經驗

　　台灣上市公司麗嬰房(les enphants)集團,1971年,在台北市南京東路創立,店名取自法文「孩子們」的涵義,以「孩子是我們一輩子的事業」為經營理念,深耕於嬰幼兒服飾、用品,專業生產製作、零售批銷,觸角並深入新加坡、印尼、泰國、中國大陸等地,至今全球四千位以上員工及近二千個銷售通路,是國內擁有最多通路點的嬰幼童服飾、用品通路商、品牌商。

　　麗嬰房創辦人林泰生在十多年前生了一場大病,身體康復後,體認到培養接班人的迫切性和重要性,因此,開始著手尋找接班人,並建立接班制度,讓制度能持續運作下去。

一、外部找到接班人

　　為了從外部找到接班人,林創辦人先找獵人頭公司協助,推薦六位人選供篩選。花了很多時間選人,為了怕選錯人,日後公司可能會有很大的損失。光是面試就花了六、七個月,而且其中一次是在餐廳。看他怎麼點菜,會問清楚你喜歡什麼?有沒有什麼忌諱才開始點餐。最重要的,是想看他怎麼跟服務生對談,懂不懂製造氣氛,跟人溝通。要當總經理的

人，要能夠跟員工、同業、異業打成一片，要懂得怎麼讓大家感到愉悅，如果光是懂得存貨管理、現金流量，那只是經理人，而不是領導人。

二、接班人的條件

在接班人的條件上，年齡很重要，並有外商的工作背景、一定水準的外文能力，也是一位愛家的人，重視自己的家庭，以及個性喜好，最好可以跟頂頭上司有共同的語言，還要有幽默感，如果有爭執之類的情況發生，比較能夠化解尷尬的情境。

最後林創辦人選中的總經理王國城，在2000年進入麗嬰房集團。在評估接班人的表現上，林創辦人著重在對他核心幹部的成長的評估，要注重接班人的傳承，每個位置都要有接班人的梯隊，沒有斷層（羅玳珊採訪，2011：22-125）。

 長興化工的接班人歷練

在全球各地，家族企業是企業體運作的一種形式，並對經濟社會發展過程產生重要作用。台灣的家族企業肩負著創業家的理念及願景，佐以旺盛精力推動，因此扮演起整體經濟發展引擎的關鍵角色（陳玲整理，2008：36）。

長興化學工業公司（以下簡稱長興化工）自1964年創業於高雄市迄今，生產製造基地以台灣、大陸、美國為重點，而銷售據點以全球世界各重點都市做布局。公司的企業文化一貫以守法、守信、守德（公德、道德、品德）及回饋社會公益為己任，並注重員工操守與用心美化工作環境，培養同仁民族自尊心，樹立公司良好形象。

長興化工是上市公司，也是家族企業，台灣有不少家族企業由家族成員接班，可能帶來助力，也難免會有阻力，如何培養家族成員接班避免「一代不如一代」是企業傳承的重大課題。

一、接班人歷練

　　長興化工創辦人高英士獨子高國倫，從美國完成學業後返台到長興化工上班，從企劃室、到營業管理部、行銷企劃部、廠務部等，總共待過五個不同單位，擔任專員、副理、經理等五個職位。在這些單位工作的經歷中，高國倫認為在行銷企劃部和廠務部的歷練，對他的影響最深刻。

　　行銷企劃部必須直接面對客戶，一定要對產業有充分的瞭解，不能再高來高去。廠務部門要管理整個廠區，除了生產的專業，還有很多行為面的問題，因為工廠裡從不識字、小學畢業、到各種層級都有，不像行銷企劃部每個人都是大學或碩士畢業生。

二、專業經理人的文化

　　高國倫認為，在職場歷練過程中，他學到三樣東西，也就是長興化工的文化：品德、領導統御和專業。

　　品德不是指一般的品德，而是指對投資股東的忠誠度、做事的忠誠度，比較像是企業倫理。

　　領導統御的能力，則指輪調到各單位去磨練，尤其是接近基層實際作業的單位，可以學習到很多。

　　在專業方面，因在大學是念政治，然後念碩士（MBA），但長興化工是做材料的，所以要邊做邊學。

　　2000年，高國倫在進入長興化工十餘年後接任總經理，2010年接任董事長。在他接班之後，強調要建立專業經理人的文化，將董事會功能與執行長（總經理）分割，落實所有權與經營權分立，但彼此間仍需要維持良好互動關係（羅玳珊採訪，2011：126-129）。

鹿港玉珍齋的家變

　　座落在民族路與中山路交叉口的鹿港玉珍齋，在清代，黃家經營布莊，商號為「黃泰興號」，是鹿港布郊商行之一。1877年（光緒3年），由黃錦聘請泉州師傅前來鹿港製作糕餅茶點，當時書房的名稱就叫做「玉珍齋」，於是玉珍齋就開始了歷史的製餅生涯。

一、接班人的傳承

　　黃仕元（黃錦之子）在耳濡目染之下，自小對糕餅有著深厚的研究，玉珍齋的製餅師傅們更苦心研究出更多種類的糕點，此時的玉珍齋可說是達到第一個經營巔峰。接著玉珍齋又經歷了黃長庚（黃仕元之子）、

玉珍齋的建築風貌（丁志達／攝影）

昭和8年（1933年），鹿港市區都市更新，拆除不見天街，玉珍齋黃家因而重建宅第，即現在所見的巴洛克（Baroque）三層樓的角間街屋，其門樓外觀立面可見「登錄」、「玉珍齋」、「商號」的文字，三樓女兒牆上有「KOTAHODO」（日文發音：黃泰興號）與「KO」（日本發音：黃）的標誌，以及簡單的勳章紋飾。這棟建築物為鹿港繁榮一時的象徵，目前已被官方認定為文化古蹟遺產。

黃森榮（黃長庚之四子）的接班，精緻的糕點聞名全台，尤其是在黃森榮和其妻（黃盧清秀）的努力經營之下，玉珍齋的糕點，再次攀向事業的第二個高峰。

黃長庚的長子黃振聲為玉珍齋的繼承者。二次大戰末期，美軍轟炸鹿港，民生物資匱乏，為了躲避戰火，造成黃振聲與愛妻的仳離，自此鬱鬱寡歡無心於經營事業，便託請四弟黃森榮照料。後來由於無子嗣，便親自挑選收養四弟黃森榮之三子黃一彬為其繼嗣，依照台灣的民間禮俗，黃振聲的兒子為家族的當然繼承者，而黃森榮便在「父以子貴」的情狀下成為玉珍齋第四代經營者。

二、第五代接班糾紛緣由

十多年前，第四代繼承人玉珍齋老闆，七十一歲的黃森榮中風，逐漸失語、失智。老闆娘黃盧清秀與三子黃一彬取得移轉商標專用權的同意書，並取得四子黃一誠、五子黃一淵、么女黃一絢的支持。但長子黃一舟不服，偕同二弟黃一栩與其他三名弟妹一狀告上法院，爭奪商標使用權，更控告母親和三弟趁父親老人痴呆奪取商標、偽造文書。黃一舟、黃一栩另以「玉珍齋」名號設立多家公司，兩方為經營以及商標使用，分為「媽媽派」與「哥哥派」，互提訴訟而交怨頗深，直到2012年才分出勝負（王曉玟，2009：95）。

三、最高法院確認商標繼承權

最高法院在2012年8月27日維持智財法院的判決，以第四代負責人黃森榮轉讓商標時並未心神喪失，將玉珍齋及玉珍齋鳳黃酥、鳳眼糕等商標權判給黃森榮的妻子黃盧清秀以及三子黃一彬確定。

全案一審時是黃森榮長子黃一舟、次子黃一栩勝訴，二審的智財法院找來醫師認定黃森榮簽約那個月並非全無意識，改判黃妻及三子勝訴；最高法院維持原判。四年前另件官司，最高法院曾認為黃森榮簽約時，對外界知覺低於一般水準，無法讓予商標，判決應由七名繼承人共同繼承；

白花油商標戰　告三房…二房白忙

　　白花油創辦人顏玉瑩過世後,二、三房爭產。二房顏何秀琼指控三房兒子顏福成未經其他繼承人同意,擅自將顏玉瑩的中英文名字及肖像印製於包裝,違反商標法,侵害顏玉瑩姓名權及肖像權;台北地院判二房敗訴。

　　法官指出,顏玉瑩死亡三十多年,姓名及肖像權因死亡而消滅,顏福成在顏玉瑩死後才使用顏玉瑩姓名、肖像作為公司的商標登記或產製產品,並未刻意醜化詆毀顏玉瑩,亦無違反商標法或民法規定。

　　顏玉瑩七十多年前在新加坡研製藥油,因喜愛水仙花(即白花),創立白花油品牌,後來分別在香港及台灣成立和興白花油藥廠;顏玉瑩過世後,香港公司交由大房長孫顏為善及二房顏何秀琼之子顏福偉掌管,台灣部分交由三房之子顏福成管理。

　　顏何秀琼指控,顏福成未經其他繼承人同意,將顏玉瑩的名字及肖像用在台灣公司的白花油產品上,不法侵害顏玉瑩姓名權、人格權及她基於配偶關係的身分法益。

　　顏福成反嗆顏何秀琼和父親沒有婚姻關係,自稱被父親在香港納為妾。法官審理認為,香港舊式婚姻容許一夫多妻制度,顏何秀琼和顏玉瑩有公開婚宴儀式,大房劉崑珠亦接納顏何秀琼為妾侍,依香港法律,可認定顏何秀琼為顏玉瑩合法配偶。

　　雖然顏何秀琼為顏玉瑩配偶,但顏玉瑩已死亡,婚姻關係消滅,其配偶只能依繼承等規定主張權利,判決顏何秀琼敗訴。

資料來源:蘇位榮(2012)。

但本案因黃森榮的醫師質疑之前的病歷分析，又翻轉結局（王文玲、郭宣彣，2012）。

　　十年官司，十年家變，隨著台灣一些家族企業步入接棒高峰期，類似玉珍齋的家變連續劇，還會繼續演下去。

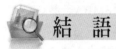 結　語

　　企業要達到更長期的基業長青，必須牽涉到董事會公司治理與接班人等更多元的議題，以跨越因個人生命有限，而企業卻有機會延續基業長青之格局。執行力大師瑞姆·夏藍說，一家企業如果執行長或董事長已就任六、七年，卻仍未提出一批夠格的儲備人員，並制訂健全的新領導人選流程，就是失職。

　　接班人計畫要能有益於永續經營的目標，必須包括各層級接班人的培養。因此，企業培養各級領導人是組織必要的工作。涵蓋組織各階層主管接班人的培育制度建立後，就能不斷地培養出延續企業命脈的接班人（韓志翔，2011：120）。

參考書目

EMBA世界經理文摘編輯部（2004），〈如何尋找接班人〉，《EMBA世界經理文摘》，第212期（2004/04），頁20-21。

EMBA世界經理文摘編輯部（2010）。〈誰是接班人〉，《EMBA世界經理文摘》，281期（2010/01），頁16-18。

王文玲、郭宣岦（2012）。〈前負責人病歷分析破功　玉珍齋商標戰定讞〉，《聯合報》（2012/08/28），A10版。

王曉玟（2009）。〈玉珍齋——真實版台灣霹靂火〉，《天下雜誌》，第431期（2009/09/23-10/06），頁95。

李京倫編譯（2012）。〈日企接班妙招……招男入贅〉，《聯合報》（2012/12/30），A18國際版。

孟憲實（2008）。〈引子：貞觀之治的前夜〉，《孟憲實講唐史：從玄武門之變到貞觀之治》，遠流出版。

張漢宜（2009）。〈爭產爭權亂侯門：台灣企業後代相爭事件簿〉，《天下雜誌》，第431期（2009/09/23-10/06），頁92。

陳一姍、王曉玟（2009）。〈30大集團牽動1/3台灣人：四成集團接班不明〉，《天下雜誌》，第431期（2009/09/23-10/06），頁86-97。

陳玲整理（2008）。〈麥肯錫觀點：家族企業要富過三代須借重外部治理〉，《天下雜誌》，第1090期（2008/10/13-10/19），頁36。

富爾默（Robert Fulmer）與康格（Jay Conger）著，曾淯菁譯（2004）。〈接班人在哪裡？〉，《大師輕鬆讀》，第77期（2004/05/13-05/19），頁4。

瑞姆・夏藍（Ram Charan）著，李明譯（2011）。〈執行力大師夏藍開講：終結接班危機〉，《哈佛商業評論》，新版第60期（2011年8月號），頁110、118-119。

輕鬆讀文化事業有限公司編輯部（2004）。〈接班人管理〉，《大師輕鬆讀》，第77期（2004/05/13-05/19），頁5。

賴夫利（A.G.Lafley）、諾爾・提區（Noel M. Tichy）著，侯秀琴譯（2011）。〈尋找執行長的藝術與科學：寶橋孕育領導人才庫〉，《哈佛商業評論》，新版第62期（2011年10月號），頁92。

韓志翔（2011）。〈企業永續的關鍵：建立有效的傳承制度〉，《哈佛商業評

論》，新版第60期（2011年8月號），頁120。

羅玳珊採訪（2011）。〈專訪長興化工董事長高國倫：長期歷練後接掌家業〉，
　　《哈佛商業評論》，新版第60期（2011年8月號），頁126-129。

羅玳珊採訪（2011）。〈專訪麗嬰房董事長林泰生：培養外人成爲接班人〉，
　　《哈佛商業評論》，新版第60期（2011年8月號），頁122-125。

蘇位榮（2012）。〈白花油商標戰　告三房…二房白忙〉，《聯合報》
　　（2012/12/20，A14社會版）。

第六章
資訊倫理

- 資訊時代的倫理議題
- 智慧財產權制度
- 專利權制度
- 著作權法制度
- 營業秘密保護制度
- 個人資料保護制度
- 結　語

> 我要在網路賣書。
> ——亞馬遜（Amazon）執行長傑夫・貝佐斯（Jeff Bezos）

　　舉凡所有與資訊產品交易及使用上有關各當事人之權利、義務，以及其決策或行動之社會後果，西方學者泛稱這類的問題為「資訊倫理」（information ethics）。由於資訊相關產業與電腦網路應用的蓬勃發展，資訊倫理問題近年來在歐美等國引起了廣泛的重視與討論，一般的看法多認為企業管理人及資訊專業人士應在追求效率、利潤與保障社會大眾福祉之間求取合理的平衡點（王宏德，1996）。

　　由於電腦主要是由人來操作，因此對於資訊專業人員，如資訊科技使用者、資訊產品（包括軟、硬體）開發者、系統分析師以及資訊政策制訂者來說，不僅需要有倫理的素養，同時也要有專業的倫理觀念，這些規範資訊人員的道德系統，統稱為資訊倫理。新竹科學園區某科技廠人事主管說，智慧型手機功能愈來愈強，具備拍照、上網、插卡等功能，為避免公司機密外流，公司會與員工簽約要求上班時不能使用智慧型手機或平板電腦，僅能使用傳統不具上網或拍照功能的手機（王茂臻，2013）。

 ## 資訊時代的倫理議題

　　網際網路（Internet）時代來臨，面對大量資訊流通，網路成為大眾最容易取得資訊的方式。舉凡娛樂性質的音樂、影片，或是作為作業、報告參考的學術資源、專業知識，在搜尋引擎上鍵入關鍵字，一堆相關資訊便呼應而出。在電子商務時代，「倫理」具有深刻的意涵，我們不僅要重視技術的作用，也要關注倫理文化的實踐意義。

　　1986年，美國管理資訊科學專家理查・梅森（Richard Mason）提出資訊時代有四個主要倫理議題：隱私權（privacy）、正確性（accuracy）、所有權（property）及使用權（accessibility）議題（簡稱PAPA議題）。

蘋果電腦商標

美國蘋果電腦的「蘋果」已經成為世界聞名的商標（Logo），「蘋果」不只是蘋果，也代表蘋果電腦、蘋果公司，甚至是一種品牌意識。

1. 隱私權：蒐集、處理與散布個人隱私資訊時所必須尊重的隱私權問題，包括在什麼狀況及保護措施下，有哪些個人相關資訊可以或不可以透過給他人，諸如此類有關隱私的權利。
2. 正確性：資料提供者供應準確資訊給使用者，以做成重大決策的義務與權利，包括誰應該對資訊的真實性與資訊的錯誤負責，以及錯誤對整體造成的損失時，應如何適當處理的權利。
3. 所有權：利用、傳播與重製資訊產品的權利與義務，包括誰擁有資訊、資訊交易的合理價格為何、誰擁有資訊的管道、如何登錄作存取等擁有私人財產的權利。
4. 使用權：對於資訊的讀寫權利與資訊資源的掌控權等問題，包括在什麼狀況及保護措施下，個人有權獲得何種資訊等公平對待的權利。

　　這四個議題通常被稱為PAPA議題。但是在近數十年來電腦及網路的快速進步下，所謂「道高一尺，魔高一丈」下，又產生了更多、更複雜的資訊倫理問題，已經超越了PAPA的範圍（劉原超等編著，2006：8-7）。

資訊倫理的誡律

資訊網路的發達改變了人們的生活型態，帶來了許多助益，但隨之衍生而來的問題卻也層出不窮，網路犯罪（詐欺、恐嚇）、網路色情、網路駭客、網路毀謗、網路上侵害個人資料保護等不當的行為，經常發生在我們日常生活四周，而且都有實際案例可循。（**表6-1**）

為了避免盈正案（係指受政府基金委託的基金經理人，利用職務之便，坑殺政府基金）歷史重演，投信業界祭出「反洩密條款」，2013年起，股市開盤時段，投信基金經理人禁止使用私人通訊設備，例如智慧型手機或平板電腦等，以免走漏股票買賣的最高機密（王茂臻，2013）。

表6-1　電腦倫理十誡

1.不可使用電腦傷害他人。
2.不可干擾他人在電腦上的工作。
3.不可偷看他人的檔案。
4.不可利用電腦偷竊財務。
5.不可使用電腦作偽證。
6.不可拷貝或使用未付錢的軟體。
7.未經授權，不可使用他人的電腦資源。
8.不可侵占他人的智慧成果。
9.在設計程式時之前，先衡量其對社會的影響。
10.使用電腦時必須表現出對他人的尊重與體諒。

資料來源：美國的電腦倫理協會（Computer Ethics Institute）（1997）。

 # 智慧財產權制度

智慧財產權的概念，最早源起於1873年在奧地利共和國首都維也納（Vienna）舉辦國際發明博覽會時，因各國對於外國發明缺乏足夠的保護而使欲參加者興趣不高，而有後來「專利改革維也納公會」的召開，建立幾項專利制度應有的基本原則，及促使各國政府對專利保護的國際共識。

範例6-1

聯電轉寄電子郵件的革職風波

2001年7月2日，聯電董事長曹興誠透過電子郵件發表致員工公開信，短短數小時之內，該文章已經傳遍整個科學園區的同業廠商，競爭者台積員工的信箱更是人手一封。三天後，聯電以「不務正業」、將公司內部文件傳送給競爭對手、大量散布為由，將轉寄該信件的十位員工革職。由於聯電以未事先預警、更未給付資遣費的「革職」方式處理，引起園區一陣騷動。勞委會表示，聯電的個案是台灣企業首次因為員工轉發電子郵件而遭開除的首例。

聯電雖然以不務正業為由開除員工，事後卻曾對媒體表示，依據內部資訊管理條例，對於資訊保密的規定嚴格，若員工進行傳散，不只遭到革職，可能還會吃上官司。

據趨勢科技全球研發執行長陳聖雄觀察，美國許多判例顯示，因為網路及電子郵件都被視為商業工具（business tool），屬於公司的財產，公司具備所有權，員工只有使用權，因此公司有權查閱員工的上網內容及電子郵件，甚至予以刪除。可見即使在極度重視個人隱私權的美國，其判例卻顯示公司經營權凌駕個人隱私權之上。

陳聖雄提到，英特爾曾有一名員工，離職時將全部員工的電子郵件地址拷貝帶走，此後天天寄發批評信件給所有員工，抒發對英特爾的不滿。後來法院宣判英特爾勝訴，其電子郵件系統有權擋掉並刪除該離職員工寄來的電子郵件，該離職員工不得主張其言論自由。

資料來源：林孟儀（2001）。

一、智慧財產權的定義

智慧財產權（Intellectual Property Rights, IPR），係指人類精神活動之成果而能產生財產上之價值者，並由法律所創設之一種權利。因此，智慧財產權必須兼具「人類精神活動之成果」，以及能「產生財產上價值」之特性。

就「人類精神活動之成果」之特性而言，如果僅是體力勞累，而無精神智慧之投注，例如僅作資料之辛苦蒐集，而無創意之分類、檢索，並不足以構成「人類精神活動之成果」。又此一「人類精神活動之成果」如不能「產生財產上價值」，亦無以法律保護之必要，必須具有「財產上的價值」，才有如一般財產加以保護之必要（仁德國中智慧財產權知識網）。

二、智慧財產權的標的

目前我國保護智慧財產權的法律包括：《專利法》（包括發明、新型、設計）、《商標法》（包括商標、證明標章、團體標章、產地標示等）、《著作權法》（包括著作人格權、著作財產權）、《營業秘密法》、《積體電路電路布局保護法》、《植物品種及種苗法》、《公平交易法》（不公平競爭的部分）等（表6-2）。

表6-2　蘋果與宏達電間專利訴訟

年度	日期	事件內容
2010	03/02	蘋果（Apple Inc.）向美國國際貿易委員會（International Trade Commission, ITC）提告，指稱宏達電侵犯蘋果20項與使用者介面、底層結構及硬體方面的專利。
	05/12	宏達電向ITC反控蘋果侵害宏達電5項專利權。
	06/22	蘋果二度控訴宏達電侵犯22項專利項目。
2011	09/08	谷歌（Google）轉移專利給宏達電，宏達電再向ITC與美國德拉瓦州（Delaware）地方法院追加控告蘋果侵犯9項專利。
	12/20	ITC終判出爐，判定宏達電侵犯1項蘋果專利。
2012	11/11	宏達電與蘋果達成和解協議。

資料來源：編輯部，〈蘋果與宏達電互泯恩仇　攜手十年專利授權〉，《華商世界》，第16期（2012年10月至12月），頁51。

範例6-2

龍口粉絲商標戰　贏了金味泉

　　銷售一甲子的老牌龍口粉絲，認為同行金味泉實業公司過去的「新能口」粉絲商標被撤銷後，又以「新能」兩字加「口字圖形」申請商標註冊，「換湯不換藥」易使消費者混淆，向智慧財產局提商標異議及訴願被駁回。

　　但智慧財產法院認為，龍與能的讀音相同、字形相似，龍口與新能商標易使消費者誤認為同一產品；龍口粉絲在國內是知名品牌，應予較高保護，因此判龍口勝訴，並撤銷原處分及訴願決定，發回智慧財產局重新審查、處分。

　　龍口食品公司向智慧財產法院主張，金味泉實業公司十年前以「新能口」註冊為粉絲等食品商標；台北高等行政法院以商標與龍口粉絲相近似，撤銷商標註冊後，金味泉三年多前再以「新能」兩字與口字嘴巴圖形的組合，向智慧財產局申請註冊商標獲准。

　　龍口公司向智慧財產局提商標異議及訴願都被駁回，轉向智慧財產法院提行政訴訟，主張龍口粉絲在國內外行銷六十多年，是家喻戶曉的知名品牌，金味泉行為誤導消費者認為龍口粉絲與新能粉絲是同一家公司產品。

　　但智慧財產局認為，新能商標的口字已圖樣化，狀似微笑嘴形，與過去新能口商標的文字設計方式不同；且新能與龍口商標外觀與讀音都不同，消費者不會混淆誤認為同一家公司。

　　智財法院法官則認為，「龍」與「能」兩字台語讀音相同、字形相似；金味泉過去的新能口商標遭撤銷註冊，卻以相同文字圖形及稍微變化的商標申請註冊，主觀上應非善意。

　　法官認為智財局處分明顯有違誤，判龍口勝訴，撤銷原處分及訴願決定，發回智財局依法院判決見解重新審查。

資料來源：饒磐安（2013）。

在1993年「關稅暨貿易總協定」（General Agree of Tariffs and Trade, GATT，即世界貿易組織WTO之前身）於完成烏拉圭回合談判，並於1994年簽署了包括《與貿易有關之智慧財產權協定》（*Trade Related Aspect of Intellectual Property Rights*, TRIPS）等協定。依該《協定》第二篇，被列入為「智慧財產權」的標的有：

1.著作權及相關權利。
2.商標。
3.產地標示。
4.工業設計。

範例6-3

台灣廠商近年智財權大戰

國內廠商	國際廠商	結果
宏碁	惠普	惠普先提告，宏碁反提告「以戰逼和」，2008年6月雙方和解。
宏達電	微軟	2010年4月與微軟簽訂專利授權協議。
	蘋果	互告侵權後，2012年11月成為首家與蘋果簽訂專利授權協議的手機廠商。
	諾基亞	2012年5月2日諾基亞指控宏達電、優派、RIM等廠商侵犯45項專利（進行中）。
億光	日亞化	雙方在LED產品纏訟多年，億光11月12日向日本特許廳提出對日亞化的藍光LED專利無效主張獲確認。
南亞科	爾必達	2011年9月6日爾必達控告南亞科侵權，南亞科提出反控（進行中）。
友達	三星	2011年6月三星控告友達及其合作客戶，侵犯部分面板顯示器專利，友達隨後反控三星侵權。2012年初友達與三星簽署面板和解及專利交互授權合約。
	夏普	2011年1月夏普控訴友達專利侵權，友達3月提出反擊，雙方6月簽署專利交互授權合約。

資料來源：鄒秀明（2012）。

5.專利。

6.積體電路之電路布局。

7.未經公開資訊之保護。

8.契約授權時有關反競爭行為之控制。

三、智慧財產權之管理

關於智慧財產權立法目的，在於透過法律，提供創作或發明人專有排他的權利，使其得自行就其智慧成果加以利用，或授權他人利用，以獲得經濟上或名聲上之回報，鼓勵有能力創作發明之人願意完成更多、更好的智慧成果，供社會大眾之利用，提升人類經濟、文化及科技之發展。

智慧財產權之管理為企業營運與資產保護之重要工作，其做法包括：

1.創作過程之紀錄保存：作為權利取得之證據以及未侵害他人智慧財產權之證明利器。

2.專利權及商標專用權之申請：如因而獲取專利權及商標專用權，可增加資產、避免他人取得權利反而可要求授權費用，作為交互授權之籌碼。

3.智慧財產權監視制度：對內確保自身之智慧財產權持續受保護，不致外洩，員工遵守相關規定，不侵害企業或他人智慧財產權；對外瞭解產業動態，捍衛自身智慧財產權，掌握競爭對手研發與智慧財產權情況，避免自身侵害或無謂開發（章忠信，2000）。

未來產業競爭，軟實力大於硬實力，有形資產不如無形資產。單一技術可能被抄襲，但內化成制度，作業程序就有可能構築成不容易被抄襲。

範例6-4

專利大戰雙贏　宏達電、蘋果和解

　　宏達電與蘋果2012年11月11日發表聯合聲明宣布，雙方已達成全球和解協議，撤銷所有專利訴訟，並簽訂為期十年的專利授權契約；兩造握手言和，爭訟兩年多的專利權大戰宣告落幕。

　　聯合聲明中，宏達電執行長周永明表示，「很高興能和蘋果達成和解，宏達電得以更專注在創新，而非訴訟」；蘋果執行長庫克也表示：「對於和解感到欣慰，將來會繼續聚焦在產品創新。」這是蘋果首度與其他公司聯合發表聲明。

　　宏達電董事長王雪紅也說，這次跟蘋果和解，對宏達電來說是正面消息，對台灣來說也是一件好事。

　　至於和解金是多少？雙方都不願透露。法人推測，此次宏達電與蘋果採行專利「交叉授權」模式，預估支付給蘋果的權利金，最多每支不超過五美元（約合一百四十五元台幣）；據瞭解，宏達電目前旗下Windows Phone付給微軟的平台權利金也約五美元，蘋果的權利金與微軟相當。

　　宏達電與蘋果的專利權之爭，始於2010年3月蘋果首度在美國國際貿易委員會（ITC）、德拉瓦州地方法院控告宏達電侵犯蘋果底層結構、使用者介面等二十項專利。事隔兩個月，宏達電反擊蘋果，向ITC反控蘋果侵犯宏達電五項專利。蘋果不甘示弱，同年6月又再次向特拉華州地方法院控告宏達電，侵權項目增至二十二項。雙方你來我往，2011年12月TVC最終裁決，宏達電只侵犯蘋果一項專利。

資料來源：羅介妤、林詩萍（2012）。

專利權制度

21世紀為知識經濟時代，國家經濟實力或企業競爭力，係取決於無形之智慧財產權或知識產權。智慧財產於無形資產中占有舉足輕重之角色，其中之專利權，係以創作及發明為基礎所形成之心智結晶，在智慧財產權之制度設計上，專利權之排他與獨占之效力最為強大，誠為智慧財產權之重要一環。

一、專利的類種

我國現行《專利法》係於2011年12月21日修正公布施行，專利權人專有排除他人未經其同意而製造、使用、為販賣之要約、販賣或為上述目的而進口該物品或該方法直接製成物品之權。基於該法律精神，目前我國《專利法》已採世界潮流，為一種「排他權」，因此，專利權人實施其專

範例6-5

鼓勵專利申請的趨勢科技做法

趨勢科技內部設立一套「四步驟專利申請流程」，每過一關就發獎金。提出申請即給一百美元；通過主管審核，進入該公司位於美國的專利委員會審查，再給二百美元；委員會認定「有機會申請成功」而呈遞到美國專利局再發一千美金；最後拿到專利可再領二千美金。等於只要動腦寫下創意，不花半毛專利申請費，三千三百美元就可入袋。趨勢科技有句名言：「如果你的職位到五星上將（工程師職位分為：工程師、技術副理、技術經理、資深技術經理、技術總監），連創辦人走過去都要跟你鞠躬。」

資料來源：林育嫻（2007），頁108。

利權時，仍會有侵害他人專利權問題，其應不可忽視。

《專利法》第2條規定，專利分為發明（謂利用自然法則之技術思想之創作）專利、新型（利用自然法則之技術思想，對物品之形狀、構造或裝置之創作）專利和設計（謂對物品之形狀、花紋、色彩或其結合，透過視覺訴求之創作）專利等三種。

1.發明專利權期限自申請日起算二十年屆滿。
2.新型專利權期限自申請日起算十年屆滿。
3.設計專利權期限自申請日起算十二年屆滿。

上述發明專利及設計專利係採實質審查制度，經審查認為未違反《專利法》規定，始予以核准並通知領證及繳納年費後進行公告；新型則改採形式審查制度。

整體來說，「發明、新型專利權」應具備有：產業上可利用性、新穎性、進步性；「設計專利權」應具備有：產業上可利用性、新穎性、創作性（〈專利權制度〉，http://www.5patent.com.tw/p4-1.htm）。

二、僱傭關係下的專利權歸屬

專利權，係指發明人或創作人將其研發成果向經濟部智慧財產局申請，經過審查認為符合《專利法》規定之要件，而賦予之權利（**表6-3**）。

一般而言，專利申請是屬於發明人或創作人，但在僱傭關係或是出資聘請他人從事研究開發的情況下，因為雇主或是出資人有提供資源、給付報酬予發明人或創作人，故對於研發之成果歸屬則會有所爭議。為解決爭議，《專利法》第7、8、9、10條乃就僱傭關係或出資聘人研發之專利歸屬有所規定（陳宗沛、張祖華、張東文執行編輯，2008：141）（**表6-4**）。

表6-3　《專利法》的六大面向

面向	內容
申請程序面	它包括增訂專利申請人己意在刊物發表者，可主張優惠期；免除申請權證明文件；專利以外文本提出時之語文種類，以阿拉伯、英、法、德、日、韓、葡、俄、西班牙文為限；生物材料寄存與存活證明合一；非因故意未於申請時主張優先權，或未按時繳納專利證書費或年費致失權者，只要在一年半內補繳三倍年費，即可申請復權等。
實體審查面	刪除專利申請人主動申請修正之時間限制；放寬發明專利申請案得於初審核准審定後三十日內申請分割；增訂最後通知制度；增訂誤譯訂正制度；放寬專利權延長要件；增訂一案兩請處理規定；明定新型專利之更正採形式審查等。
擴大保護面	擴大設計專利保護範圍，將部分設計、電腦圖像及圖形化使用者介面（Icons & GUI）設計、成組物品設計、衍生設計納入專利保護範圍，以回應國內產業界在創新設計之需求，強化對於設計成果之保護。
侵權救濟面	明定專利侵權損害賠償須以行為人主觀上有故意或過失為必要；增訂得以合理權利金作為損害賠償計算方式；非出於商業目的之未公開行為、以取得國內外藥物上市許可為目的之研究試驗行為均屬專利權效力不及；明確採行國際耗盡原則。
強制授權面	當事人間無法協議授權由強制授權之事由，改為先置程序，並明定須與公益之非營利使用、再發明等事由連結，以作為強制授權之依據；國家緊急危難或其他重大事故時，專利專責機關將依緊急命令或需用機關之通知而強制授權所需用之專利權；補償金一階段核定；增訂為協助解決開發中國家及低度開發國家之公共衛生問題，我國有能力製造相關藥品之學名藥廠商得申請強制授權製造藥品並出口至需求國。
專利舉發面	廢除依職權撤銷；增訂得就部分請求項提起舉發；舉發逐項審查、逐項審定、舉發案及更正案之合併審查及合併審定等。

資料來源：經濟部智慧財產局《專利法》廣告。

表6-4　《專利法》第7至第10條條文內容

條文	內容
第7條	受雇人於職務上所完成之發明、新型或設計，其專利申請權及專利權屬於雇用人，雇用人應支付受雇人適當之報酬。但契約另有約定者，從其約定（第一項）。 前項所稱職務上之發明、新型或設計，指受雇人於僱傭關係中之工作所完成之發明、新型或設計（第二項）。 一方出資聘請他人從事研究開發者，其專利申請權及專利權之歸屬依雙方契約約定；契約未約定者，屬於發明人、新型創作人或設計人。但出資人得實施其發明、新型或設計（第三項）。 依第一項、前項之規定，專利申請權及專利權歸屬於雇用人或出資人者，發明人、新型創作人或設計人享有姓名表示權（第四項）。

（續）表6-4　《專利法》第7至第10條條文內容

條文	內容
第8條	受雇人於非職務上所完成之發明、新型或設計，其專利申請權及專利權屬於受雇人。但其發明、新型或設計係利用雇用人資源或經驗者，雇用人得於支付合理報酬後，於該事業實施其發明、新型或設計（第一項）。 受雇人完成非職務上之發明、新型或設計，應即以書面通知雇用人，如有必要並應告知創作之過程（第二項）。 雇用人於前項書面通知到達後六個月內，未向受雇人為反對之表示者，不得主張該發明、新型或設計為職務上發明、新型或設計（第三項）。
第9條	前條雇用人與受雇人間所訂契約，使受雇人不得享受其發明、新型或設計之權益者，無效。
第10條	雇用人或受雇人對第7條及第8條所定權利之歸屬有爭執而達成協議者，得附具證明文件，向專利專責機關申請變更權利人名義。專利專責機關認有必要時，得通知當事人附具依其他法令取得之調解、仲裁或判決文件。

資料來源：《專利法》。

著作權法制度

著作權，是指因著作完成所生之著作人格權（包括公開發表權、姓名表示權及禁止不當修改權等三種權利）及著作財產權（包括重製權、公開口述權、公開播送權、公開傳輸、公開上映權、公開演出權、公開展示權、散布權、改作權、編輯權及出租權等）。而「著作」則是指屬於文學、科學、藝術或其他學術範圍之創作（**表6-5**）。

表6-5　著作權種類

種類	說明
語文著作	包括詩、詞、散文、小說、劇本、學術論述與演講等，以數位（如純文字檔、圖檔）或類比（如錄音檔案）方式存在者，亦同。如張愛玲短文〈我的天才夢〉、小說《半生緣》、話劇劇本《傾城之戀》等均屬語文著作，無論以手稿、印刷書或者電子檔的形式存在，都不會因為儲存媒介的改變而被歸類為電腦程式或其他著作類型。
音樂著作	包括曲譜、歌詞等。這裡的曲包括節奏、旋律、和聲等構成音樂的成分。以台語民謠〈望春風〉為例，由李臨秋作詞、鄧雨賢作曲的詞曲部分為音樂著作；但演唱者演唱詞曲內容，由唱片公司錄製成錄音帶、CD、MP3等，則為錄音著作而非音樂著作。

（續）表6-5　著作權種類

種類	說明
戲劇、舞蹈著作	戲劇著作是指由演員透過身體動作的詮釋，將特定劇情表演出來的著作；舞蹈著作則是舞者以身體做成的一系列有韻律感的動作，通常配合音樂演出。由於兩者差異有限，故統稱戲劇、舞蹈著作，包括舞蹈、默劇、歌劇、話劇等。如表演工作坊在國家戲劇院演出《這一夜，誰來說相聲？》、雲門舞集《紅樓夢》台北戶外公演等。
美術著作	包括繪畫、版畫、漫畫、連環圖（卡通）、素描、法書（書法）、字型繪畫、雕塑、美術工藝品等，如朱銘《太極》系列雕塑、彎彎MSN表情符號等。
攝影著作	包括照片、幻燈片及其他以攝影之製作方法所創作的著作。如郎靜山《祖國山河》系列歷史影像、鄧南光攝影作品等，均屬在取景、角度、效果上具有高度創作性而受保護之著作。
圖形著作	包括地圖、圖表、科技或工程設計圖及其他屬於技術應用方面的工具性圖形。圖形著作的製作目的是用以表現特定事物，而非強調其藝術價值，通常會依據一定標準繪製以利判讀。
視聽著作	包括電影、錄影、碟影、電腦螢幕上顯示之影像及其他藉機械或設備表現系列影像，不論有無附隨聲音而能附著於任何媒介物上之著作。視聽著作與攝影、美術著作最大的區別在於其「必須連續性地表現系列影像」。故將同一次出遊的幻燈片一張張播放仍屬攝影著作，而以V8拍攝出遊內容則是視聽著作。
錄音著作	包括任何藉機械或設備表現系列聲音而能附著於任何媒介物上之著作，但附隨於視聽著作的聲音不屬之。錄音著作在部分國家是以「著作鄰接權」的方式保護，在我國則是以一般著作型態受到保護，故只要所錄製的內容符合著作權保護要件，即受著作權法保護。
建築著作	包括建築設計圖、建築模型、建築物等。其特殊之處在於將「建築物」本身也納為保護標的。由於著作權法的保護客體是屬於文化性質的創作，原則上受保護的建築物必須具有一定的創作性，且非以實用性為其主要目的。如中正紀念堂、國家戲劇院、台北101大樓，以及知名小說《達文西密碼》最重要場景——法國羅浮宮拿破崙廣場上華裔建築師貝聿銘設計的玻璃金字塔等。
電腦程式著作	包括直接或間接使電腦產生一定結果為目的所組成指令組合之著作。須特別注意的是，並非所有以電腦執行、展現的著作都是電腦程式著作，例如：在電腦遊戲中使電腦執行該遊戲、呼叫某一圖片、動畫、物件、執行運算等，固然是電腦程式著作，但圖片、動畫、文字本身則分別歸屬於美術、圖形、語文、視聽等著作類型，而非電腦程式著作。

（續）表6-5　著作權種類

種類	說明
表演	為因應我國加入WTO，《著作權法》新增第7條之1對表演的保護規定：「Ⅰ.表演人對既有著作之表演，以獨立之著作保護之。Ⅱ.表演之保護，對原著作之著作權不生影響。」所謂「表演」，是指對既有著作以演技、舞蹈、歌唱、彈奏樂器或其他方法加以詮釋。表演有時與戲劇、舞蹈著作難以區別，須視實際個案決定。通常對於既有戲劇或舞蹈著作的再次詮釋，由於創作性較低，會歸屬於表演範疇。例如：雲門舞集《薪傳》是具有高度創作性的原創舞蹈著作，若學校老師指導學生模仿演出最後一段《節慶》，由於是針對既有舞蹈著作的重新詮釋，即可能屬於「表演」。
改作（衍生）著作	衍生著作是將原著作另行添加創意，進行改作所得之作品。改作方式很多，包括翻譯、編曲、改寫、拍攝為影片等，但非所有對著作進行改變的改作成果都能成為《著作權法》保護的「改作著作」，必須改作者對於既有著作所添加的創作程度，已達到著作權法所要求的創作高度，才可受《著作權法》保護。例如：張愛玲在1943年發表中篇作品《金鎖記》，赴美後以此故事藍本用英文寫成*Pink Tear*，1966年再改寫為長篇小說《怨女》連載於香港《星島晚報》，各篇不僅篇幅與使用語文不同，新作內容風格也明顯平淡謙和許多，可認為均是獨立著作而加以保護。反之，若利用全文翻譯軟體英譯《金鎖記》或中譯*Pink Tear*，則縱令譯文極佳，或此種機械性改作所費不貲或耗時甚久，該成果也不會被認為是受保護的衍生著作。
編輯著作	《著作權法》第7條第一項規定：「就資料之選擇及編排具有創作性者為編輯著作，以獨立之著作保護之。」由條文規定可知，編輯著作受保護的客體是就資料的「選擇」或「編排」方式具有創作性。以張愛玲短篇小說集《傾城之戀》為例，除所收錄之《傾城之戀》、《金鎖記》、《紅玫瑰與白玫瑰》等中短篇小說為分別獨立受保護之語文著作外，若該選集就資料內容之選擇或編排具有創作性，亦可獨立以編輯著作受到《著作權法》保護。

資料來源：〈認識著作權〉，國立空中大學智慧財產權宣導網，網址：http://cctr.nou.edu.tw/ipr/base2.html#9。

一、創作主義

就著作權之取得，依目前各國立法例，大體可分為：

1.註冊主義：即創作完成後，尚須向國家主管著作權機關履行註冊手續，始能取得著作權。

2.創作主義：即著作人依創作完成的事實，依法自動取得法律上保
　護。

　　我國對於著作之保護，係採「創作主義」，而非「註冊主義」。
《著作權法》第10條規定，著作人於著作完成時享有著作權。亦即無庸辦
理註冊或登記（〈著作權制度〉，http://www.5patent.com.tw/p4-1.htm）。

二、著作權保護期限

　　著作權包括了著作人格權與著作財產權兩個部分。有關著作權保護
期限依《著作權法》規定如下：

(一)著作人格權的保護期間

　　依據《著作權法》第18條規定：「著作人死亡或消滅者，關於其著
作人格權之保護，視同生存或存續，任何人不得侵害。但依利用行為之性
質及程度、社會之變動或其他情事可認為不違反該著作人之意思者，不構
成侵害。」也就是說，著作人格權的保護，並沒有一定期間的限制，在著
作人死亡或消滅後，依《著作權法》第86條規定，可以由配偶、子女、父
母、孫子女、兄弟姊妹、祖父母進行對著作人格權侵害進行民事損害賠償
的請求。

　　舉例來說，知名的學者胡適先生的《四十自述》，雖然已經不受著
作權法保護，如果有出版社要出版《四十自述》，不需要得到胡適紀念館
（胡祖望先生當時將著作財產權移轉予胡適紀念館）的同意，但仍然需要
標明胡適先生的姓名，且不得任意改變其內容，致有損毀胡適先生的名
譽。

(二)著作財產權的保護期間

　　依據《著作權法》第30條規定：「著作財產權，除本法另有規定
外，存續於著作人之生存期間及其死亡後五十年。著作於著作人死亡後
四十年至五十年間首次公開發表者，著作財產權之期間，自公開發表時起
存續十年。」而同法第33條規定：「法人為著作人之著作，其著作財產權

存續至其著作公開發表後五十年。但著作在創作完成時起算五十年內未公開發表者,其著作財產權存續至創作完成時起五十年。」同法第34條規定:「攝影、視聽、錄音及表演之著作財產權存續至著作公開發表後五十年。前條但書規定,於前項準用之。」(〈認識著作權〉)

營業秘密保護制度

隨著經濟知識來臨,知識逐漸成為企業重要利潤來源,因而知識之取得、累積、使用及保護愈形重要。知識取得後,如何保護知識,以避免他人竊取,保存企業的價值及利潤,乃現代企業需面對之重要課題。

在智慧財產權領域中,專利權、商標專用權、積體電路電路布局權必須經向主管機關登記才能取得專有權利,《著作權法》則於創作完成時自動受保護,至於營業秘密,則更為特殊,其甚至無所謂完成的問題,只要符合《營業秘密法》第2條所定營業秘密條件的資訊,自研究或開發而形成營業秘密之資訊時即受保護。

一、營業秘密之內容

營業秘密是企業經營的重要資產,企業除了以其他智慧財產權法制保護其企業資產外,亦得以《營業秘密法》搭起另一層保護網。

依據《營業秘密法》第1條第一項規定:「為保障營業秘密,維護產業倫理與競爭秩序,調和社會公共利益,特制定本法。」同法第2條規定,「本法所稱營業秘密,係指方法、技術、製程、配方、程式、設計或其他可用於生產、銷售或經營之資訊,而符合左列要件者:

一、非一般涉及該類資訊之人所知者。
二、因其秘密性而具有實際或潛在之經濟價值者。
三、所有人已採取合理之保密措施者。」

二、僱傭關係下的營業秘密歸屬

依據《營業秘密法》第3條規定，「受雇人於職務上研究或開發之營業秘密，歸雇用人所有。但契約另有約定者，從其約定（第一項）。受雇人於非職務上研究或開發之營業秘密，歸受雇人所有。但其營業秘密係利用雇用人之資源或經驗者，雇用人得於支付合理報酬後，於該事業使用其營業秘密（第二項）。」

依據同法第4條規定，「出資聘請他人從事研究或開發之營業秘密，其營業秘密之歸屬依契約之約定；契約未約定者，歸受聘人所有。但出資人得於業務上使用其營業秘密。」

三、營業秘密保護措施

企業必須從「人與物」兩方面著手建立企業營業秘密保護措施。從人的部分，可從在職與離職的時候，藉由訂定例如競業禁止、智權歸屬、保密條款與損害賠償等契約建立保護傘；物的控制方面，則包含文件與媒介物管理等，若沒有做好保密措施，一旦訴訟，可能導致判決結果大不同（吳泓勳，2012）。

範例6-6

不揭露協議書範例

立協議書人：○○○　　　（以下簡稱揭露方）

　　　　　　○○○　　　（以下簡稱收受方）

雙方為合作事宜，揭露方會揭示機密資訊給收受方，基於有益與價值之考量，雙方同意訂立條款如下，約定共同遵守，以保護機密資訊：

一、保護之機密資訊

　　本協議所稱之機密資料，係指商業或技術的資訊，不論是否儲存於有形的

媒體，凡是揭露方於交付或揭露時已標明「機密」或類似用語，或是一般所公認為屬於機密之資訊，包括但不限於設備、軟體、設計、技術、技術文件、產品、說明書、策略、市場計畫、價格資訊、財務資訊、供應商資訊、顧客、合約、發明、申請案、方法與技術訣竅等，而機密資訊除了包括揭露方所提供的原始資訊之外，亦涵蓋到所有的複製或重製物和含有該資訊的報告、分析和產品等。

二、收受方之義務

1. 收受方同意機密資訊係屬揭露方之財產，承諾以如同保護自己機密資訊的方式來保護其機密性，做到合理善良之管理。
2. 收受方承諾在本契約有效期間，不得作為達成合成事宜以外目的之使用或揭露，且不得作為第三人利益之使用或揭露。收受万若有為達成本合作事宜之合約商，須符合本契約之條款以書面方式來約定。
3. 除了為促進本合作事宜之必要外，收受方承諾不複製或重製揭露方所揭示機密資訊。若有複製或重製務須清楚標示出機密以及屬於揭露方之財產或類似用語。
4. 收受方承諾將揭露方所揭示機密資訊，只提供給必要之人員，以及只做為評估雙方之合作事宜，而不會以此資訊來做為競爭、迴避、拆解、解碼和逆向工程等之用途。
5. 收受方因過失而揭露或交付機密資訊之全部或一部，或知悉他人有揭露或不當使用機密資料時，應立即通知揭露方，並為必要之處置。

三、揭露方之義務

1. 揭露方於交付或揭露機密資訊時，應於首頁處標明「機密」或類似用語。
2. 揭露方可宣稱所揭示之資訊皆為機密資訊，而於揭示後30天內以書面摘要出所揭示的機密資訊。
3. 揭露方無法保證所揭示機密資訊的精確性與完整性。

四、除外規定

收受方對揭露方所揭示之機密資料負有保密之義務，但下列情形者，不在此限：

1. 非違反本協議，而成為或已經為公開之資訊。
2. 接受方於本協議簽署日之前已知悉，或於未違反本協議之第三人處所取得或知悉。
3. 收受方未違反本協議，而獨自研發出。
4. 資訊被未違反本協議且與本協議無關之第三人或單位所揭示。
5. 因政府法令強制規定或法院命令所必須揭露，惟收受方於揭露前須先行以書面通知揭露方前述情事，並為必要之措施，以維護揭露方之權益。
6. 經揭露方同意揭露。

五、保密義務期間

本協議於雙方簽署後生效，持續至簽署日起或結束合作事宜後第2年止（以時間較者為準）。於保密義務期間，收受方應恪守本協議之保密和盡合理善良管理之義務。

六、資料之返還與銷毀

　　揭露方所提供之一切機密資訊，均屬揭露方所有之資產。於雙方所約訂之保密義務間內或雙方無法成立合作事宜時，收受方應依揭露方要求，無條件將其所持有機密資之原本交還予揭露方或其指定人，所複製、重製或記錄有該等機密資料之文件與媒體應予銷毀。

七、損害賠償

　　收受方如違反本協議，致揭露方有任何實際損失或受第三人之訴追或請求者，收受同意就揭露方之損失負一切之損害賠償責任，包括但不限於揭露方所受之損失、對第人之賠償、律師費用、訴訟費用及其他費用或損害。收受方並應以其自己之費用就該三人對揭露方所提之請求或訴訟，為揭露方之利益為必要之答辯及協助。

八、管轄法院

　　雙方同意就此協議所生之任何爭議，以揭露方所在地之地方法院為第一審管轄法院。

　　本協議書正本一式兩份，經雙方簽署後，由雙方各執一份存執。

立協議書人

揭露方：○○○　　　　　　　　　　收受方：○○○
地　址：○○○○○○○○○　　　　代表人：○○○
　　　　　　　　　　　　　　　　　地　址：○○○○○○○○○
　　　　　　　　　　　　　　　　　統一編號：○○○○○○
中華民國　　　　　　　　年　　　　　　　月　　　　　　　日

資料來源：安方璇（2012）。《智慧財產權觀念與實務》，全華圖書出版，頁28-30。

 # 個人資料保護制度

　　《個人資料保護法》（以下簡稱《個資法》）已於2012年10月1日實施，新的法規對於沒有盡到個人資料保護的企業，採用一罪一罰，罰金最高可達新台幣兩億元，且企業負責人與個人資料的經手人員都可能面臨最高五年的刑責。更嚴重的是商譽毀於一旦，面臨營運停擺的危機，這些都是《個資法》施行以後，企業要面對的問題。

個資法上路（丁志達/攝影）

《個人資料保護法》已於2012年10月1號正式上路，其適用對象包括了自然人（也就是一般人）、法人（企業）或其他任何三人以上的團體。

一、《個資法》立法目的

《個資法》第1條規定：「為規範個人資料之蒐集、處理及利用，以避免人格權受侵害，並促進個人資料之合理利用，特制定本法。」

依據《個資法》，個人可以有權利決定自己的個人資料是否要提供，同時也可以瞭解自己的個人資料是如何被蒐集、使用、處理、傳輸等狀況。依《個資法》規定，民眾如認為業者或政府單位不法蒐集、處理或利用個人資料，導致個人權益受損，得請求法院依侵害情節輕重處以至少新台幣五百元到二萬元，甚至更高額的損害賠償。

二、《個資法》重要內容

綜觀《個資法》的施行，其重要內容有下類幾項：

(一)受規範者的範圍擴大

《個資法》將適用之主體擴大到所有非公務機關及個人。因此，所

範例6-7

洩漏百餘人個資　屏東縣府挨告

　　屏東愛鄉護土自救會反對縣府興建火葬場，卻赫然發現成員的身分證字號、電話、地址成了環境說明書附錄資料，放在環保署網站上，供人點閱、下載，個人資料「全都露」。自救會在2012年12月26日按鈴控告縣長曹啓鴻等人違反《個人資料保護法》，求償兩百萬元。

　　屏東縣府可能成為《個資法》實施後挨告首例，縣府坦承處理過程未盡周全，相關單位接獲反映後，第一時間即撤下公告；並表示未來會落實個人資料保護。

　　自救會長葉奉達說，自救會成員12月9日上環保署網站查詢環境評估報告書，赫然發現自己姓名、身分證字號、電話、地址全登載在上面，擔心遭濫用，要求縣府撤下。不僅自救會二十三名成員資料「全都露」，向縣長信箱投書表達意見的民眾也被公布，共有一百多人的個人資料被洩漏，其中包括全案環評顧問公司技師。

　　環保局長林雅文表示，依規定環境影響說明書必須公告，環保局是依據開發單位民政處提供的資料公告，環保局無權刪改；12月8日公告翌日，當事人提出異議，立即撤下。

　　民政處長鄭文華說，民政處主辦火葬場業務，須對環評委員負責，各方民眾意見及資料依規定必須充分呈現；這些資料8月就送交環保局，當時《個資法》還未上路，可能因此出現漏洞。

資料來源：董俞佳、翁禎霞（2012）。

有公務機關、非公務機關及個人，只要有蒐集、處理及利用個人資料者，均受《個資法》的規範。

(二)「個人資料」的定義擴大

在《個資法》第2條定義下，個人資料指自然人之姓名、出生年月日、國民身分證統一編號、護照號碼、特徵、指紋、婚姻、家庭、教育、職業、病歷、醫療、基因、性生活、健康檢查、犯罪前科、聯絡方式、財務情況、社會活動及其他得以直接或間接方式識別該個人之資料。此對個人資料及隱私之保障將更為全面。

(三)蒐集、處理、利用及保存個人資料時，均應遵守法定要件及程序

《個資法》明訂了蒐集、處理、利用個人資料所需之要件及程序，如《個資法》第8條之告知義務（即包括告知蒐集者為誰？蒐集目的為何？個人資料的類別、利用資料的對象、時間、地點、方式，個人可要求閱覽或停止使用受蒐集資料的權利等，及個人不提供時的影響），及同法第7條的徵得當事人同意等，因此，企業及個人若有蒐集、處理、利用及保存個人資料之需求時，應注意遵循此等要件及程序。此外，如有企業將蒐集之個人資料（例如員工應徵時、消費者購物時、病患就醫時所填寫的資料）送往國外，即所謂國際傳輸時，將受額外的限制，例如受主管機關以受傳輸國欠缺完善保護法規為由，而可禁止傳輸。

(四)特種個人資料之蒐集、處理或利用

有關醫療、基因、性生活、健康檢查及犯罪前科之個人資料，為特種資料，除符合法定要件外，原則上不得蒐集、處理或利用。

(五)損害賠償責任限制額度

每人每一事件賠償額度，依《個資法》第28條第三項規定，被害人不易或不能證明其實際損害額時，得請求法院依侵害情節，以每人每一事件新台幣五百元以上二萬元以下計算。同一原因事實賠償總額，依《個資法》第28條第四項規定，對於同一原因事實造成多數當事人權利受侵害之事件，經當事人請求損害賠償者，其合計最高總額以新台幣二億元為限。

另，《個資法》第47條規定，非公務機關（指自然人、法人或其他團體）違反《個資法》規定，依其違法行為態樣課以不同程度之行政責

任，新台幣二萬以上五十萬元以下罰鍰。

(六)團體訴訟

　　為結合民間力量發揮《個資法》保護個人資料之功能，爰增定財團法人或公益社會團體符合《個資法》規定者，得提起團體訴訟，以協助遭侵害之當事人進行損害賠償訴訟（馬靜如、蘇儀騰，2012）。

範例6-8

企業使用應徵人員提供個人資料適法性

　　甲科技公司為了招募研發人員，要求欲參與招募程序之應徵者，須留下姓命、年齡、學歷、住址及聯絡方式等個人資料，試問，甲科技公司此行為是否有《個人資料保護法》之適用？若有適用，甲科技公司應先採取何種行為方為適法？

　　【解析】按《個人資料保護法》第2條第一項規定：「個人資料：指自然人之姓名、出生年月日、國民身分證統一編號、護照號碼、特徵、指紋、婚姻、家庭、教育、職業、病歷、醫療、基因、性生活、健康檢查、犯罪前科、聯絡方式、財務情況、社會活動及其他得以直接或間接方式識別該個人資料。」依上開規定，若可藉該資料直接或間接識別特定之人，譬如藉由姓名即可直接特定某一自然人，或透過學歷及地址之比對、組合、查證可間接特定某一自然人，該資訊即屬於該自然人之個人資料，故甲科技公司於招募新研發人員，要求應徵者提供姓名、年齡、學齡、住址及聯絡方式，因該等資料均可用以識別該應徵者，故該等資料均屬於個人資料。

　　承上，該等資料既屬於個人資料，依《個人資料保護法》第8條第一項規定：「公務機關或非公務機關依第十五條或第十九條規定向當事人蒐集個人資料時，應明確告知當事人下列事項：

　　一、公務機關或非公務機關名稱。

二、蒐集之目的。

三、個人資料之類別。

四、個人資料利用之期間、地區、對象及方式。

五、當事人依第三條規定得行使之權利及方式。

六、當事人得自由選擇提供個人資料時，不提供將對其權益之影響。」

依上開規定，當公務或非公務機關開始蒐集個人資料前，應盡其告知義務，使當事人能知悉係何人基於何種目的而蒐集何種個人資料，並使該當事人知悉該個人資料之使用方式及相關權益。

查本案例既有《個人資料保護法》之適用，故甲科技公司於蒐集應徵者相關個人資料前，應盡其告知義務，明確告知應徵者甲科技公司之名稱，並使應徵者知悉甲科技公司基於招募新研發人員之目的，擬蒐集應徵者之姓命、年齡、學歷、住址及聯絡方式等個人資料，同時，須讓應徵者知悉甲科技公司將於何期間、地區而使用該等個人資料。

資料來源：黃帥升、洪志勳（2013）。〈企業面臨個人資料保護法衝擊之案例分析〉，《會計研究月刊》，第327期（2013/02），頁78。

三、處理個人資料的規範

《個資法》第5條規定：「個人資料之蒐集、處理或利用，應尊重當事人之權益，依誠實及信用方法為之，不得逾越特定目的之必要範圍，並應與蒐集之目的具有正當合理之關聯。」

(一)蒐集

蒐集，指以任何方式取得個人資料，不論是直接或間接蒐集資料，除符合得免告知情形外，均須明確告知當事人蒐集機關名稱、蒐集目的、資料類別、利用方式、資料來源等相關事項。

(二)處理

處理，指為建立或利用個人資料檔案所為資料之記錄、輸入、儲存、 編輯、更正、複製、檢索、刪除、輸出、連結或內部傳送。個人資料蒐集之特定目的消失或期限屆滿時，應該主動或依當事人之請求、刪除、停止處理或利用該個人資料。

(三)利用

利用，指將蒐集之個人資料為處理以外之使用。個人資料之利用，只可在執行法定職務及蒐集之特定目的必要範圍內進行。

依據《個資法》第11條第四項規定，「違反本法規定蒐集、處理或利用個人資料者，應主動或依當事人之請求，刪除、停止蒐集、處理或利用該個人資料。」

範例6-9

個人資料管理政策聲明

×××××個人資料管理政策聲明

安麗日用品股份有限公司（以下簡稱「本公司」）秉持落實個人資料保護及管理措施，遵循《個人資料保護法》所述之相關要求及保障個人資料當事人之權利，降低任何個人資料檔案受侵害之事件所可能帶來的衝擊，並持續運作及改善個人資料管理制度，特發表聲明。

本公司個人資料管理政策聲明如下：

A.只會基於合法的特定目的，在確實必要的範圍內處理個人資料；

B.僅基於合法目的蒐集最少的必要個人資料，且不會處理多餘的個人資料；

C.僅處理相關且適當的個人資料；

D.清楚告知當事人，其個人資料將如何被使用及被誰使用；

E.公平合法地處理個人資料；

F.維持一份組織處理的個人資料類別清單；

G.確保個人資料的正確性，並於必要時進行更新；

H.僅依法或合法的特定目的下保存個人資料；

I.尊重當事人對其個人資料所能行使之權利，包含查詢或請求閱覽、請求製給複製本、請求補充或更正、請求停止蒐集、處理或利用及請求刪除等；

J.確保所有個人資料的安全；

K.僅在有適當充分保護的狀況下，將個人資料進行國際傳輸；

L.當個人資料應用於《個人資料保護法》所允許之例外情形時，應確保其適用性與合法性；

M.建立與實施個人資料管理體系，落實個人資料保護政策；

N.鑑別內外部利害關係者及其參與個人資料管理體系治理與運作的程度；

O.於個人資料管理體系運行中，明確界定員工之責任與義務。

本聲明之頒布，明確宣示維護個人資料管理的重要性，全體員工應確實瞭解此聲明內容，以維護本公司所有個人資料檔案之安全與永續經營。

安麗日用品股份有限公司

個人資料召集人暨總經理

陳惠雯敬上

資料來源：安麗日用品公司／引自：《安麗月刊》（August, 2012），頁51。

 結　語

　　在資訊時代裡，資訊科技的運用及進步，並非純然是技術的，它也蘊涵著倫理及其他的構面。資訊科技的進步及運用所觸及的倫理議題，基本上都不完全算是嶄新的，如隱私、財產權方面的問題。然而，資訊科技之運用及進步，卻使得舊有議題以不同形態，在不同層次上出現，而且，其出現是有更大的迫切性和強度，讓我們無法不正視它。

參考書目

〈專利權制度〉，五洲國際專利商標事務所網址：http://www.5patent.com.tw/
　　p4-1.htm。

〈著作權制度〉，五洲國際專利商標事務所網址：http://www.5patent.com.tw/
　　p4-1.htm。

〈認識著作權〉，國立空中大學智慧財產權宣導網，網址：http://cctr.nou.edu.tw/
　　ipr/base2.html#9。

仁德國中智慧財產權知識網。網址：http://www.rdjh.tnc.edu.tw/ips/index.html。

王宏德（1996）。〈談網路資訊倫理〉，《台北市立圖書館館訊》，第14卷，1
　　期，網址：http://192.83.187.6/TaipeiPublicLibrary/download/eresource/tplpub_
　　periodical/articles/1401/140107.pdf。

王茂臻（2013）。〈投信業上班禁用智慧手機、平板〉，《聯合報》
　　（2013/01/06），A4要聞版。

吳泓勳（2012）。〈專家教戰：保護營業秘密2招防身〉，《經濟日報》
　　（2012/12/12）。

林育嫻（2007）。〈形塑有安全感的企業文化：把工程師當寶創造三五%高毛
　　利〉，《商業周刊》，1044期（2007/11/26-12/02），頁108。

林孟儀（2001）。〈聯電轉寄電子郵件的革職風波〉，《Cheers雜誌》，11期
　　（2001/08/19）。

馬靜如、蘇儀騰（2012）。〈新個資法施行後5大影響〉，《工商時報》
　　（2012/10/09）。

陳宗沛、張祖華、張東文執行編輯（2008）。《工程倫理》，新文京開發出版，
　　頁141。

章忠信（2000）。〈智慧財產權基本概念〉，網址：http://www.copyrightnote.org/
　　crnote/bbs.php?board=1&act=read&id=37。

董俞佳、翁禎霞（2012）。〈洩漏百餘人個資　屏東縣府挨告〉，《聯合報》
　　（2012/12/27），A5話題版。

鄒秀明（2012）。〈智財逆差50億美元怎麼贏回來〉，《聯合報》
　　（2012/12/18），A3焦點版。

劉原超、林佳男、沈錦郎、林以介、黃廷合、齊德彰、黃榮吉、昝家騏、梅國

忠、卓文記等編著（2006）。《企業倫理》，全華科技圖書出版，頁8-7。

羅介好、林詩萍（2012）。〈專利大戰雙贏宏達電、蘋果和解〉，《聯合報》
　　（2012/11/12）。

饒磐安（2013）。〈龍口粉絲商標戰　贏了金味泉〉，《聯合報》（2013/01/11），
　　B新北市版。

第七章
服務倫理

> 花錢的人吹口哨。
>
> ——蘇格蘭諺語

　　2005年7月，印度孟買遭到雨季豪雨侵襲，雨勢之大歷年罕見。短短十二小時，降雨量多達635毫米，淹沒這個印度商業首府的街道，再加上高度破紀錄的潮水，造成範圍廣大的破壞，城市活動戛然而止。許多地區水深及腰，大批市民困在火車站、列車、公路與人行道上。

　　餐盒快遞員（dabbawala）也被大水困住，他們負責將顧客家中烹調的餐盒（dabba）送到顧客的辦公室，然後當天將空的金屬餐盒送回顧客家中。然而，到了第二天，儘管整個城市還沒有恢復元氣，餐盒快遞已經重回工作崗位，在水中來回跋涉，很快就成為堅強與毅力的象徵（Stefan Thomke著，閻紀宇譯，2011：126）。

範例7-1

美國迪士尼公司的服務規則

第一條　從業員應遵守下列事項：
一、遵守服務體制，服從上司的指示。
二、保持品格，崇尚誠意，重視名譽，溫和誠懇待人。
三、工作須誠實、認真、迅速且努力不懈。
四、增廣知識，鑽研技能，為他人之楷模。
五、嚴守業務機密，不得外洩。
六、各種設備、器具、借用物品，須加保護愛惜。原料、物料、消耗物品須力求節約。
七、工作時間內，不得有與業務無關的行為。但如有不得己的事由，參加團體活動者，應獲得公司的同意而為之。
八、不得非法結黨、互相反目或無理要脅，煽動罷工風潮或擾亂秩序。
九、從業員間有意見不合情況者，須立即報請主管裁斷調解。不得相互毆鬥、胡鬧，更不得懷恨，在外尋仇報復。
第二條　從業員如欲兼辦其他職務或從事商業者，須事先向公司報告備案，但公司認為業務上有妨礙者，則不予允許。

第三條　從業員在公司外時，應佩戴規定的職員職章，在公司內時佩載名牌，或攜帶另行規定的身分證明書。

第四條　從業員因故意或過失而使公司遭受損害者，需負賠償責任，但如係過失者，得酌情予以減免。

第五條　從業員在工作時間內，為行使公民權利或執行公眾職務時，得請求必需的時間，但於不妨礙行使權利或執行公眾職務時的情形下，得變更時間。

第六條　從業員為業務上需要時，應予變更職種，或協助其他業務。

第七條　一、從業員上下班時須由規定的門戶進出，並親自打卡，或於簽到簿上簽到。

　　　　二、從業員於發出開始工作的信號時，須立即進場準備隨時工作，至結束工作的信號發出而結束工作時，須整理現場以免妨礙次日的工作，之後迅速出場。

　　　　三、結束工作信號已響而當日預定的工作尚未完成者，服從上級的指示。

第八條　從業員有下列情形之一者，不准進場，或命其退場。

　　　　一、帶有酒味者。

　　　　二、攜帶非工作上必要的火燭、凶器或認為危險性器物者。

　　　　三、衛生上認為有害者。

　　　　四、處於停職期間者。

　　　　五、業務上已無必要，而仍在公司滯留不去者。

第九條　因私事外出者，須事先受所屬主管的許可，而在休息時間內辦理。但有特別事由者，在工作時間內，亦可准許外出。

第十條　從業員因私事會客須在休息時間內，並指點地點會晤，但情形特殊而受所屬主管許可者不在此限。

第十一條　從業員因業務上的需要，得要求其居住於一定地區或宿舍，但須經主管核准為限。

第十二條　從業員因傷病或其他事由而欲請假或遲到、早返者，應事先向所屬主管報告，並經核准，但情形特殊者，得於事後迅速報告備案。

第十三條　從業員因病需請假一星期以上者，須提出記載休養必要期的醫師診斷書。

第十四條　從業員欲為私事而旅行者，應事先將其旅行地點、連絡地點，所需日數明確告知。

資料來源：經觀榮、王興芳編著（2011）。《職場倫理》，新文京開發出版，頁136-138。

　　被視為「專業管理之父」的前麥肯錫公司（McKinsey & Company）的資深領導人馬文·包爾（Marvin Bower），他灌輸給同仁的一個價值觀是：將對方的需要視為首要之務。麥肯錫出版的刊物曾經寫到：「包爾堅持顧客的利益優於公司本身的利益，唯有當公司給予客戶的價值遠超過收費時，我們才會接下此案子。」（John C. Maxwell著，李蓁譯，2007：41-42）

 ## 顧客導向的經營之道

　　美國市場行銷協會（American Marketing Association, AMA）對服務（service）的定義，係指組織提供無形或至少有相當部分為無形的產品。台灣鐵路局全台五個餐廳（台北、台中、高雄、七堵、花蓮）的排骨便當原本各做各的口味，但在2012年10月底舉辦PK賽（PK，英文「player kill」的縮寫，指網路遊戲中一個玩家所扮演的人物殺死另一個玩家所扮演的人物）後，由七堵車勤部奪冠。台鐵原有意統一便當裡的排骨口味，但各方反對意見紛至沓來，台鐵順應民意，暫緩統一排骨口味的做法（李承宇，2012）。

一、顧客導向的服務態度

　　「服務」通俗說的是「幫助別人解決問題」，是「去做」或「執行」的一種活動。服務是一種態度，對待別人的態度、尊重的態度、體諒的態度、接納的態度，也是一種對待自己的態度。

　　蘭迪·鮑許（Randy Pausch）在《最後的演講》（*The Last Lecture*）書中說，他到迪士尼樂園遊玩，不小心打破了要送給母親的紀念品——美金十元的陶瓶，朋友建議他將碎片包起來，問問看店員是否會賠給他，後來店員真的換一個新的陶瓶給他。此舉動讓他和父母親深受感動，日後經常找朋友到迪士尼去玩，估計幫迪士尼做了一千多萬美元的生意。

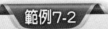
範例7-2

鬍鬚張魯肉飯董事長道歉：「顧客的聲音聽到了」

　　鬍鬚張滷肉飯漲價引發輿論強烈抨擊，並造成業績重挫，鬍鬚張高層緊急開會因應，3日由董事長張永昌親自出面向大眾道歉，強調不景氣，「顧客的聲音鬍鬚張聽到了」，3日決定「取消漲價」。

　　張永昌說，餐飲業飽受原物料漲價與油電雙漲之苦，但鬍鬚張9月16日起調漲滷肉飯、雞肉飯和白飯價格後，卻造成消費市場的關心與不安，站在與消費者共體時艱立場，鬍鬚張決定把調漲的價格調整回來，從3日起取消漲價。

　　由於鬍鬚張滷肉飯漲價，台北市政府日前和其中斷推廣美食活動的合作，在得知鬍鬚張停漲後，台北市長郝龍斌說，業者已反映民意，顯示市府日前終止與「鬍鬚張」的活動邀約，給業者不小壓力，即日起市府恢復與「鬍鬚張」的合作關係，繼續推廣美食活動。

　　消基會董事長蘇錦霞指出，鬍鬚張把平民美食採高單價，這是市場區隔，沒有對錯，但消費者不滿的是，在物價跌時沒反應成本，萬物齊漲時卻漲得快，漲價時機點不對、加上業者固定利潤考慮擺第一，都讓消費者感受不佳。

資料來源：楊雅民、黃忠榮、楊久瑩（2012）。

　　服務是一種情緒最優美的表達，是一種倫理。服務管理的決勝關鍵，在於建立並細膩地實踐顧客導向經營。建立顧客導向經營架構，必須從企業整體思維邏輯出發，貫穿策略面、體系面與執行面，再連結策略到員工／顧客所有相關環節。

二、顧客導向的經營架構

完整的顧客導向的經營架構，涵蓋多重構面以及執行細項。

1. 企業價值與經營理念：經營理念與價值觀、組織使命與願景、顧客導向組織氣氛塑造、企業社會責任／環境永續。
2. 顧客導向經營策略：整體策略規劃、員工經營模式、顧客經營策略。

範例7-3

為剩菜道歉　白沙灣歇業頂讓

台東縣太麻里白沙灣餐廳遭員工投訴，回收剩菜再賣給陸客團食用，引發軒然大波。餐廳負責人方裕2013年1月11日宣布結束營業，餐廳頂讓，他說「錯了，就要負責到底」，對社會大眾深感抱歉。

白沙灣餐廳回收剩食事件，不僅台東縣衛生局和檢調單位介入調查，旅行業者也紛紛取消用餐訂單，餐廳三天來冷冷清清，幾乎沒有客人上門用餐，業者生意一夕跌到谷底。

十五名餐廳員工1月11日一早來到餐廳，個個臉上流露無奈，十點三十分一到，餐廳鐵捲門緩緩拉下，有員工忍不住拭淚。已請辭的副總經理林淑雲止不住淚水，哽咽道歉，也向員工一一鞠躬道歉。

「錯了，就是錯了！」方裕說，這起事件重創餐廳形象，社會觀感不佳，除了深感抱歉，也要承擔責任，已向合作簽約的旅行社發出結束營業的通知。對於離職員工的投訴，他虛心接受，不打算提出告訴，會安排現有員工到其他餐廳工作。

資料來源：尤聰光（2013）。

　　由於員工（內部顧客）是服務的創造者與提供者，有幸福（happiness）的員工才能給予顧客難忘的款待（hospitality），幸福指數高的員工，會以「增加顧客快樂指數」為己任。當顧客在服務接觸中感到開心、滿意，就會產生信任。因為信任而願意承諾，打從心底相信這家企業是好的、值得信賴的，因而願意再來，願意推薦，衍生出實際行動則是買得更多、更頻繁，並告訴更多人（張寶誠，2010：12-13）。

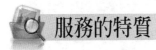 ## 服務的特質

　　日本第一服裝品牌優衣庫（UNIQLO）的創辦人兼執行長柳井正的經營理念中，不斷被強調的即是「顧客為上」、「不安於現狀，時時力求革新」以及「透過實踐獲得成長」這幾點。作為零售服務業，他也不曾忘記這一行的最高守則：「以客為尊」。他的革新和各種實踐，都是為了創建一個讓顧客滿意、想要再度光臨消費的購物環境。

一、顧客至上

　　「讓顧客就像逛書攤買雜誌一樣，輕鬆方便地購買價美物廉的休閒服」，這是優衣庫的經營理念。而「服裝、服飾、自由」則是這家店的廣告詞。

　　在柳井正所訂的「二十三條經營理念」中的第1條是：「經營要順應顧客的需求，創造顧客的需求。」他說，這是做生意的根本。沒有顧客的生意是白搭。那些認為只要把店門打開，自然就會有顧客來，自然就會有生意的想法是錯誤的。如果不能順應顧客的需求，那麼商品就會賣不出去，生意自然就不會興隆。同樣地，如果重複去年做過的事，沒有新創意，顧客也會越來越少。所以，我們必須順應顧客的需求，並不斷地挖掘出顧客的需求來（柳井正著，徐靜波譯，2010：158）。

柳井正的二十三條經營理念

第1條　經營要順應顧客的需求，創造顧客的需求。

第2條　經營要不斷實施好的想法，發揮企業的社會影響力，為社會變革作貢獻。

第3條　經營要獨立自主，不能落入任何企業的旗下。

第4條　經營要正視現實，與時俱進，積極主動。

第5條　經營要營造讓員工自我管理、自我反省的柔性組織環境，讓每一個人都能重視團隊合作並相互尊重。

第6條　經營要活用國際智慧，確立公司獨特的身分，開發年輕人最為推崇的商品和事業，實現真正的國際化。

第7條　經營必須以唯一與顧客直接接觸的商品和商場為中心。

第8條　經營要建立使公司效益最大化的全員齊心合力，各部門互相帶動的機制。

第9條　經營要強調速度、幹勁、革新、執行力。

第10條　經營要光明正大，賞罰分明，提倡澈底的實力主義。

第11條　經營要提高管理的品質，澈底杜絕浪費，經常考慮損益，執行高效率、高分配。

第12條　經營要對以往的成功和失敗進行澈底的分析和記憶，作為下一次成功的參考教材。

第13條　經營要積極挑戰，不能逃避困難，迴避競爭。

第14條　經營要強調通過實際業績取勝的專家意識。

第15條　經營要堅持長期一貫的經營理念，從小事做起，從基礎做起，沿著正確的方向，堅持、堅韌、不達目的，誓不甘休。

第16條　經營是出售企業的企業文化，要培養敏銳的市場嗅覺，由內而外地看問題。

第17條　經營要始終保持積極思維，先行投資、對未來寄予希望，活化企業。

第18條　經營要讓全員認同公司的目標、目的、構想。

第19條　經營必須要求公司的事業、自己的工作達到最高水準道德標準。

第20條　經營要宣導自我批評、自我變革。

第21條　經營要消除人種、國別、年齡、男女等的所有差別。

第22條　經營要不斷開發具相乘效果的新型事業，並要成為該新型領域的龍頭。

第23條　經營要建立因事設人的組織，澈底認清滿足顧客需求前提下的員工和業務單位之間的關係，建立無障礙的專案主義。

資料來源：柳井正著，徐靜波譯（2010），頁263-288。

二、服務的特點

服務有五大特點：無形性（intangibility）、易逝性（perishability）、不可分割性（inseparability）、異質性（heterogeneity）與顧客在服務過程中的參與（participate）。

(一)無形性

顧客在購買一般貨物具有實體的尺寸與屬性，而服務卻看不見，摸不到，嚐不著，也無法加以衡量，接受服務的人只能藉著觀察體驗，才能夠體會到該項服務的優劣。所以，購買必須以對服務提供者的信心為基礎，信譽與口碑是企業生存的重要條件之一。

(二)易逝性

服務無法加以儲存，此種特性即為易逝性，不使用時就會永遠消失。如一個空機位、一間客房，如果沒有及時的善加利用，即賣不出去的服務是不能囤積，因此，服務產能的充分使用是管理的一大挑戰。

(三)不可分割性

一般實體商品都事先在工廠裡製造生產，然後再銷售，消費者再依個人所需選購使用。服務的製造與消費之間沒有時空差距，它們是不可分離的，服務類商品只存在於買方與賣方之間的互動，且生產與消費者是同時進行的。服務的這種特性，使得服務品質不可能預先「把關」；設施能力與人員能力的規劃，必須能夠因應顧客到達的被動性，使得服務的「生產」與「銷售」能夠適切的進行。

(四)異質性

由於服務具有不可分割性，服務產品不可能事先按照特定的標準來製造出某項服務，且所有由人製造、消費的服務性商品都可能無法維持均一的品質。服務提供者、服務地點……，都是服務異質性的來源。甚至即使是同一個服務人員提供的服務，也可能因為不同的旅客而有所不同。總而言之，顧客的需求是因人而異的。

(五)顧客在服務過程中的參與

製造業、工廠與產品的消費者，完全隔離，而在服務業，「顧客在你的工廠中」。在很多服務過程中，尤其是旅遊服務，顧客自始至終是參與其中，這種參與將產生兩種結果，促進服務的進行和妨礙服務的進行。因此，在服務營運中，必須設法做到在提供服務的同時確保品質。故加強員工培訓以提高其工作知能和服務道德修為相當重要。

五星級旅館評論

某甲任職於一家很有錢的公司，專門為富豪戶提供如何花錢享樂的諮詢服務。有一次，他正準備從一家五星級休閒度假旅館退房，當他快速巡視了一下房間，希望沒遺漏貴重的物品時，突然間，他發現浴室裡隱約有東西在動。

他走進美輪美奐的浴室，幾分鐘前他還在那裡沖澡呢，但眼前的景象卻把他嚇得動彈不得，高級的白瓷馬桶裡竟然窩著一條草綠色的大蟒蛇，足足有他手臂那麼粗。

蟒蛇從馬桶探出頭來，眼神銳利地環顧了一下四周，舌頭嘶嘶作響試探著環境。後來牠決定還是不爬到地板上比較好，於是滿覆鱗片的舌頭又往下竄回馬桶裡。只見牠遁入排水管，尾巴一甩，彷彿在向他揮手告別。

他驚慌失措地衝出房間，打算把他看的景象通知飯店員工，最後他找著了一名員工，員工一聽，當然也嚇壞了。

「謝天謝地！幸好是被你遇到而不是剛剛退房的那對（超級有錢的）美國夫婦。」言下之意，好像他遇到這種場面比較能處變不驚？這點他很懷疑。不過，這名員工若知道他的真實身分，還會這樣說嗎？

資料來源：無名氏（2011），頁80-81。

綜合言之，為他人做事而收取費用的服務產品，同時具有下列特色：

1.服務是在提供的當下產生的，無法事先生產。
2.服務是沒辦法集中生產、檢查、儲備或庫存，通常都是在顧客所在的地方，由一些未受管理階層直接影響的人所提供。
3.這項「產品」無法展示，也沒有樣品可以在服務執行之前，先提供給顧客參考。
4.接受服務的人，得到的大都不是具體的東西，服務的價值在於其個人的體驗。（林燈燦，2009：12-15）

彼得・杜拉克檢視創新服務的定義是：「隨時檢視在現在的時代，可不可以用這樣的態度和方式提供這樣的服務。」重點在「適切性、合宜性、現代性」，不是從無到有的措施，而是想得比較遠、掌握得比較深，以顧客感受為出發點，才能引起尊敬和認同。

 # 四季飯店的金色團隊

四季飯店集團創辦人伊薩多・夏普，1931年生於加拿大多倫多（Toronto），父母親皆為波蘭籍猶太移民。大學主修建築，畢業後承襲父親營造生意。

1961年在多倫多創立第一家四季飯店，並迅速以「幾近完美的服務品質」打響名聲，成為業界師法的典範；現在，該企業集團旗下已有分布全球各地的八十二家頂級旅館，以及四十餘處正在興建中的物業。夏普在全球服務業的卓越成就，使其於1992年獲頒加拿大勳章，1998年榮登加拿大商界名人堂。

夏普說：「我是從客戶的觀點進入飯店業的。我是業主，客戶是我的房客。當我需要決定要建造什麼或要如何營運的決策時，我會自問：客戶認為什麼東西重要？客戶認為什麼東西有價值？因為如果我們為他們提供價值，他們將會毫不猶豫支付他們認為值得的費用。這就是一開始的策

略，而且持續至今。」

一、貼心服務

　　四季飯店經營成功的理由，有一大部分是因為他們承諾要領先業界，不僅在於服務和建築結構上，更在於旅館提供的一切，特別是貼心服務、健身功能及餐飲上。

　　夏普說：「有一位政治人物多年來都是我們的客戶，每當他來多倫多時，就會入住，但忽然之間他卻不再出現了，因此我們的櫃檯員就打電話到他辦公室，想查明是否有任何問題。櫃檯員發現這位政治人物喜歡我們的旅館，但是不喜歡我們的枕頭；他喜歡一家對手飯店提供的枕頭。這位櫃檯員打電話給我們房務部門的主管，想辦法找來四個和我們對手一模一樣的枕頭。我們邀請這位貴賓再次蒞臨，之後他就一直住在我們的旅館了。我們沒有讓這個小小的教訓就此打住，不久，我們就把所有飯店裡的枕頭都換成比較舒服的枕頭了。卓越與否，不過就是你努力到達什麼程度吧了。」

二、顧客喜好系統

　　《金色團隊：從泥水匠之子，到四季飯店集團大亨之路》（*Four Seasons: The Story of a Business Philosophy*）書上說：「當客戶第一次住我們的飯店時，我們就會用電腦記錄他們的偏好——房間、食物、飲料和我們員工注意到的任何細節，當他們再回來時，無須開口，我們就能奉上他們最想要的一切。而且當我們不斷增加檔案內容時，也讓我們能夠跟上品味的變化。例如，我們鼓勵員工記錄客戶的喜好，因此，當某個全國性組織的女性副總裁入住渥太華（Ottawa，加拿大的首都）四季飯店時，會有她最愛顏色的花卉布置房間，等著她蒞臨。這不僅是個令人愉快的驚喜，她也會因此感到獲得認同，自覺特別。

四季飯店的金科玉律

我們的目標，我們的信仰，我們的原則

◆我們的角色

我們選擇提供非凡的服務，以此作為在觀光飯店產業中的專攻領域。我們的目標是要受到認可，成為一家管理最佳飯店、度假村及住宅俱樂部的公司，不管物業坐落何處皆然。我們以優質的設計與裝潢來打造出確保價值的物業，而且我們將以深入潛移默化的個人服務倫理來維護所有物業。如此一來，四季飯店便能滿足我們特有客戶的需求與品味，同時保有我們身為全球頂級飯店集團的地位。

◆我們的作為

我們展現信仰最有意義的方式，存在於我們相互對待的方式裡，以及我們為彼此立下的典範當中。在我們和住客、顧客、商業夥伴以及同仁的互動當中我們要設法做到「己所不欲，勿施於人」。

◆我們的信仰

我們最重要的資產，同時也是我們成功的關鍵，就在於我們的員工。我們相信每個人都需要在工作中獲得敬重、驕傲以及滿足的感受。要讓我們的賓客滿意，仰賴於許多人共同的努力，因此，當我們合作無間、尊重彼此的貢獻及重要性時，我們就可以達成最大效果。

◆我們的成就

當我們能夠清楚瞭解自己在做什麼及當中的理念為何，才做下每一項決策，並且將此項信仰和可靠的財務規劃相連結時，我們就成功了。我們期望創造公平且合理的利潤，以確保公司的發展，同時為客戶、員工、飯店業主以及股東提供長期利益。

資料來源：Isadore Sharp著，吳書榆譯（2009），頁413-414。

三、滿足顧客期待

讓四季飯店與其他飯店或度假村截然不同的因素，主要有四個：服務、品質、文化和品牌。而這四項因素決定的特質，都在每天例行晨會當中展現、落實。

「失誤報告」（Glitch Report）是四季飯店確保飯店裡每個部門都知道到底發生什麼事，以及有哪些賓客受到影響。不論事情問題為何，最適切的解決，就是誠心誠意的道歉開頭。

解決方法可能是在客戶之後的入住期間，為他們做點別的事，為他們提供一些貼心服務，如鮮花、水果籃或是一瓶酒，可能是調整或重新考量他們的帳單；道歉時，我們會針對每一位客戶找出最合適的方式。

當錯誤真正發生時，報告會像是這樣寫的：

212號房的瓊斯女士告訴21號接線生，她的房間「聞起來臭死了。」
客戶的反應：「客戶很不高興。」
接線生通知飯店的當值副理，他立刻打電話到客戶的房間去道歉。之後他建議進行處理，讓房間裡的空氣煥然一新。客戶接受了，於是房務領班搬來一台空氣清淨機送到客房去，並且致上一份小禮物，以及由當值經理手寫的卡片。他會在客戶結帳離開時再和客戶碰面。一位團隊領班也會到客戶房間去道歉。客戶反應良好，我們提議可以換房間，但客戶拒絕了。

如果我們犯了錯，我們是真心誠意地深感抱歉；我們不僅會道歉，並且會立刻修正。當客戶結帳離開時，我們會再次表示：「我們對您客房裡發生的狀況深感抱歉。」

「我們傾聽客戶說的話，也傾聽彼此的心聲。我們必須讓人們想起：他們花的每一分錢都物有所值。」這就是四季飯店創造卓越所樹立的企業精神（Isadore Sharp著，吳書榆譯，2009：219-220）。

麗池卡爾登飯店黃金標準

曾榮獲美國國家品質獎（Baldrige Award）的麗池卡爾登飯店（Ritz-Carlton Hotel），每位員工一年要接受二百三十二小時的訓練，幾乎是其他旅館的四倍。持續的訓練，使得「顧客至上」已經內化為這家企業的文化。

一、顧客的讚譽有加

英國著名的激勵與訓練專家麥可‧海柏（Michael Heppell）在其著作《五星級服務，一星級成本》中提到，對他在麗池的住宿經驗，讚不絕口。他七年前，曾下榻過新加坡麗池卡爾登飯店，七年後再度造訪，這次是帶家人同行。沒想到剛抵達飯店，門房立刻歡迎他再度光臨，並對他太太說：「海柏太太，歡迎妳首度光臨。」又對他女兒說：「您一定是莎拉小姐，我們為您準備了小禮物。」接著有人出來送她一小束鮮花。

我們一家人走到櫃檯報到時，也是一連串美妙的經驗，服務人員已經準備好一切資料，只要在上面簽名即可。這樣讓人賓至如歸的服務，需要多少成本？態度是免費的。讓門房七年後仍記得你的名字，這種設計真是天才，其實只需要配合基本的資訊系統就可以辦到，但重要的是你決定用什麼態度對待客人（金玉梅，2007：150-152）。

二、品質策略

麗池卡爾登在1983年開始營運之初，就秉持兩項基本的品質策略：

1. 對每一家新成立的連鎖飯店，採取「倒數七天」的策略，由總公司最資深的主管人員（連總裁也不例外）對所有的員工實施為期七天的密集指導與訓練。
2. 黃金標準。這項黃金標準涵蓋了麗池卡爾登經營的價值和哲學，包含信條（The Credo）、箴言（The Motto）、服務三步驟（The Three

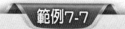

範例7-7

麗池卡爾登飯店黃金標準

黃金標準	內容
信條	麗池卡爾登的信條是一個以付出真誠關心、讓客人們感到舒適為最高原則的營業場所。我們誓言要提供最優秀的服務與精良的設施，讓我們的客人永遠都能夠沉浸在一種溫暖、放鬆而又精緻的環境中。麗池卡爾登的經驗可以使各種感覺生趣盎然，並注入寧靜祥和，甚至讓我們的客人「未說出的希望及需求」都要滿足，得以實現。
箴言	「我們是為紳士與淑女服務的紳士與淑女。」（We are ladies and gentlemen serving ladies and gentlemen.）就人的尊嚴而言，麗池卡爾登認為，顧客與服務員是平等的，「你們是提供服務的專家，不是僕役。」
服務三步驟	1.溫馨且誠摯的問候。在任何可能的情況下，都應使用客人的姓名來稱呼。 2.對客人的各種需求，預先設想並加以配合。 3.親切的道別。給客人們一種溫煦的道別，在任何可能的情況下都應使用客人的姓名來稱呼。
基本原則	1.信條是我們公司的基本信仰（belief）。 2.以尊嚴（respect）及尊重（dignity）對待賓客及同仁。 3.服務三步驟是麗池待客的基本。 4.員工承諾是麗池工作環境的基本原則。 5.所有員工需成功完成其職務的年度訓練資格。 6.公司的目標將會與所有員工溝通，且是每個人有責任去支持。 7.在工作場所中創造尊嚴及歡樂，所有員工有權力去規劃任何與自己相關工作。 8.每一個員工會持續地舉發在飯店中的任何缺點。 9.創造團隊合作的工作環境，使顧客的需求被滿足，是所有員工的責任。 10.賦予員工單獨處理顧客需求的權力。 11.維持飯店的整潔是每個員工不可妥協的責任。 12.為了提供最好的個人服務，每個員工有責任去記錄顧客的個人偏好。 13.任何員工接獲顧客的抱怨，都有責任去解決、記錄。 14.與顧客或他人對應時，使用適當的用語。 15.不管在飯店內或外，隨時扮演飯店的使者，對適當的人講適當的話。 16.帶領而非指引顧客到飯店任何地點。 17.遵守麗池卡爾登的電話禮儀。三聲之內接聽且微笑，可直接稱呼顧客的名字，避免任何電話的轉接。 18.每個人有責任維持個人好的衣著及外表，只要穿上制服，就要維持專業的形象。 19.創造安全、保險且免於意外的環境給顧客，如發現緊急情況應立即通報，是每個員工的責任。 20.保護及維持麗池卡爾登的環境和資產，是每個員工的責任。
員工承諾	在麗池卡爾登，「我們的淑女與紳士」（Our Ladies & Gentlemen）是我們對顧客服務的最重要的資產。藉由信任、真誠、尊敬、正直和承諾，我們培養和增進公司和每個員工的最大才能。 麗池卡爾登致力創造一個工作環境——差異是被珍惜的、生活品質不斷增進、個人的志向可以被滿足的，以及麗池卡爾登的神祕被不斷地強化。

資料來源：雅虎知識網，網址：http://tw.knowledge.yahoo.com/question/question?qid=1106101305640。

Steps of Service）、二十條基本原則（The Basics 20）和員工承諾（The Employee Promise）。

麗池卡爾登所有的員工在接獲客人的抱怨後，必須在十分鐘內做出回應，並在二十分鐘之內再以另一通電話進行追蹤，以確認該項問題已在顧客感到滿意的狀況下獲得解決。每位員工都被允許或授權在花費不超過二千美元的額度內，使一位不滿意的客人變爲心滿意足（Alastair M. Morrison著，王昭正譯，1999：421-425）。

 ## 泰姬酒店的平凡英雄

孟買泰姬瑪哈大酒店（Taj Mahal Palace）是印度塔塔集團（Tata Group）投資，創辦於1903年。在全球知名旅遊雜誌《康德納斯旅行者》評比的海外商務酒店中列爲第二十名，是世界頂級的酒店之一。該酒店素以一流品質、能夠不遺餘力地取悅顧客、員工訓練有素而著稱，有些員工已經在此工作了數十年。

一、顧客至上，處變不驚，賓客無傷亡

2008年11月26日，印度聯合利華公司（Hindustan Unilever）的董事長哈里什·曼瓦尼（Harish Manwani）與執行長（CEO）尼廷·帕蘭杰佩（Nitin Paranjpe）在孟買的泰姬瑪哈大酒店舉行宴會。聯合利華集團的董事、高級主管及其配偶歡聚一堂，送別卸任的集團執行長帕特里克·塞斯科（Patrick Cescau），歡迎新當選的執行長保羅·波爾曼（Paul Polman）。晚上九點半左右上主菜的時候，外面傳來了爆炸聲，這是襲擊泰姬酒店的恐怖份子打響了第一波槍聲。

當時，酒店宴會廳的三十五名員工，在24歲的宴會廳經理馬利卡·賈格德帶領下，讓人鎖上大門，關掉所有的燈。他請所有人不聲不響地躺到桌子下面，不要使用手機。他堅持讓丈夫們與妻子們分開躲避，以降低給家庭帶來的風險。賓客在宴會廳待了整整一個晚上，聽著恐怖份子在酒店裡橫衝直撞，投擲手榴彈，開槍，把酒店掀翻了天。客人們後來說，泰

姬酒店的員工沉著冷靜，不時走到四下給客人們送飲用水，並詢問是否還有需要其他什麼。

第二天凌晨，宴會廳外面走廊著火了，大家不得不爬出窗戶。一隊消防人員發現了他們，用梯子幫助被困的賓客迅速逃離。酒店的員工讓所有客人先走，賓客最終無一傷亡。「這是我的職責……，我也許是宴會廳裡年齡最小的，但是我仍然盡到了自己的責任。」賈格德事後在接受採訪時如是說。

二、客人脫險，員工犧牲

那天九點半，在酒店的另一個地方，高檔日本餐廳Wasabi by Morimoto的一名酒店管理人員打來緊急電話警告餐廳的員工，恐怖份子已進入酒店並朝著餐廳走來，Wasabi的高級接待員，托馬斯‧瓦吉斯即通知五十多位客人蹲到桌子下面，並帶領其他員工在客人四周圍成一道人牆。四小時後，保安人員問瓦吉斯能否想辦法將客人送出酒店，瓦吉斯決定利用餐廳附近的螺蜁梯，先把客人送出去，然後再讓員工們逃走。這位在泰姬酒店工作了三十年的老員工堅持最後一個離開，但他最終沒能逃出去。就在他到達螺蜁梯的底端時，恐怖份子向他開了槍。

三、恪盡職守，泰姬之道

這次恐怖份子襲擊印度孟買時，泰姬酒店的員工有三十一位遇難，二十八人受傷，在危機時刻，員工展示了非凡的勇氣，變成了一群平凡的英雄。他們把顧客的安全置於自己的安全之上，甚至不惜犧牲自己的生命。事後，酒店獲得了一片讚揚之聲。酒店的員工恪盡職守、不顧個人安危保護顧客、思維迅捷，他們的表現深深打動了世人。人們不禁要問：是什麼創造了這種極大地以顧客為中心的文化，使員工在本可以救自己時卻紛紛留下來救客人？這是因為泰姬集團擁有獨特的招聘、培訓和激勵系統，這些系統合在一起便創造了員工幾乎願意為顧客做任何事的一種組織文化。泰姬集團堅持讓員工充當顧客的代言人，而非公司的代言人。公司的管理層，上至執行長，都會支援員工的任何決定，只要這項決定把

客人放在第一位，並表明員工們在竭盡全力取悅顧客（Rohit Deshpandé、Anjali Raina著，不言譯，2012：58-61）（**表7-1**）。

表7-1　泰姬集團的人力資源管理方法

・尋找新手而不是有經驗的老手 ・招聘的員工來自小城鎮，而非大都市	・招募的人才來自高中和二流商學院，而非大學和頂尖商學院 ・引進尋求在一家公司工作到底並身體力行的經理	・注重招聘正直、盡職的員工而非有才華、有技能的員工 ・培訓新員工的時間長達十八個月，而非僅僅十二個月	・確保員工無須請示上級即可自主地應對客人 ・教育員工要靈活地即興發揮，而不要墨守成規	・堅持要求員工將客人的利益而非公司的利益放在首位 ・延請在任經理而非外部顧問來培訓員工	・是用及時的認可而非金錢去獎勵員工 ・確保認可來自直接主管，而非最高管理層

資料來源：羅希特・德什潘德（Rohit Deshpandé）、安賈莉・拉伊納（Anjali Raina）著，不言譯（2012），頁59。

鼎泰豐小籠包傳奇

　　1958年4月，鼎泰豐的創辦人楊秉彝，因為向鼎美行批的油，自己又剛從恆泰豐行出來，於是福至心靈，將鼎美行的「鼎」與恆泰豐行的「泰豐」兩個字併在一起，命名「鼎泰豐油行」。在1972年由原來的食用油行轉型經營小籠包與麵點生意（黃鴻湖，2007：29）。

　　開賣小籠包後，便用心專注於品質與服務的提升。鼎泰豐海外分店遍及美國、日本、韓國、新加坡、中國、香港、印尼、馬來西亞、澳洲與泰國等國家。

　　「鼎泰豐」的小籠包是手工廚藝的極致，師傅的手已然熟練成秤，掌心一握就知道重量、規格，讓圍在透明玻璃窗外觀賞的食客嘖嘖稱奇。

一、小籠包的秘密

熱氣騰騰的小籠包上桌，打開蒸籠一看，十二粒小籠包都是一個模樣；皮面上細細的十八條折線，每粒重量二十一公克，只容許正負零點二公克的差異，視覺上完全看不出來。董事長楊紀華說：「所有的小籠包重量一樣，皮的厚薄一致，折線也一樣。」

二、服務與信念

鼎泰豐的經營理念，永遠有一道三角課題。第一就是如何提升服務水準；其次就是如何精進食物的品質；最後則是如何更提升他的工作夥伴的敬業精神。

(一)細節是最完美的服務

餐飲服務，講究的是服務的溫度與彈性。鼎泰豐的服務是發自內心的真誠，以客戶需求為第一優先，比客戶早一秒想到客戶的需求，主動提供服務，服務是沒有專利，讓每一個細節都能累積出鼎泰豐的服務理念與品牌價值。

(二)不創造一日的業績

鼎泰豐以提供最佳品質與完善服務為第一項目，不創造一日業績的理念，並提升品牌的能見度，達到永續經營的目標。

(三)品質是生命

原料的嚴選堅持、食材的細膩處理、烹飪的嚴謹調味、上桌的品質服務，每一個環節都謹慎面對，層層把關，才能將這份信念送到客戶的餐桌上。

(四)品牌是責任

對美食的堅持，是對客人的一種責任，每一刻都是真正打動消費者的關鍵時刻，每一個細節都是累積鼎泰豐品牌金字塔的砂礫，鼎泰豐的用

心，可以讓每一個人嚐到安心（鼎泰豐小吃店股份有限公司網站）。

三、一等的服務力

「鼎泰豐」之所以名聞遐邇，分店橫跨兩岸及世界各地，靠的是高人一等的服務力。「鼎泰豐」在接待外賓的語言訓練與要求上就非常高，務必要讓外國旅客能夠感到賓至如歸，輕輕鬆鬆地享用美食。事實上，在「鼎泰豐」裡，隨時可以聽得到服務人員操著標準的日語、英語等外國語言，親切地在服務外國旅客，充分展現台灣人好客的精神。

很多人都知道「鼎泰豐」小籠包十八折的傳奇，但可能不是很多人知道「鼎泰豐」為了讓顧客享受到真正的美食背後所付出的努力。例如，「鼎泰豐」要求每個小籠包的重量差異（公克數）必須壓低到小數點第二位；端給客人的小籠包絕對不能破掉；以及各種食材通通要求到盡善盡美，以免破壞饕客的好心情等。這就是「鼎泰豐」對於服務的堅持，也就是因為這樣的堅持，才造就了「鼎泰豐」的傳奇，眾所周知的小籠包十八折，其實也是「鼎泰豐」堅持的另一種體現（蕭富峰，2012：10-11）。

 ## 推銷磨電燈的額外服務

張國安（1926～1997年）在台灣汽車工業界久負盛名，被報刊雜誌稱作台灣的艾科卡。他從推銷進口摩托車白手起家，經過三十多年的努力，由他擔任總經理的三陽公司，在台灣五百家大型民營製造業中名列第十。他先後興辦豐群、益群水產公司，擺脫日商對台灣漁業的控制和剝削，使自己的漁業基地遍及各大洲，被譽為「日不落的豐群」。他信奉「誠實經營方能做大，邪門歪道只能賺小錢」。有人評價他，做了一輩子生意，對客戶、公司內部，沒哄過任何一個人。

一、提供情報服務顧客

玫琳凱化妝品公司（Mary Kay）創辦人玫琳・凱・艾施（Mary Kay

Ash）說：「經營企業最大目標是服務他人。」當年張國安在推銷三陽產品「磨電燈」時，業務員都以招待喝酒玩樂來吸收顧客，但他不擅長於此道，於是他以提供情報來服務顧客。

由於銷售磨電燈的，多為電器行及腳踏車批發商，他們也兼賣進口的腳踏車零件及電器產品。進口貨的行情起落很大，每次他去拜訪顧客，並向他們收款之前，都先將最新的進口行情及趨勢調查清楚，以便提供他們情報。因此顧客看到他，都非常歡迎；同時知道他停留的時間很短，會把貨款優先付給他。

每次他到顧客處，一定把他們經銷的三陽產品放到一般人容易注意的地方，並把架子的灰塵擦掉，以保持產品的乾淨，這是其他競爭者忽略的一點。

二、幫忙書寫文書

除了提供商情外，他的另一項「額外服務」是幫忙辦理各種婚喪喜慶。客戶們認為他是台北人，又讀過書，所以比較需要文字的部分都找他幫忙。

他常做的服務是書寫「嫁妝」的名稱。例如枕頭兩個，必須要寫成「玉枕成對」；衣櫃一個，必須寫成「衣櫃成座」，其他如「明鏡成座」、「繡鞋成雙」等等。

當時台灣正由農業社會慢慢轉型至工業社會，有些人跟不上環境的變化，他就在顧客最需要的時候幫助他們，提供產品以外的服務，使他們對他充分信任。所以雖然「磨電燈」生意競爭很激烈（除了三陽產品外，還有鑽石、五洲、環球、永和等廠牌），他又沒有請經銷商喝應酬酒或玩樂，但靠著特別的服務，他仍然與經銷商建立深厚的關係，當年三陽產品的市占率一直保持在30～40%之間（張國安，1994：64-67）。

結　語

　　大家都知道，成功的事業取決於忠誠的顧客。美國著名的諾斯壯（Nordstorm）百貨公司以客為尊的服務理念，一直讓其他業者瞠乎其後。舉例來說，曾經有一個衣衫襤褸的女流浪漢突然出現在裝潢富麗雅緻的女裝部，店員依舊耐心地協助這位不可能消費的女士試穿晚禮服，直到她心滿意足地離開（徐重仁，2000：9）。

　　美國的喬‧吉拉德（Joe Girard）是汽車的推銷之王，他在1976年的一年內賣出1,425部汽車，被列入金氏世界紀錄，使他成為全世界最偉大的推銷家。為了建立自己獨特的顧客連鎖反應，他提出的「250定律」顯示，一個滿意的顧客會為你帶來250個潛在顧客；一個不滿意的顧客，會為你製造250個潛在敵人，此定律的產生，完全依據經驗法則，因為忠誠的顧客，就是最佳的推薦對象。

參考書目

尤聰光（2013）。〈回收菜商譽重傷　白沙灣餐廳關門〉，《聯合報》（2013/01/12），A16綜合版。

王玉佩（2004）。〈耐吉飛了多少顧客？〉，《聯合報》（2004/05/27）。

史蒂芬‧湯克（Stefan Thomke）著，閻紀宇譯（2011）。〈傑出服務典範的四大秘訣：印度勞工教老闆的事〉，《哈佛商業評論》，新版第75期（2011/11），頁126。

伊薩多‧夏普（Isadore Sharp）著，吳書榆譯（2009）。《金色團隊：從泥水匠之子，到四季飯店集團大亨之路》（*Four Seasons: The Story of a Business Philosophy*），三采文化出版，頁219-220、413-414。

李承宇（2012）。〈順從民意不統一　台鐵便當維持地方味〉，《聯合報》（2012/11/22），A8生活版。

亞雷斯泰爾‧摩里森（Alastair M. Morrison）著，王昭正譯（1999）。《餐旅服務業與觀光行銷》，弘智文化事業，頁421-425。

林燈燦（2009）。《服務品質管理》，五南圖書出版，頁12-15。

金玉梅（2007）。〈五星級服務　一星級成本的秘訣〉，《天下雜誌》，第370期（2007/04/25-05/08），頁150-152。

柳井正著，徐靜波譯（2010）。《一勝九敗：UNIQLO即使失敗也能獲勝的經營》，天下雜誌出版，頁158、263-288。

約翰‧麥斯威爾（John C. Maxwell）著，李蓁譯（2007）。《沒有企業倫理這回事》（*There's No Such Thing As Business Ethics*），財團法人基督教橄欖文化事業基金會出版，頁41-42。

徐重仁（2000）。《e世紀新思維》，統一超商出版，頁9。

張國安（1994）。《歷練：張國安自傳》，天下文化出版，頁64-67。

張寶誠（2010）。〈顧客導向經營服務力躍進〉，《能力雜誌》，總第651期（2010/05），頁12-13。

許俊偉（2012）。〈消基會抽檢人氣餐廳消費限制表〉，《中國時報》（2012/12/27），頭版。

無名氏（2011）。〈五星級旅館評論家的告白〉，《讀者文摘》（2011年8月號），頁80-81。

黃鴻湖（2007）。《典範鼎泰豐：楊紀華的小籠包大秘密》，商周出版，頁29。

楊雅民、黃忠榮、楊久瑩（2012）。〈董事長道歉：「顧客的聲音聽到了」／鬍鬚張魯肉飯不漲了送抵用券救形象〉，《自由時報》（2012/10/04），A12生活新聞版。

鼎泰豐小吃店股份有限公司網站：http://www.104.com.tw/jobbank/custjob/index.php?r=cust&j=4c70436d485c3e6848323c1d1d1d1d5f2443a363189j99。

蕭富峰（2012）。〈提升服務競爭力〉，《震旦月刊》，第495期（2012/10），頁10-11。

羅希特‧德什潘德（Rohit Deshpandé）、安賈莉‧拉伊納（Anjali Raina）著，不言譯，〈泰姬酒店的平凡英雄〉（The Ordinary Heroes of the Taj）。《人力資源開發與管理雜誌》（2012/09），頁58-61。

第八章
企業併購倫理

> 人類偉大的成就，得力於觀念的傳遞與對成就的渴望。
> ——美國管理學家湯瑪斯・華生（Thomas J. Watson）

世局在劇變，經濟環境也不停的在轉變，企業如果不懂得因應變革、創新研發、提升競爭力，勢必為時代的浪潮所淹沒、所淘汰，而企業改變的速度如果跟不上外在環境的改變，同樣會被時代的巨輪碾過。因為企業不可能永遠是贏家，此乃歷史的必然，也是贏家的詛咒（Winner's curse）。無怪乎麻省理工學院教授唐納文（John J. Donovan）一語道出現代企業的生存之道：「不改變就死亡」（Re-invent or Die）。

企業大師吉姆・柯林斯在其名著《從A到A⁺》一書中特別提到，企業需要不停的轉型、不停的創新，並且在對的時機作對的決策，才能讓企業更有效的管理及發展。因而，領導者都必須深刻體認，自己不淘汰自己，就會被別人所淘汰（鄭寶清，2003：32-33）。

企業併購動機

近幾年，全球掀起併購風潮，不論是水平、垂直整合，還是跨產業異業結合，各行各業無不深信「數大便是美」。從策略面來看，併購可以達到規模經濟、市占率的提升、新事業的布局，再者，因為共用人力、產能將使成本大幅下降，此外，組織重整聚焦核心事業，也是策略併購的重要思維；從財務面來說，則包括現金流量的提高以及資金成本的下降，另外稅賦的降低，也是驅使併購的一大誘因（李香瑩、鍾惠珍，2004：36-37）。

現在許多研究發現，併購所追求的已經不再只是過去單純的財務面動機而已，除了財務面動機之外，其他的管理動機也會影響併購的結果。

一、經濟動機（economic motives）

經濟動機認為企業併購行為的產生，主要在強調企業的經濟績效表

現。這些動機包含爲了增加利潤、達到經濟規模、降低資金成本、藉由併購以取得在市場上防守地位而不易被競爭者威脅，或對目前在市場上的失敗作反應，以求突破困境。

　　管理者將併購視爲績效增加的手段，包括行銷經濟規模、技術經濟規模、創造股東價值、增加獲利率、分散風險、降低成本、對市場失敗的反應、防禦機制，目標對象的相異性價值，以及藉由多樣化市場價值來取得議價能力的提升等。

二、個人動機（personal motives）

　　併購的發生因爲經營者將其視爲個人利益，以滿足個人權力慾望，這些個人動機包含透過銷售的增加及公司的成長，可增加經理人自身聲譽或薪資，並因提升或銷售增加而有圖利自己之行爲。此外，整合新公司與管理其營運所產生的挑戰，也是促成併購活動產生的動機之一。

　　由管理者本身爲了追求某些個人目標而衍生的動機，此個人動機包括管理者藉由公司成長機會來提升個人對企業的影響力；或藉由銷售量以及獲利率的增加來使管理者個人的報酬增加；或藉由併購新企業來挑戰新的管理機會；或無效率管理的收購。

三、策略動機（strategic motives）

　　策略動機的目的在擴張全球市場、追求市場占有率、增加對市場的控制力（通路）、買入技術、分散風險、增加產品及服務、獲取新資源綜效等，而欲改善競爭環境可透過收購競爭對手或創造競爭障礙、擴張產品線等方式，都是併購動機產生的誘因。例如美國線上公司（American Online）跟華納兄弟娛樂公司（Warner Bros. Entertainment, Inc.）的合併案，當初便是著眼於通路整合後的利益。

　　策略動機包括收購競爭對手、綜效的追求、產品線擴張、全球性市場擴張、市場力量增加、取得新的管理技巧、獲取原物料資源，並且藉由併購競爭者或增加進入障礙來改善目前激烈的競爭環境（蔡明田、張淑玲、謝煒頻，2005：67-68）。

從併購績效的一些相關研究中發現，公司大都以獲利能力、股東價值或市場股價的改變情況作爲併購績效的衡量指標。

 ## 企業併購型態

併購（mergers and acquisitions）其實涵蓋了合併（mergers）與收購（acquisitions）兩種不同的法律行爲，對現代企業而言，已非新鮮事。它往往是企業最快的成長捷徑，除了可以省去新創業所花費的時間和創業初期要承擔的虧損外，還能快速取得生產設備、原料、品牌、市場及行銷通路，在短時間內能有效率地擴大公司的規模，透過企業併購可爲達成企業轉型與成長最快速的方式之一。

併購的定義

《企業併購法》所稱的「併購」，係指公司的「合併」、「收購」及「分割」，其定義分別如下：

(一)合併

它指依《企業併購法》或其他法律規定參與之公司全部消滅，由新成立之公司概括承受消滅公司之全部權利義務（即新設合併）；或參與之其中一公司存續，由存續公司概括承受消滅公司之全部權利義務，並以存續或新設公司之股份，或其他公司之股份、現金或其他財產作爲對價之行爲（即存續合併）。例如元大證券、京華證券與大發證券同屬綜合證券經紀商，爲避免產業過度競爭，並推動同業水平整合，以擴大市場占有率，元大證券於2000年合併京華證券及大發證券，是國內首宗大型券商合併案，合併後公司名稱亦同步更名爲元大京華證券。2007年，復華金控與元大京華證券合併，成立元大金融控股公司。

(二)收購

它指公司依《企業併購法》、《公司法》、《證券交易法》、《金融機構合併法》或《金融控股公司法》規定取得他公司之股份、營業或財

產，並以股份、現金或其他財產作爲對價之行爲。例如，仁寶科技爲跨入網通領域，於是在集中市場上以現金買進智邦科技公司的10%左右的股份，一舉拿下智邦10%左右的股權，並取得其兩席董事與一席監事的董事會發言權，配合推動多媒體通訊及數位家庭產品。

(三)分割

它指公司依《企業併購法》或其他法律規定，將其得獨立營運之一部或全部之營業讓與既存之他公司（存續分割）或新設之他公司（新設分割），作爲既存公司或新設公司發行新股予該公司或該公司股東對價之行爲。例如智邦科技公司將無限網路事業部門分割出來，與飛利浦電子公司合資成立「智易科技公司」，智邦擁有52%股權與四席董事，而飛利浦則擁有48%股權與三席董事。智易科技成立後，智邦與飛利浦成爲智易科技的當然客戶，促進這兩家母公司在無限通訊產品之技術開發與銷售通路上密切合作，以搶攻無線上網商機（林武田，2005：87-90）。

公司爲併購決議時，董事會應爲全體股東之最大利益行之，並應以善良管理人之注意，處理併購事宜，如有違反法令、章程或股東會決議處理併購事宜之情事，致公司受有損害時，參與決議之董事，對公司應負賠償之責；但經表示異議之董事，有紀錄或書面聲明可證者，免其責任。

《企業併購法》針對符合特定條件所進行合併、分割之公司，提供免徵印花稅、契稅、證券交易稅及准予記存土地增值稅等優惠，對於公司因進行併購所產生之費用得於十年內平均攤銷，因併購所產生之商譽則得於十五年內平均攤銷。

 # 企業併購員工問題之處理

企業併購所伴隨而來之所有權、經營權之變更，將影響個別勞動關係與集體勞動關係。個別勞動關係所牽涉到的問題包括：留用問題、解僱之處理、年資計算問題、薪資與福利等勞動條件之變動，以及退休金與職工福利金等問題。集體勞動關係則爲工會在併購過程之地位、團體協約之處理與對工會的影響等。

一、員工留用問題

併購公司取得被併購公司所有權、經營權後，企業為求併購綜效，基於人事精簡考量，可能無法承接被併購公司所有員工，遂產生留用與資遣行為。

二、勞工權益保障

《勞動基準法》第20條規定：「事業單位改組或轉讓時，除新舊雇主商定留用之勞工外，其餘勞工應依第十六條規定期間預告終止契約，並應依第十七條規定發給勞工資遣費。其留用勞工之工作年資，應由新雇主繼續予以承認。」該法法律效果為，當事業單位改組或轉讓時，新雇主並非當然地繼受原來的勞動契約，對於新舊雇主不願意留用之勞工，舊雇主應以預告終止勞動契約和資遣方式處理。此條規定賦予雇主有權決定是否繼續留用勞工，使勞工之工作權喪失保障。

三、勞工移轉問題

為了因應企業併購趨勢，排除企業併購障礙，針對勞工移轉問題，《企業併購法》第16條規定：「併購後存續公司、新設公司或受讓公司應於併購基準日三十日前，以書面載明勞動條件通知新舊雇主商定留用之勞工。該受通知之勞工，應於受通知日起十日內，以書面通知新雇主是否同意留用，屆期未為通知者，視為同意留用（第一項）。前項同意留用之勞工，因個人因素不願留任時，不得請求雇主給予資遣費（第二項）。留用勞工於併購前在消滅公司、讓與公司或被分割公司之工作年資，併購後存續公司、新設公司或受讓公司應予以承認（第三項）。」對於未被留用的勞工，只能被動地接受資遣。

四、員工解僱之處理

企業併購常會造成一定數量員工遭受解僱，為保障勞工工作權及調

和雇主經營權，避免企業大量解僱勞工，造成員工權益受損，我國於2003年公布施行《大量解僱勞工保護法》保護勞工權益，降低企業經營策略調整並伴隨而來的大量解僱行為，對勞工工作權之影響，該法保障勞工資訊權取得、建立勞資協商機制，讓勞工有機會參與大量解僱的決策過程。

依據《大量解僱勞工保護法》第17條規定，事業單位未於期限前將解僱計畫書通知主管機關及相關單位或人員，並公告揭示者，處新台幣十萬元以上五十萬元以下罰鍰，並限期令其通知或公告揭示；屆期未通知或公告揭示者，按日連續處罰至通知或公告揭示為止（黃柏禎，2005：34-39）。

五、企業併購後有關之勞退事宜

《企業併購法》第15條明定，公司進行合併時，消滅公司提撥之勞工退休準備金，於支付未留用或不同意留用勞工之退休金後，得支付資遣費；所餘款項，應自公司勞工退休準備金監督委員會專戶移轉至合併後存續公司或新設公司之勞工退休準備金監督委員會專戶（第一項）。

公司進行收購財產或分割而移轉全部或一部營業者，讓與公司或被分割公司提撥之勞工退休準備金，於支付未留用或不同意留用勞工之退休金後，得支付資遣費；所餘款項，應按隨同該營業或財產一併移轉勞工之比例，移轉至受讓公司之勞工退休準備金監督委員會專戶（第二項）。

前二項之消滅公司、讓與公司或被分割公司應負支付未留用或不同意留用勞工之退休金及資遣費之責，其餘全數或按比例移轉勞工退休準備金至存續公司、受讓公司之勞工退休準備金監督委員會專戶前，應提撥之勞工退休準備金，應達到勞工法令相關規定申請暫停提撥之數額（第三項）。

企業併購之成敗關鍵

併購案比比皆是，失敗者不知凡幾。從很多的例子及統計顯示，在美國、歐洲的購併個案裡，成功的機率不到50%。因此，併購程序中每一步驟與環節皆隱含影響併購成敗的因素，出於各產業及企業之環境、條件與特性不同，產生之問題亦有差異。

　　併購成功的那一刻僅是完成第一階段，而以整合的過程是一種化學變化，雙方要互相融合並非易事，很多的併購案是在整合過程中宣告失敗，因此在之前的協商過程，必須將整合計畫事先擬定，甚至在評估綜效時便加以考量。

企業併購失敗因素

　　整體而言，導致企業併購失敗之因素，包括：

1.整體規劃未盡完善。
2.與公司經營策略及目標相左。
3.併購標的選擇不當。
4.併購價格過高或給付方式不當。
5.併購後之發展受阻。
6.併購後之整合不當。
7.人力資源管理不當。（**圖8-1**）

　　透過併購的確可以帶來相當利潤與企業成長，然若併購失敗，不僅無法將合併公司經營轉好，反將原先既有之營運成果一併拖垮。因此，要併購成功必須投入相當之心血，除在併購前要完善規劃且切實執行外，併購後公司組織之整合與企業文化之結合，皆是影響併購成敗之關鍵所在（楊人豪，2002）。

裁員倫理

　　在全球經濟忽冷忽熱的詭譎多變大環境下，裁員成了很多企業為了生存而不得不採取的措施。若把企業比作一棵大樹，那麼裁員就是在必要的時候修剪掉旁生的側枝，而修剪大樹之時，一刀下去，側枝落地，非常剛性與無情。企業裁員和修剪樹木也有異曲同工之處，都一樣地剛性，但兩者不同的是，樹木修剪去除的是沒有感覺的樹枝，而企業裁員裁掉的卻是活生生的有感覺的人，當員工聽到自己被裁的消息時，給他們帶來最大

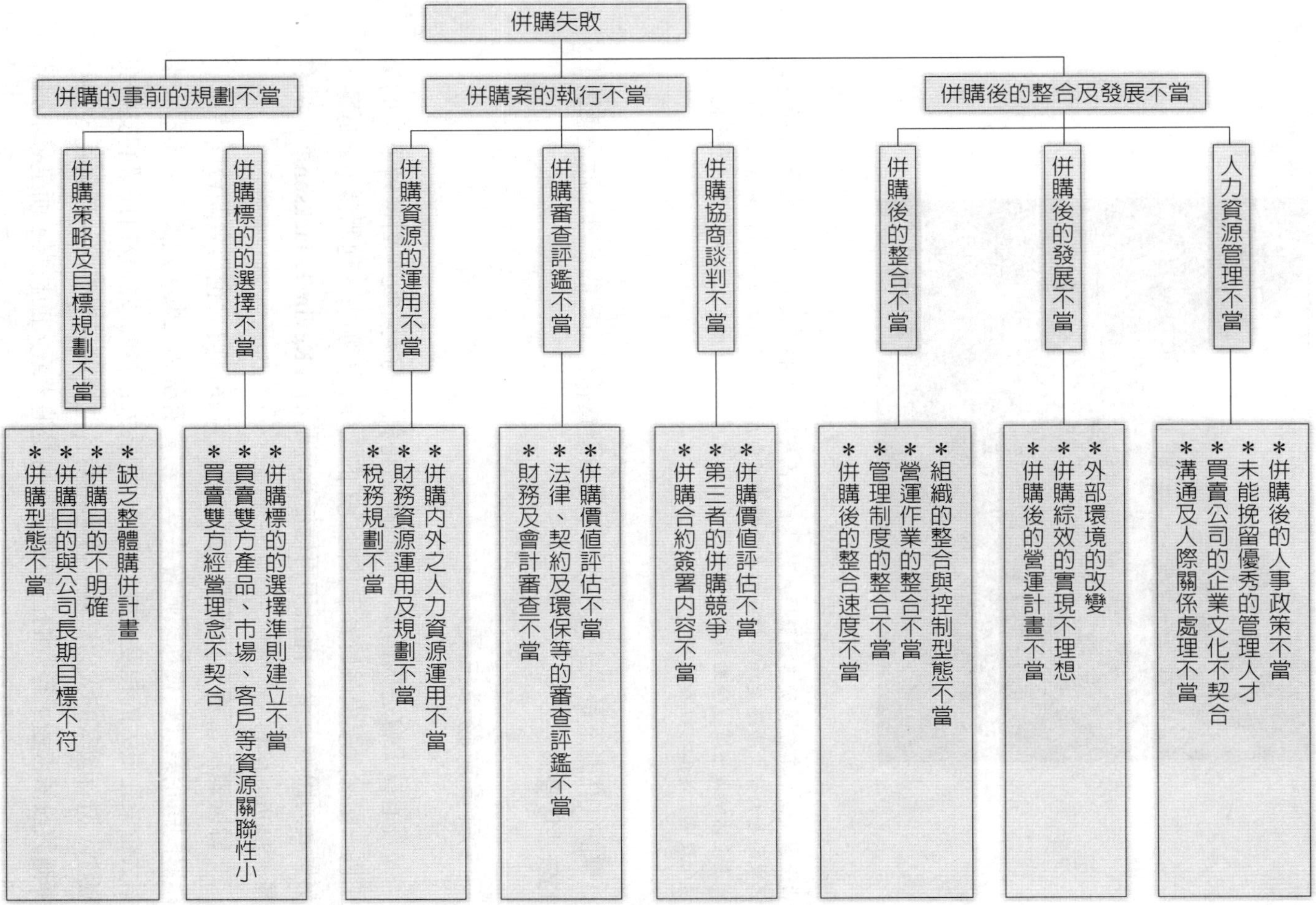

圖8-1　導致併購失敗因素之架構圖

資料來源：鍾啓東（2007）。

勞工遊行（丁志達／攝影）

由全國產業總工會等勞工團體主辦的「官逼民反──2013要安全、拚未來」大遊行，其
訴求的七大勞工議題是「堅決反對年金修惡、制度提升基本工資、落實集體協商制度、
資遣退休納入墊償、勞動基準一體適用、外勞本勞同工同酬、終結責任制過勞死」，一
同向政府表達憤怒與不滿。

打擊的往往既不是失去工作，也不是資遣費給付方案的多寡，而是感情上
的無法接受。

一、裁員前務必三思

　　資遣員工會造成創傷，不只是對捲鋪蓋的人如此，對被留下來的員
工也一樣。大規模裁員表示其他員工的工作負擔加重，他們會士氣低落，
讓生產力跟著下滑，而且不再信任管理階層（Kevin T. Jackson著，洪鑫
譯，2006：184）。

　　韓國總統當選人朴槿惠在2012年12月26日與大企業老闆會面時，呼
籲財閥將企業成長獲利讓社會共享，裁員前務必三思。她表示：「本人相
信大企業在很大的程度上屬於全民，因為大企業的成長來自民眾的支持與
犧牲，還有國家的大力扶植。我必須對各位提出一項要求。我認為，大財
團應該設法求變，經營的目標應該不再是追求最大的利潤，而是尋求與社

會共存共榮。我要求各位在設法克服經營的難題之際，不要一味重整或裁員，而是與員工分享智慧並分擔痛苦。具體做法是，儘量留住員工。」
（陳世欽，2012）

資遣員工感恩　連20年請老闆吃飯

「老闆，謝謝你有情有義！」利台紡織纖維公司桃園廠二十年前關廠，當年上百名勞工被優惠資遣，每年回娘家聚會，2012年11月15日在餐廳舉杯向退休總經理張田道謝，感恩老闆當年厚道，讓他們安享晚年。

利台失業員工組成的「利台老友會」昨二十週年慶，每年都到場的張田逐桌敬酒，感激老員工當年努力，讓利台馳名紡織界，「因為有你們，才有我今天的存在和價值！」

利台紡織1966年建廠，以小羊毛大衣呢獨占香港市場，創下台灣外銷英國西裝料先例，前經濟部長趙耀東曾任副董事長。二十年前利台轉售遷往大陸，桃園廠停工。保養課長郭香卿說，當時很多員工都有家庭負擔，聽到關廠如青天霹靂，但勞資和諧溝通，很快達成共識，以優於《勞基法》近兩倍資遣費發給員工，資方並繼續補助建教合作學生學雜費直到高中職畢業，還幫大家找工作。郭香卿說，勞工們感受資方善意，幫忙拆卸機具，運到大陸組裝，並協助教學、轉移技術，等於重新為資方設廠，完成最後一次任務。

老幹部顏楓林說，利台隔壁的八德聯福製衣廠也有失業員工，那些失業勞工用臥軌擋火車、上高速公路撿垃圾爭取欠薪；華隆紡織苗栗頭份廠工人苦行到台北；東菱電子等員工至今還因「代位求償」被告追討財產，「和他們比較起來，我們太幸福了」。

員工王秀琴說，相較當年大批惡性倒閉的資方，「我們老闆很慈悲」，很多同事靠著高額資遣費，讓失業後的生活穩定，養大子

女，不少人看到當年照片還會掉淚。

利台桃園廠最後一任廠長戴茂榮提議每年十月最後一個週日，老員工回娘家相聚，至少上百人到場，每次都邀請資方代表參加，「這一攤員工埋單，老闆才是客人」。

張田說，他看著部屬從學生變青年到老年，走過失業還能安居樂業，更欣慰當年做出正確決定，讓曾經一起奮鬥的勞資雙方，散場後感情還像一家人。

資料來源：賈寶楠，〈資遣員工感恩 連20年請老闆吃飯〉，《聯合報》（2012/11/5），A12話題版。

二、裁員過頭的後遺症

一項針對美國三百家企業和日本七十三家企業的研究發現，企業在宣布裁員後的一年內，企業的股東報酬率、股價都下降，反而是增加人數的企業，員工生產力上升。

美國航空業就是個血淋淋例子。911事件之後，全美境內各航空公司紛紛裁員度過危機。這項舉動激怒了顧客，從2000年到2007年全美航空業的業績掉了47%，因為服務品質下滑，讓顧客減少搭乘造成的損失至少九十六億美元。當時有一家創立四十年從未考慮裁員的公司挺了過來，如今這家公司已經變成全美最大的境內航空公司，並創下連續獲利二十六年的紀錄，它是西南航空公司。

西南航空堅信人是企業最重要的資產，並在企業最危機時仍堅守承諾。十年來，公司把人資長改為「人本長」（Chief People Office），該角色不像一般企業把員工看成是一項資源，而是以員工為本，為員工謀求最大幸福（賴建宇，2010：68-69）。

三、裁員倫理的做法

裁員並非絕對碰不得。優秀企業充滿人性化的裁員管理會達到這樣的效果：

一是被裁員工理解和接受企業做出的選擇，而不會產生報復的行為方式離開。

二是保留下來的員工士氣不會受到傷害，反而更珍惜這份工作，全力以赴。

三是企業品牌形象能夠得到進一步的提升。

四、安捷倫公司裁員典範

最傑出的裁員案例，是全球測量領域的領導者美國安捷倫公司（Agilent Technologies）。

在整個裁員過程中溝通就占據了三分之二的時間。員工從電子郵件、每週出版兩期內部刊物（*InfoSparks*）以及「咖啡談話」（內部定期召開的員工會議，在會上經理們向員工發布消息並集體討論對策）中得到關於公司目前面臨的形勢，需要採取的措施和原因。而且，在正式裁員之前，安捷倫公司曾經兩次試圖透過減薪等辦法解決問題（一般員工減薪5%、高階經理減薪10%）。

公司的執行長愛德華‧巴恩霍特（Edward W. Barnholt）則打破了傳統，在向華爾街彙報業績前動用了公司內部的播音系統。他希望員工們從他這裡得到裁員的消息，而不是從國家廣播有線電視公司（CNCB）廣播電台才知道裁員消息。這一點充分體現了公司與員工是一家人，公司尊重員工的尊嚴和感受。他首先感謝員工為削減成本而降低工資所做的貢獻，接著他陳述了公司經營惡化的狀況，詳細說明將有多少人丟掉工作，這一裁員數字由何而來，以及這一「痛苦」的過程將如何進行。他說：「這是我的職業生涯中最艱難的一次決策，但是我們實在別無選擇。」（**圖 8-2**）

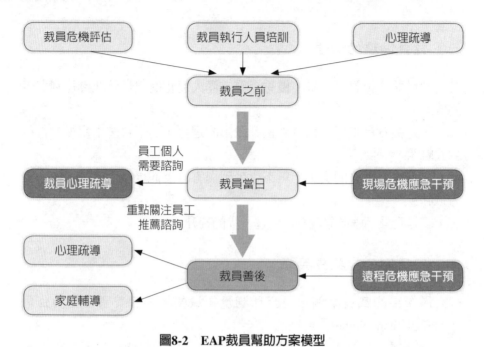

圖8-2　EAP裁員幫助方案模型

資料來源：段兆德（2009），頁31。

五、輿論正面肯定裁員做法

《財富》雜誌對安捷倫公司這次的裁員評語為：

2001年10月，已於三週前接到解聘書的安捷倫公司員工謝里爾‧韋斯，在正式離職前的最後一天晚上仍然在加班，直到晚上九點半才依依不捨地離開辦公室。而且，更讓人不可思議的是，她不但沒有把離職前的幾天花在更新個人簡歷，或伺機窺探電腦資料上，而是工作更加努力，離職前的工作熱情甚至可以與她在安捷倫及惠普（HP）工作的五年裡最有效率的時期相媲美。

正如商界大師羅伯特‧瑞奇（Robert Reich）所說：「採取什麼樣的裁員措施，比是否裁員更重要。採取人道的手段裁員的公司能更好地保持住留職員工的信任與忠誠，而信任是企業最有價值但也是非常容易消失的資產。」（程建剛，2009：48-50）

範例8-2

聯合報歷年人力精簡狀況表

	時間	人	對象	優退條件	優離條件
1	1996/12	33人	印務部電排中心	1.符合團協退休者。 2.退休金依勞基法，另加發150萬元。年終及績效獎金照發。	1.服務年資滿15年。 2.依勞基法計算，並加發20％離職金。年終及績效獎金照發。
2	1999/11	228人	報系同仁	1.符合勞基法或團協退休者。 2.距六十歲強制退休年齡每滿1年加給1個月優惠，優惠基數至12月，最多為15個月，總退休基數至少45個月。	1.不符合勞基法及團協退休條件。 2.依法給予資遣費外，再依實際工作年資，每滿1年給予1個月。優惠基數不滿12個月，以12個月計。
3	2000/12	48人	印務部及校對中心	1.符合勞基法退休者，比照1999年標準辦理。 2.符合團協退休者，優惠基數按1999年標準打5折，即每滿1年加給0.5個月，優惠基數至少6個月。	1.年資10年（含）者。 2.依法給予資遣費外，比照1999年標準打5折辦理，即實際工作年資每滿1年給予0.5個月基數，優惠基數不滿6個月者，以6個月計。
4	2001/11	408人	全報系（但編、採、譯不適用）	1.符合勞基法退休者，除依法計算退休金基數外，一律加給6.5個月優惠。 2.符合團協退休者，除依法計算退休金外，一律加給3個月優惠。	1.年資滿15年（含）不滿20年者，除法定資遣費外，比照2000年標準加給優惠基數。 2.年資滿12年（含）不滿15年者，除法定資遣費外，加給6個月優惠。 3.年資滿10年（含）不滿12年者，除法定資遣費外，另加給2～3個優惠基數。
5	2002/11	234人	報系同仁	1.符合勞基法退休者，除依法計算退休金外，另視工作年資加發3.5～4.5個月優惠基數。 2.符合團協退休者，依法計算退休金，不另優惠。	1.年資10年以上者。 2.除比照法定資遣費計給外，另視工作年資加發2～7個月優惠。
6	2003/11	36人	報系同仁	1.符合勞基法退休者，除依法計算退休金外，另視工作年資發3～4個月優惠基數。 2.符合團協退休者，依法計算退休金，不另優惠。	1.年資已滿三年半以上者。 2.除法定資遣費外，視工作年資加發0.6～7個月優惠。
7	2005/9	28人	聯合報電通及編輯部	1.符合勞基法退休者，除依法計算退休金外，另視工作年資發3～4個月優惠基數。 2.符合團協退休者，依法計算退休金，不另優惠。	1.工作年資已滿三年半以上者。 2.除法定資遣費外，視工作年資加發0.6～7個月優惠。
8	2006/11	153人	民生報停刊	符合勞基法及團協退休條件者，依法定退休金基數計算，不另優惠。	1.視工作年資加發1～6個月優惠。 2.工作年資5年（不含）以下者，依法定資遣費，不另優惠。
9	2007/7	35人	印務部門	符合勞基法及團協退休條件者，依法定退休金基數計算，不另優惠。	此波裁員以符合團協退休者為對象，不符團協退休者未列入。

註：聯合報系採專案方式，前前後後總計優退離1,203人。

資料來源：徐國淦（2011），頁13。

明碁併購西門子的教訓

明碁電腦公司（Continental Systems Inc.）成立於1984年，為宏碁（acer）集團旗下公司，並共同使用acer的標誌。2001年，宏碁集團分拆品牌和代工事業。同年12月，明碁推出自有品牌BenQ，並將英文企業名稱更名為BenQ Corporation。2002年5月更名為明基電通，由李焜耀擔任董事長。2005年6月8日，李焜耀驕傲地宣布，在德國設立明基電通子公司（BenQ Mobile GmbH & Co OHG），以無出資方式併購德國西門子（Siemens）手機部門，明基出產的手機將掛上「BenQ-SIEMENS」雙品牌五年，預估將成為全球第四大手機廠牌，接收德國三千多名員工，以及三億歐元的嫁妝。

一、錯誤的「婚姻」決定

2006年1月，明基西門子手機正式登場。然而，其手機一直銷量不佳。為了節省成本，明基在同年8月對明基西門子進行了大規模的裁員、減薪，引起了軒然大波。然而，這次行動對其業績表現並沒有多大幫助。

2006年9月28日晚上六點，就在併購西門子手機部門一週年前夕，明基在內湖總部召開緊急記者會，董事長李焜耀，不發一語地坐在擠滿媒體的會議室裡，身旁的總經理李錫華，在李焜耀的眼神授意下，緩緩地拿起麥克風，向台下的媒體宣布，因為德國手機子公司（BenQ Mobile）的虧損擴大，因此從即日起，明基決定不再投資，並交出子公司的經營權，並且向德國政府聲請無力清償保護（insolvency protection）。

「這是不得已的決定」李焜耀表示，交出經營權是考量德國子公司持續巨額虧損，而且短期內看不到縮小的跡象，基於風險控管，以及對明基股東負責，「我們必須讓他們獨立經營。」過去一年，明基手機部門虧損超過八億歐元（折合新台幣約三百五十億元，平均每天虧損一億元）（李書齊、張文耀，2006：48-58）。

二、領導人決策模式的探討

李焜耀自認為自己的成功來自於「自信及掌握度」，由於個人快速累積的成功，也使得他產生了決策上的盲點——過度信心（overconfidence）的誤差，即管理者過分高估自己的管理才能，過分依賴於過去的優異績效，而無視於眼前各項明顯的負面資訊。過度信心的兩個指標：「豪語指數」及「夢幻隊伍」，在李焜耀併購西門子一役中，明明白白的呈現出來。

三、豪語指數

「我們將可創造超過一百億美元的年營業額、習得德國的工藝精神並創造了一個全球第四大手機新品牌『BenQ-SIEMENS』」，這是李焜耀的雄心，他想利用西門子一百五十八年歷史的資產為明基的世界及品牌夢想縮短七至八年的時間，而如今看來卻是「豪語指數」的一個註腳。

四、夢幻隊伍

由於李焜耀相信德國人會自我管理，所以僅派駐兩人管理團隊管理德國六千多名員工，這個「夢幻隊伍」確實無法完成這項艱鉅的使命，過去成功的經驗無法保障未來也能成功，所有的損失，只好由股東來吞下這次失敗的苦果。

誠如一位任職宏碁集團多年的經理人說：「李焜耀的決策風格，應該是這個合併案失敗的原因吧。」一場付出台幣三百五十億元的自主品牌夢想的昂貴代價，讓人學到一場真槍實彈的「跨國併購」經驗學，它的失敗，即建立在領導人決策過程粗糙，對自己的經營能力的過於自信上（中山大學企業管理學系著，2007：148-149）。

曾經，明基娶西門子入門為無數人帶來憧憬，以為是台灣地區的品牌進軍海外的一擊。但似乎明基的行軍方針錯了，無論是收購、產品抑或是行銷策略都是令人惋惜，未能為明基西門子拉高品牌，建立優勢，不符

合行業本質。

 結　語

　　企業為因應瞬息萬變的經營環境，以及全球化下之國際競爭環境，以併購作為提升競爭力手段已成為今日趨勢。企業轉型的過程充滿各種不確定感，企業不論是對主管還是員工，都必須提供各種管道，讓員工有機會提供意見回饋。

參考書目

中山大學企業管理學系著（2007）。《管理學：整合觀點與創新思維》，前程文化出版，頁148-149。

江碩涵（2012）。〈仁寶驚爆裁員　筆電產業第一槍〉，《聯合報》（2012/10/24），A12版。

李香瑩、鍾惠珍（2004）。〈解讀企業併購〉，《會計研究月刊》，第214期（2004/09），頁36-37。

李書齊、張文耀（2006）。〈明碁一場350億的購併教訓〉，《今周刊》（2006/10/06），頁48-58。

林武田（2005）。〈台灣企業購併趨勢與案例分析〉，《2005併購論壇——產業重組與管制研討會論文集》，政治大學商學院及商業經濟理論與數量方法中心出版，頁87-90。

段兆德（2009）。〈EAP，讓被裁員工平靜而體面地離開〉，《HR經理人》，總第294期（2009/02），頁31。

徐國淦（2011）。〈勞資團體協約的具體實踐——面對企業變革，工會應有的態度與因應：以聯合報系爲例〉，《新北市勞工秋季號》（2011），頁13。

陳世欽（2012）。〈朴槿惠約見財閥：裁員前請三思〉，《聯合報》（2012/12/27），A18國際版。

凱文‧傑克森（Kevin T. Jackson）著，洪鑫譯（2006）。《聲譽是資本！》（*Building Reputational Capital*），頁184。

程建剛（2009）。〈理性裁員感性運作〉，《人力資源》，總第291期（2009/01上半月），頁48-50。

黃柏禎（2005）。《企業併購員工權益相關問題與實例之研究》，國立政治大學勞工研究所碩士論文，頁34-39。

蔡明田、張淑玲、謝煒頻（2005）。〈併購動機、整合機制與績效評估之研究——以平衡計分卡觀點衡量併購績效〉，《2005併購論壇——產業重組與管制研討會論文集》，政治大學商學院及商業經濟理論與數量方法中心出版，頁67-68。

鄭寶清（2003）。〈序文七〉，《點鹽成金：企業變革之道》，民眾日報編著，頁32-33。

賴建宇（2010）。〈裁員求生？當心陷入死亡循環〉，《天下雜誌》，總第442期（2010/03/10-03/23），頁68-69。

鍾啓東（2007）。〈企業購併面面觀〉，《台肥季刊》，第48卷，第3期（2007/09）。

楊人豪（2002）。〈企業併購法與台肥公司轉型〉，《台肥季刊》，第43卷，第3期（2002/03/15）。

第九章
企業變革倫理

> 不論他是否期待，事情還是會不斷的變化……舊腦袋不會讓你得到新的乳酪。
> ──《誰搬走我的乳酪》作者史賓賽‧強森（Spencer Johnson）

在日本有「經營之神」之稱的松下幸之助有一次拜訪日本德高望重的禪宗大師，雙方展開一場非常精彩的對話。

松下問：禪宗未來的發展會怎麼樣？

大師回答：禪宗未來也會消逝的。

松下問：真的嗎？連宗教也沒有永恆的生命嗎？

大師回答：禪宗跟人一樣，也是有其生命的極限。

從上述對話中，可知連宗教都有涯，則企業人生豈有永恆無涯之理（陳明璋，2007）。

不管你喜不喜歡，我們身處的世界，的確已經不是線性發展的世界。全球化的衝擊、傳統供應鏈的解構，都讓我們面臨前所未有的衝擊。「面對現實」已經成為組織裡的每個成員都必須具備的體認。傑克‧威爾許說：「1980年代前半期，我們重整了公司，改變了組織架構，這是比較簡單的工作。在往後的幾年中，我們所面臨的挑戰是改造自己，這項工作要比前者困難許多，坦白說，不是所有的領導階層都能做到。」

 ## 組織變革概論

早在西元前513年，希臘哲學家赫拉克利圖斯（Heraclitus）就觀察到，人不可能兩次跨入同一條河流，因為河流和一切生命體一樣，是不斷變化的。

「變革」一詞的英文為「change」，而該字導源於古法文「changer」，原意為「彎曲」或「轉彎」，就像樹枝或藤蔓趨向陽光一般，也有人將其譯為「變遷」或「改變」。依據管理大師彼得‧聖吉

（Peter Senge）於其著作——《變革之舞》（*The Dance of Change*）一書裡的說法，「change」一字的本質包括科技、顧客、競爭者、市場結構、社會、政治環境等外在變化，以及爲了調適環境變化而產生的內部變化（如策略）等，均爲其所涵蓋。過去成功的經營方法，正是摧毀明日企業最快的方式。因此，組織的領導者與管理者必須體認到，在複雜的組織開放系統中，唯一不變的眞理就是變。

企業的壽命

艾瑞・德・格斯（Arie de Geus）在《企業活水》（*The Living Company*）一書中說：「一家公司的自然平均壽命大致是兩個或三個世紀。」他指出，世界上確有像日本的住友商事（Sumitomo Group）和北歐的斯堪的納維亞公司（Scandinavian Company）這些老字號大企業，但一般的公司都不會活到老年，而且通常很年輕時就關門大吉了。格斯引用了荷蘭人對日本和歐洲公司平均壽命所做的一項調查。這項調查指出一般公司的平均壽命只有十二年半。跨國公司和財富五百強公司的平均壽命是四十到五十年之間。在20世紀七〇年代成爲財富五百強的公司中，有三分之一到1983年時就消失了。

寶麗來公司（Polaroid）由美國物理學家艾爾文・蘭德（Edwin H. Land）於1937年成立，1944年研發出即時攝影技術，公司經過不斷的成長，成爲拍立得照相機全球第一品牌，1994年達到銷量顛峰：二十三億美元。後來一小時洗相片技術和數位相機等意外的技術突破，澈底侵蝕了它的市場。2001年10月12日，寶麗來根據美國《破產法》提出破產保護申請。不到十年，這家公司從卓越淪爲破產，就是因爲沒能認識和回應變革之需。寶麗來在2005年被明尼蘇達州企業派特斯全球集團（Petters Group Worldwide）買下（Charlotte Shelton著，莫竹芩譯，2005：198）。

組織變革的架構

　　企業的興衰正如人的生老病死，所不同的是人的壽命中就有極限，而企業的壽命卻可以經由適當「再造」而重獲生機。俗話說：「預防勝於治療」，同理，企業再生的秘訣就是：在其衰敗之前就要先再生。

一、組織變革型態

　　組織變革的架構，可分為下列四種變革型態：

1.觀念變革（reframe）：它包括思維邏輯或典範的改變、危機或機會的確認、願景的創造與企業使命的重新定義。
2.結構變革（restructure）：它括人事精簡、結構扁平化與流程改造。
3.策略變革（revitalize）：它為組織找到新產品、新市場、新的發展空間。
4.文化與能力變革（renew）：它包括建立新的獎酬制度、讓成員獲得新能力、建立學習型組織、塑造革新文化。（廖俊貴，2012）

　　彼得・杜拉克說：「每四、五十年，就會出現一次大變革，我們現在正處於這樣的時間點。過去的變革給我們的啟示是，每一個組織都必須成為變革的領導者。我們無法管理變革，也不能僅因應變革，而是必須領先變革。」

二、組織變革的種類

　　組織在推動變革過程中，假若得不到組織內部成員的理解、認同與支持，組織變革過程將會遇到重重的阻礙；組織變革往往是各種內外在力量聯合作用的結果，很少是單一力量的呈現。
　　組織變革的種類有下列三種方式：

1.結構變革：它是指工作結構、職權關係及組織體系的改變，目的在創造一個環境，以促進和鼓勵組織成員實現組織目標，例如工作豐富化、工作擴大化、控制系統變化等等。

2.技術變革：它是指將新的技術或方法應用在組織生產與管理上，使之有能力與競爭對手進行抗衡的知識與技能，包括機械化、電腦化等等。

3.人員變革：它是指組織成員的價值觀、工作態度、技能和行為方式的轉變，目的是確保組織成員努力工作，完成組織目標。

印度聖雄甘地（Gandhi）說：「我們希望看到變革，那我們就得成為變革。」雖然甘地說的是「非暴力」的政治變革，但這句話同樣適用於工作。在希望幫助員工扭轉對變革的想法之前，我們必須先學著轉變自己。

 ## 組織變革的步驟

在管理學與行政學的範疇上，「組織變革」是重要的概念，是企業組織為尋求生存與發展，以及公共組織為提振行政效率與效能的重要法則。

組織變革的流程，在約翰‧科特（John P. Kotter）和丹‧科恩（Dan S. Cohen）的《引爆變革之心》（*The Heart of Change*）一書中所提出的八大成功變革步驟為：

1.升高危機意識。

2.建立領導變革團隊。

3.提出正確願景。

4.溝通變革願景。

5.授權員工，移除變革障礙。

6.創造快速戰果。

7.鞏固戰果，再接再厲。

8.深植企業文化。（**表9-1**）

表9-1　成功大型企業變革八部曲

步驟	行動	新行為
一	升高危機意識	人們競相走告：「該是改變的時候了」。
二	建立領導變革團隊	強有力的變革領導團隊形成，運作情形良好。
三	提出正確願景	領導團隊提出正確的願景與變革策略。
四	溝通變革願景	人們開始接受變革，行為產生轉變。
五	授權員工，移除變革障礙	更多人感受到自己改變的能力，也願意採取行動實現願景。
六	創造快速戰果	行動能量開始累積，抗拒變革的人愈來愈少。
七	鞏固戰果，再接再厲	人們前仆後繼直到實現願景。
八	深植企業文化	儘管傳統陰影揮之不去或是領導人更替，成功變革後的行為已深入人心。

資料來源：John P. Kotter、Dan S. Cohen著，潘東傑譯（2002），頁22。

　　企業再造之父邁克爾·哈默（Michael Hammer）的研究發現，67%的再造專案失敗，其中的60%應直接歸咎於對變革的抵制。因為，企業組織變革運動是一種非常性的破壞，若不對人性因素加以考量，一定會引來員工很大的反彈，徒然增加執行的困擾。

 國際商業機器公司的變革

　　國際商業機器公司（International Business Machines Corporation, IBM）前身為電腦製表記錄公司（Computing-Tabulating-Recording Company, CTR），成立於1911年，1924由湯瑪斯·華生（Thomas J. Watson）改名為「國際商業機器公司」（IBM）。

　　IBM被認為是20世紀最值得敬佩及最成功的企業之一。在1926年投資一千美元購買IBM股票，到了1972年價值就高達五百萬美元。然而，到了1980年代中期，IBM開始持續走下坡，最後使得IBM在1991年到1993年虧損了一百五十億美元。1993年路·葛斯納（Louis V. Gerstner）被延聘為IBM執行長，他對組織與企業經營方向進行大改革，將重心放在商用軟體和特殊微晶片的製造上，幫助IBM再度成為卓越企業。

一、葛斯納的變革之道

爲了達到組織「脫胎換骨」的目標，葛斯納採取了下列做法：

1.打造了新的管理團隊，延攬與他一樣有急迫感又足堪信任的人才。
2.正視嚴酷的事實，也就是IBM有哪些營運措施導致了公司問題叢生。
3.在IBM所有嘗試的核心，注入對顧客的高度熱忱。這種轉變使IBM扮演了系統整合者的角色，幫助苦於整合各種資訊科技的企業。
4.改掉IBM以往的官僚文化，代之以一種新的紀律文化，讓員工在績效標準、價值觀和責任制的架構內，自由發揮。
5.致力採取低度承諾、高度實踐的做法。葛斯納刻意和媒體保持距離，這樣眞正會受重視的就是成果，而不是宣傳造勢。
6.任何併購機會，只要無法帶來可觀獲利，或是不符合IBM成爲世界科技整合佼佼者的策略，一律回絕。
7.制定嚴謹的接班人計畫，爲下一代執行長鋪路。
8.抗拒想要把IBM拆解成許多小單位的想法，而是排除掉所有不符合科技整合這項重點的活動。
9.重振IBM的核心價值，尤其是追求卓越和成功的熱忱。
10.建構一個有三百多名資深領導人的團隊，團隊中沒有任何人可以自動連任，每個人都必須符合年度績效目標，才能繼續留在團隊之中。
11.大膽押注電子商務上，並且相信網路運算會取代分散式運算，成爲企業最有效率的做法。

葛斯納在2003年從IBM退休之際，該公司股價從1993年每股十三美元（股票分割調整後）的低點，飆升到2001年的每股八十美元，市值有了驚人的成長。更重要的是，IBM再一次成爲科技市場的要角，2003年的營收達到八百九十億美元，成爲全世界最大的軟體供應商之一，僅次於微軟（Microsoft）。IBM的服務事業群到了2003年，也成爲全球最大的服務商

（Jim Collins著，王約譯，2009：47-49）。

二、人力資源策略轉型

2011年，IBM成立一百週年，許多觀察家都注意到IBM的一些戰略轉變。但IBM最大的變革不在於產品，而在於企業文化。

在這樣一個多樣化、不斷變化的企業環境中，爲了保持高昂的員工士氣、生產力和忠誠度，IBM設定了一個新的工作重心，注重人力資源的「資源」組成部分，並設定了四個工作方向。

1. 強調針對所有員工的公平利益，不管是在哪一個國家，不分種族、性別、宗教信仰和性取向。這讓同性伴侶能夠享受到福利，由於此項規定，國際人權運動組織和國際婦女勞工團體都給IBM評了高分。

2. 一年一度的全球員工滿意度調查（Global Pulse Survey），IBM每年都搜集員工的意見回饋，此項調查覆蓋IBM40%的員工，主要針對企業的工作條件和員工居住的社區條件——IBM提倡並獎勵那些從事社區活動的志願者。

3. 不僅僅是管理人員，所有員工都有資格參與基於績效表現成果獲得獎金的項目。

4. 或許最能體現IBM發生重大轉變的一點，是它將培訓放在至關重要的位置。IBM在每個員工的培訓上大約投資一千七百美元，訓練員工掌握各種技能，包括互動技巧和人際關係技巧。（Cathy N. Davidson, 2011）

科技市場觀測公司（Tech Market View）董事長查德·霍勒維（Richard Holway）表示：「對目前許多領先者之未來前景還是很難預料，但IBM除外，因爲它同時擁有金融和管理兩項重要的資源，隨時能把握住資訊科技市場所拋出的任何新機會。」（王凱旋，2011）

裕隆汽車的廠辦合一

裕隆汽車公司（以下簡稱裕隆汽車）由嚴慶齡在1953年9月創辦，成立之初，訂名為「裕隆機器製造有限公司」，業務範圍為機器製造銷售。

一、裕隆汽車發展史

1957年2月，與日產自動車株式會社正式簽訂技術合作合約。1960年9月，更名為「裕隆汽車製造公司」，正式製造小轎車及商用卡車。1986年生產的「飛羚101」上市，成為第一輛國人自行設計開發的新車。1989年與經銷商國產汽車解約，獨自布建通路；1989年起開始朝多角化經營發展。在1993年連續虧損三年後，於1995年中實施廠辦集中，將台北總公司、桃園工程中心、新店工廠等單位陸續遷移至三義集中辦公，減少溝通成本，深化組織向心力，整合公司資源，提升競爭能力，而實施廠辦集中後的效益即有明顯的成效，且獲外界肯定而紛起仿效。又因Cefiro車型開發成功，以八、九十萬的售價橫掃市場，終於使裕隆汽車走出經營危機的陰影。

2003年5月20日，裕隆汽車與日產汽車共同宣布，裕隆汽車分割成兩家獨立之公司。一家為裕隆汽車製造股份有限公司，另一家為裕隆日產汽車股份有限公司。

二、組織變革的原因

裕隆汽車自1953年創立以來，歷經三十多年經營，組織開始出現病態，賞罰不明、人事老化、效率低落、無人整合……，但隨著經濟自由化，競爭與日遽增，變革勢在必行。

裕隆汽車所需要的改變，是組織文化和人心的改變。歸納其組織變革的原因，約有下列幾點：

(一)連續虧損

早年，裕隆汽車在國產小客車市場中的占有率一直居於龍頭地位，但在1988年，卻拱手讓給福特汽車，當年裕隆汽車市場占有率從14%跌至12.2%。而在1993年至1995年這三年期間，由於日圓巨幅升值，造成從日本進口的汽車零組件成本大幅提高，三年總共虧損達十七億元，再加上我國加入世界貿易組織（World Trade Organization, WTO）的關係，外國汽車的開放進口，激發了其組織非變革無以生存的危機感。

(二)組織老化

老化臃腫的組織，是裕隆經營效率低落的主因。三十多年來，沉重的人事包袱，讓裕隆的財務支付喘不過氣來。過多的冗員及員工老化的心態，使得生產力低落，日本汽車廠裝配一部轎車要八小時，而裕隆汽車三義廠平均裝配一部車要二十四小時，這種閒散的做事態度，非「脫胎換骨」無以解決。

(三)溝通不良

工廠（新店廠、三義廠）、辦公室（台北市）、工程研發中心（桃園）散居各處，產銷聯繫嚴重失調，企業機能無法發揮作用，各行其是，不管內部聯繫或與外部溝通，耗費時間相當長，且溝通成本高，遇有緊急事件要傳達時，因為溝通管道冗長而失去時效，商機因而隨之而去。

1995年底裕隆汽車實施的廠辦合一，是裕隆汽車服下治本的一帖特效藥方，將原本散居各方的生產單位、業務單位集中到三義廠生產、辦公。除了能精簡人事，降低人事成本費用外，也縮短了各單位之間業務往來流程，降低溝通成本，提升決策的效率，並加強內部的凝聚力。而台北辦公大樓、新店廠址、桃園工程中心的土地有效利用，也為裕隆帶來了可觀的營業外收入。

三、組織變革領導者的角色

主導這次裕隆組織變革的掌舵者，裕隆公司首席副總經理嚴凱泰，

功不可沒，成為反敗為勝的英雄人物。

(一)建立角色模範

打破裕隆舊有窠臼與流程，樹立「快、狠、準」的典範。他為裕隆汽車設立「品質要狠、管理要快、市場要準」的新標竿。以前裕隆汽車的文化，遇到問題會說沒辦法，現在不但要有辦法，而且還要是好辦法。

(二)建立有效的高階團隊

主導多次大規模的人事異動，打破年資主義的升遷拔擢舊例，建立一個成就動機強的經營團隊，也確實在變革中發揮了功效。

(三)建立支持性的管理風格

他的領導風格是「給目標、看結果、不在乎細節。結果不好，給你機會，再不好，就走路」的用人與授權原則。嚴凱泰的哲學是：「用心帶腦，用腦帶人。」一切事情都要從心帶起，最公正的方式，最誠實的方式，可以造成雙贏。

(四)散播個人魅力與組織成員打成一片

廠辦合一後，他住進苗栗三義廠內的宿舍，和員工一起作息，並經常帶主管巡廠，慰勞現場員工，同時親自參與產品品質的提升活動。

四、組織變革下的勞資問題

裕隆汽車在組織變革過程中，所面對的企業倫理中的「勞資關係」，其做法如下：

(一)事先周詳規劃實施要點

在1995年裕隆汽車實施廠辦合一之前，資方已擬具全盤遷廠計畫，包括各項補償與協助措施。為使員工願意配合轉勤或是不願意轉勤的員工，都能得到應有的照顧，成立一個跨部的委員會，共同推動變革計畫，共舉辦了一百多場次的勞資溝通會議，期將勞資衝突降至最低。

(二)配套措施

◆針對離退人員的措施

　　1.優厚給付退休金、退職金。

　　2.辦理轉業協助計畫（轉業訓練及提供再就業資訊）。

　　3.其他福利（享有購車、修車的優惠證）、服務（就業推薦函）事項。

◆針對留任轉勤人員的優惠照顧措施

　　1.發給搬家費（單身5,000元；攜眷30,000元／戶）與搬遷假（單身2天；攜眷3天）。

　　2.發給落戶費（兩年內能在台中縣市或苗栗縣定居者，發給每戶70,000元）。

　　3.發給轉勤津貼（補償轉勤員工及其家屬的不便，統一按月發給轉勤津貼，台北地區5,000元，桃園廠4,000元。支領期限五年）。

範例9-1

退休金、退職金給付規定

退休、退職條件	給付標準
年齡≧60	依勞動基準法退休標準計給
年齡≧55，年資≧15	依勞動基準法退休標準計給，另加發一個月工資
年資≧25	依勞動基準法退休標準計給，另加發二個月工資
20≦年資＜25	仍依勞動基準法退休標準計給，另加發一個月工資
15≦年資＜20	仍依勞動基準法退休標準計給
10≦年資＜15	每年核算1.5個月退職金，另再加發二個月工資
年資＜10	每年核算1.5個月退職金，另再加發二個月工資
【備註】勞動基準法規定，符合下列條件之一者可申請退休：(一)工作十五年以上年滿五十五歲；(二)工作二十五年以上；(三)年滿六十歲。退休金給與標準乃按工作年資，每滿一年給與兩個月工資，但超過十五年的工作年資，每滿一年給與一個月工資。	

資料來源：裕隆汽車公司／引自：吳成豐（2002），頁62。

4.提供通勤與返鄉交通車：租用大型巴士，提供轉勤員工往返的便利性，且不收費。

5.居住福利：提供員工宿舍供單身轉勤員工住宿，如已額滿，另發給房租補助金（18,000元／半年），以便當事人自行租屋。

6.其他福利、服務事項：

　(1)以末端售價的96折優惠購買公司任何車系，並享48期免息付款。

　(2)員工進修補助（4,000元／年）

　(3)與中國信託公司簽約，員工享有優惠購屋貸款利率。

　(4)若符合受僱條件，則配偶優先僱用。

　(5)加強員工休閒設施。（吳成豐，2002：56-69）

　　分析裕隆汽車廠辦合一後的正面效益，包括生產力的提升、組織改善、流程改善、溝通強化與成本降低。在1995年底開始進行廠辦合一，當時廠辦集中所影響的員工約有一千人，但真正遷移的人數約四百人，離退人數近六百人的情況下，隔年，營收卻達新台幣354.8億元，成長26%，創五年來新高。因此，人事精簡後得以減少重複工作人員，生產力得以提升，使裕隆汽車經歷三年虧損之後，轉虧為贏，反敗為贏。

　　從改造成功裕隆汽車的經驗，嚴凱泰提出的實施步驟：第一，要瞭解企業本身，然後瞭解產業本身；第二，要跟同業學習，把對的人放在對的位置上，然後充分授權（莊素玉等著，1998：41）。

台鹽的點鹽成金

　　台灣鹽業實業公司（以下簡稱台鹽）起始於1952年3月成立的「台灣製鹽總廠」，隨時空背景演進，於1995年7月正式改制為股份有限公司，並於2003年民營化。穿越時間的縱軸，台鹽從單純的鹽品專賣，陸續跨足鹽、水、保養、保健、清潔用品以及鹽雕六大類產品，今日的台鹽，已從傳統鹽業國營，轉型成深耕海洋科技的領導廠商。

一、官僚式組織

長久以來，台鹽的官僚式組織，在政府保護的羽翼下生長，營利及獲利成長緩慢，它隱藏著許多習以為常的不合理浪費。前台鹽董事長余光華說，我被告知出任台鹽總經理到正式上任，只有十三天的準備時間。這十三天，我馬不停蹄地拜訪了十位與台鹽關係密切的大老，他們給我的結論頗為一致：「台鹽不好經營，假如派了自認是管理專家的你都無法轉虧為贏的話，台鹽只好關門。」

我（余光華）到職後第三天到布袋鹽廠考察。當天由於是颱風天，大部分的人都沒上班。早上八點鐘，我準時從台南出發，而布袋廠廠長一大早就泡好茶在等我。但是他從八點多一直等到十點，還是沒找到我，急得打電話去總公司問：「總經理到底幾點出發？是不是迷路？」他們回答道：「總經理準時八點出發，而且司機是舊的呀，應該不會迷路？」廠長急得派人四處去找，結果等他們找到我時，我早已巡視完畢並且跟現場的工程師、操作員討論過他們流程的現況、可能的問題，以及未來的潛力。

二、鄭寶清接掌台鹽

2002年3月，鄭寶清接掌台鹽董事長後，即著手採取一連串的企業變革措施，促使公司由國營事業轉換為民營企業，股票上市。

台鹽最大的改變即是將原有複合式多角化經營策略，調整為鞏固核心本業的聚焦式經營。它就是指公司將有限的資源集中在本身有能力且附加價值最高的部分產品，包括原有的核心本業（工業用鹽及食用鹽品）及後續進入的生技事業（膠原蛋白、微生物製劑）。而且台鹽的願景也與公司的策略相呼應，因而調整為「在海水化學及生物科技領域，成為國際市場的領導者」。

三、台鹽變革的做法

台鹽在推行企業變革方面，建立企業願景，採取聚焦經營策略，推

動「六個標準差」（six sigma）、倡行「鑽石理論」與「風箏理論」為經營理念，激發創新精神，並貫徹執行力。

四、六個標準差

sigma是希臘字母「σ」，是統計學上描述一個群體的變異程度（variation）或不一致程度（inconsistency）的名詞，以「標準差」為單位，可以衡量流程產品之品質分布的變異狀況。亦即生產的每一百個產品中僅容許有三、四個瑕疵品。

台鹽實施六個標準差，主要強調原料進來以後，控制各個部門要花多少時間、人力、資源去完成，而且就在每一個流程中，直接去控制它的良率是多少。在制度實施以來，台鹽的營運成本每個月下降3%，持之以恆的成本降低下，在實施的第一年就減少了新台幣一億四千三百萬元的浪費。由於台鹽推動六個標準差的成功經驗，使得台鹽能在短期間內轉虧為贏。

五、鑽石理論

台鹽提出的鑽石理論的基本架構是，鑽石有四個稜角分別代表著價格（price）、品質（quality）、服務（service）及特色（difference），而支撐著鑽石的底座，則是不斷的創新（innovation），並以速度（speed）和策略（strategy）為鑽石添加光芒。其公式為：I＝PDQS³（**圖9-1**）

鑽石理論即強調最低價格、最高品質、最快服務及最大特色等四大優勢，再加上速度、策略，並以創新做基礎，堅守企業核心價值、構成企業全球競爭優勢。

六、風箏理論

台鹽以行銷、品牌、研發、生產作為風箏的四角，形成「風箏理論」，強調行銷的重要，以激發創新精神，並貫徹執行力。在行銷方面，建立策略聯盟；發揮顧客滿意所累積之台鹽品牌價值，創立美容沐浴類、

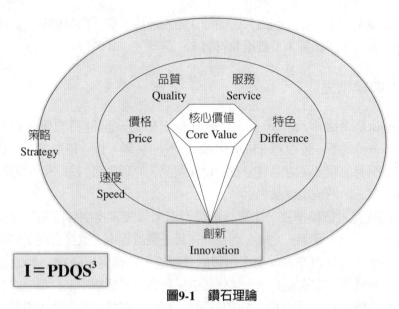

圖9-1　鑽石理論

資料來源：民眾日報編著（2003），頁89。

藥妝生技類及微生物製劑生技類等多樣產品；加強研發，逐年增加研發經費比重。

　　鄭寶清說：「企業的轉型就如同蛇脫皮、蛹變蝶般，必須經歷外在環境的挑戰與組織內部的衝突。」台鹽在變革過程中，研發推出綠迷雅（LU-MIEL）膠原蛋白系列產品，也整治了烏黑髒亂的鹽滷健身池，並更名為「不沉之海」，不但名揚國際，也為台鹽創造極大財源。

　　企業內變革成功的要素有四，首先要有求變革的動力，無論其為經營大環境的壓力，或主管強烈的企圖心；其次要有目標，也就是遠景使組織變革有明確的方向；第三還要有從事變革的能力，例如意願、資金、組織等；最後一點是要採取行動，跨出第一步，否則一切不僅將淪為空談，反而會使企業內部動亂、紛爭不已（民眾日報編著，2008）。

七股鹽山（丁志達／攝影）

七股鹽場過去是台灣最大的曬鹽場，主要供應國內農工業用鹽，隨
時代變遷，曬鹽不符經濟效益，七股鹽場遂於2002年5月廢曬，結束
台灣三百三十八年曬鹽歷史，七股鹽山的休閒遊憩時代隨之開啟。

結　語

　　彼得・杜拉克在《二十一世紀的管理挑戰》（*Management Challenges
for the 21st Century*）書上說：「對已開發國家來說，有一件事是千眞萬確
的，甚至對全世界都是如此。那就是：我們正面對長時期的巨大變革。」

　　企業要確保長青、追求卓越、永續經營，必須要找對人上車、要有
明確的願景、要有企業策略、要有創新精神、要貫徹執行力、要能體察市
場風向，以及領導人對商機的掌握、對需求的明察、對變局的預測、對輪
替的接受和對挑戰的容忍，企業才能時時充滿活力，處處展現新機。

參考書目

Cathy N. Davidson（2011）著。〈IBM百年人力資源策略轉型〉，製造業信息化門戶網，網址：http://ibm.e-works.net.cn/document/201110/article13316.htm。

王凱旋（2011）。〈藍色巨人IBM 慶成立百年〉，大紀元網址：http://tw.epochtimes.com/b5/11/6/16/n3288380.htm。

民眾日報編著（2008）。《點鹽成金：企業變革之道》，民眾日報出版。

吉姆‧柯林斯（Jim Collins）著，王約譯（2009）。〈小心，基業正在崩垮〉，《大師輕鬆讀》，第338期（2009/07/23-0/29），頁47-49。

吳成豐（2002）。《企業倫理的實踐》，前程企業出版，頁56-69。

約翰‧科特（John P. Kotter）、丹‧科恩（Dan S. Cohen）著，潘東傑譯（2002）。《引爆變革之心》（*The Heart of Change*），天下遠見出版。頁22。

莊素玉等著（1998）。《嚴凱泰反敗為勝》，天下雜誌，頁41。

陳明璋（2007）。《台商接班問題之突破：如何解開「富不過三代」的魔咒》，金大鼎文化出版。

廖俊貴（2012）。〈變革管理與行政個案研討〉，101年薦升簡訓練講義，國家文官學院編印。

謝爾頓（Charlotte Shelton）著，莫竹芩譯（2005）。〈不創新、毋寧死：變革才能永生〉，《能力雜誌》，第225期（2005/03），頁198。

第十章
雇主倫理

- 雇主倫理道德觀
- 勞資倫理
- 懲罰倫理
- 員工協助方案
- 杜邦的工安文化
- 川石光電補發資遣費
- 結　語

> 老一輩幹部都知道我母親（吳舜文）的理念：「要先一步替員工設想，不要等他們要的時候，才給；因為要來的飯，是不會香的。」
> ——裕隆集團董事長嚴凱泰

　　抗戰末期，戰局艱危，財政困難，中央政府發起獻金救國運動。馮玉祥將軍時為副委員長。有一次到白紗鎮師範學院演講募款，當場有人把鈔票、戒指、鋼筆等物捐出來，有一個小女生把身上穿的一件毛線衣脫下捐出。馮玉祥立刻上前阻止說：「小妹妹，妳這件毛衣，我絕不能接受，趕快把它穿上去，國家不能給妳保暖生活，已經對不起妳，假若因此再把妳凍壞了，國家就更對不起妳了，妳有這樣的愛國心已經很夠了，我這個副委員長代表國家向妳至最高的敬意，如果全國同胞都能有妳這樣的愛國心，我們的國家何至如此困苦？來！來！讓我給妳穿上吧！」小女生泣不成聲，馮將軍也流下了眼淚！只聽到全場充滿一團嗚咽哭泣之聲（李春明，2011：45）。

範例10-1

鸕鷀與漁夫

　　一群鸕鷀辛辛苦苦跟著一位漁夫十幾年，立下了汗馬功勞。不過隨著年齡的增長，腿腳不靈活，視力也模糊了，捕魚的數量越來越少。不得已，漁夫又買了幾隻小鸕鷀，經過簡單訓練，便讓新老鸕鷀一起出海捕魚。很快地，新買的鸕鷀學會了捕魚的本領，漁民很高興。

　　新來的鸕鷀很知足：只做了一點微不足道的工作，主人就對自己這麼好，於是一個個拚命地為主人工作。而那幾隻老鸕鷀就慘了，吃的住的都比新來的鸕鷀差遠了。不久，幾隻老鸕鷀瘦得皮包骨頭，奄奄一息，被主人殺掉燉了湯。

　　一日，幾隻年輕的鸕鶿突然集體罷工，一個個蜷縮在船頭，任憑漁民如何驅趕，也不肯下海捕魚。漁民抱怨說：「我待你們不刻薄呀，每天讓你們吃著鮮嫩的小魚，住著舒適的窩棚，偶爾還讓你們休息一天、半天。你們不思回報，怎麼這麼沒良心呀！」

　　一隻年輕的鸕鶿發話了：「主人呀，現在我們身強力壯，有吃有喝，但老了，還不落個像這群老鸕鶿一樣的下場？」

　　仔細想來，不是新來鸕鶿的「忘恩負義」，而是漁民的「勢利眼」，才造成「鸕鶿與漁夫」對立後果。角色互換，漁民換成「雇主」，鸕鶿換成「員工」，有怎麼樣的雇主行為，就會有怎麼樣的員工行為產生，這就是「雇主倫理」值得探討的原因。

資料來源：羅斌漢（2007），頁173。

　　王品集團的內部創業和利潤分享，的確是該集團快速成長的勝利方程式。但照顧員工福利，更是員工願意與王品共同成長的關鍵。凡是進入王品工作三個月，都可以領到一張「安心獎狀」，上面明載，不論因公或因私發生意外或病痛，工作滿一年，就可以受到王品一輩子的照顧。安心基金是來自創辦人戴勝通個人捐出的股票，每年可孳息三千二百萬元，就是讓員工可以安心在王品工作（黃昭男，2011：83）。

 ## 雇主倫理道德觀

　　1997年，《財星》（*Fortune*）雜誌開始發表「美國百大理想職場」年度排名。根據該期封面報導「為何員工喜愛這些企業」（Why Employees Love These Companies）中，該雜誌宣稱，多數大力稱讚企業的員工是根據三項企業特質對雇主評分的：第一，有強而有力、富遠見的領導者。這位領導者並且必須是一個「能夠激勵同仁全力以赴奉獻的人」；第二，雇主提供一個讓人樂在工作的實體環境；第三，雇主在規劃

員工工作內容時，會考慮到如何激勵員工實現自我，並把這一點當成可以創造深刻回饋的目標之一。文中特別提到，「高昂的士氣和出色的績效顯然是一體兩面。」（Isadore Sharp著，吳書榆譯，2009：330-332）

一、投資和聘僱

韓國總統當選人朴槿惠在2013年1月9日與工商總會企業老闆負責人座談時提到：「企業的社會責任就是投資和聘僱，國民最重要的福利則是工作。企業應創造更多就業機會給年輕人，讓他們安心工作到退休。儘管當前經濟情勢險峻，企業對裁員仍應克制。政府將盡力協助企業。」她將「溫暖的成長」列為施政優先目標，要讓經濟成長的暖流遍布社會（張佑生，2013）。

一家企業面對倫理道德時，最佳的方式就是以文字或書面文件記載重要的行為準則與標準，並向全體員工宣達，以協助管理者對企業利害關係人之利益採取適當決策。

範例10-2

聯合報團體協約優於勞工法令的條文對照表

	協約條文內容	現行勞工法令規定	說明
1	退休規定：A.工作15年以上，年滿50歲。B.工作滿20年	退休規定：A.工作15年以上，年滿55歲。B.工作滿25年（勞基法第53條）	退休年齡較勞基法提前5年，不過准駁權在資方
2	退休金年資計算不得低於73年頒布的勞基法及施行細則規定的給付標準。退休時，工作未滿半年以半年計，滿半年以一年計	勞基法未實施前，退休時工作年資未滿半年者不計（台灣省工廠工人退休規則第9條）	73年以前受僱同仁，退休年資計算不受工廠工人退休規定影響
3	配偶生產，男性同仁得請3天有給陪產假	91年1月16日頒布的兩性工作平等法，只給2天有給陪產假（兩平法第15條）	較法令規定提早6年實施，且是3天有給假 備註：《性別工作平等法》已修改陪產假3日。

	協約條文內容	現行勞工法令規定	說明
4	女性同仁如有安胎必要，得專案請求辦理留職停薪	無	創安胎假先例
5	勞動節、春節、農曆除夕等，當日例假上班者，工資加倍發給外，再增付一日工資	勞動節、春節、農曆除夕等，當日例假上班者，工資加倍發給（勞基法第39條）	勞動節等例假上班，優於勞基法，有2天加班費
6	普通傷病，住院病假在90天以內，給全薪	普通傷病假1年內未超過30天，工資折半發給，如領有勞保普通傷病給付，雇主可抵充（勞工請假規則第4條）	住院普通傷病假，只要在90天以內，勞保給付部分不抵充
7	同仁因公死亡、殘廢、傷害或疾病時，勞保、勞基法及其他保險費用都應領取，不予抵充	勞基法規定，因公死亡、傷殘時，勞保、勞基法及其他保險費用，雇主支付費用可相互抵充（勞基法第59、60條）	如某甲月薪6萬元，因公死亡，應支付給270萬元死亡賠償。這270萬元可由勞保或其他保險賠償金中抵充。但聯合報同仁，不幸發生事故時，團保、勞保、勞基三者均可全拿，不得抵充
8	雇主停業或部分歇業時，同仁工資、資遣費、退休金有最優先清債權。如因故延遲，應給付年利率5%的利息	雇主歇業、清算或破產時，積欠工資未滿6個月部分，有最優先清償權（勞基法第28條）	強化資遣及退休保障
9	同仁在所屬關係企業內調聘時，各企業間的工作年資應合併計算	事業單位改組、轉讓，留用員工工作年資，應由新雇主繼續承認（勞基法20條）	優於勞基法規定
10	工會開代表大會（2天）、臨時代表大會（1天）為原則。這二項會議不須經甲方同意	未明白規定	
11	理事長與總幹事均為報系員工專職駐會	並未明訂	

資料來源：徐國淦（2011），頁12。

二、倫理道德觀

基本上，公司的倫理道德觀規範或守則，係依據下列三種倫理道德觀之理論而來。

(一)正義的道德觀（ethics view of justice）

它乃指管理者在做決策時，要基於誠實無偏見及一致性，即以公平為原則，使每位成員均不偏不移地分享和承擔利害結果。例如：同工應同酬，主管不能給予其較為偏好的員工較多的薪水。

(二)權利的道德觀（ethics view of rights）

它乃是指要尊重及保護員工個人的自由與權利，包括個人隱私權、生命安全、言論自由等。例如：對員工的安全與健康造成重大傷害的決策是不道德的；不分緣由隨意解聘一個員工也是不道德的。

範例10-3

2度調動拒付薪　名店判賠

女子柳○蘭與美容護膚連鎖店佐登妮絲簽下培訓協議，願在受訓後無條件接受安排工作三年，不料奉派工作半年多，就因替客人按摩美容出現手腕隧道症候群等職災傷害，她無奈常請假，反被公司2度調到其他分店，憤而拒絕配合到班，公司以她曠職拒付薪資，柳女提告，台中地院判公司應付她薪資十七萬餘元。

住桃園的柳女三年前先被分發到蘆竹店擔任美容師，七個月後就因手傷請假，後來被調到福德店才四天又發病請假，再被調到新北市新泰店。法官認為公司的調動不符合《勞基法》調動原則中的「基於企業經營所必要」，判公司敗訴。

資料來源：鄧玉瑩（2012）。〈2度調動拒付薪　名店判賠〉，《爽報》（2012/11/29）。

(三)功利的道德觀（ethics view of utilitarianism）

它乃指管理者的決策要以大多數人的利益為原則，當有不同利益團體發生衝突時，要選擇對大多數最有利的行動決策。例如：公司採行管理作業電腦化，對少數不會或不喜歡電腦的人確實造成不便，但對大多數人的管理工作或行政作業則可以減少錯誤及提升效率，所以，公司仍應採行管理作業電腦化。

以上三種倫理道德觀具有不可或缺的關係存在，企業在管理上，這三者都必須加以重視，因為倫理道德有時要斷然取捨是有困難的。就管理上而言，一個合於倫理道德的決策是以利害關係人、企業及整個社會福祉為考量，而不合乎倫理道德的決策，則是隱瞞或假造事蹟眞相，讓少數個人或企業獲利，而使他人或整個社會遭受損失（李正綱、陳基旭、張盛華著，2007：67-68）。

範例10-4

5家客運司機超時挨罰　統聯最重

新北市勞工局公布2012年國道客運及遊覽車業勞動檢查結果，共有七家客運業者違規，其中以司機超時工作、連續出勤的情形最嚴重；統聯客運因累犯，單次被罰三十萬元最重，其他上榜業者包括首都、國光等。

勞工局局長謝政達表示，近來發生多起客運及遊覽車事故，多半與司機疲勞駕駛有關。春節輸運高峰將屆，呼籲客運業者保障司機和乘客的權益，確實改善，日後還會不定期複查，如果再違規將加重處罰。這項檢查2012年第三季執行至2013年1月，共檢查三十七家國道客運及遊覽車業者，七家違規業者有五家出現「超時工作」、「連續出勤」情形，包括統聯、國光、福和、台北客運和指南客運；未依法給司機加班費的二家。

　　謝政達說，依《勞基法》規定，客運司機正常工時為八小時，得延長工時四小時，每天最長工時以十二小時為限；統聯因連續五次被查獲司機超時工作，不斷被加重處罰，本月處罰最重的三十萬元，累計罰款達四十七萬元。根據統聯班表及行車記錄器紀錄顯示，常有司機工作十三、十四小時，顯示該公司司機略有不足，靠現有人力增加工時應付。

　　勞工局也發現統聯未依《勞基法》規定，讓司機每工作七天有一天例假日休息，竟有司機連續十三天沒休假。《勞基法》規定除非天災等例外情形，否則即使司機同意加班領加班費，業者也不能同意超過七天不休假。

　　向來被視為客運模範生的首都客運，也因司機請假扣薪，以致月薪未達基本工資被罰。首都以司機請事病假、出勤天數不足理由扣薪，但《勞基法》規定勞工全年請病假未超過三十天，病假只能扣半薪。

資料來源：鄭朝陽（2013）。

勞資倫理

　　勞資關係，係指員工與雇主之間的關係。基本上，雇主應照顧員工，員工應對企業忠心，共同為企業的目標努力。《憲法》第154條明訂：「勞資雙方應本協調合作原則，發展生產事業。」根據《憲法》精神，勞資合作應是一項重要的指導原則。有良好的勞資關係，勞資雙方才能避免摩擦，而將對立關係轉為合作，才能兼顧生產力之提升與社會利益分配之公正性。

拒當出氣筒　判決為小員工出氣

　　高雄市一名陳姓雇主不滿員工工作表現，當眾責罵「廢物」，在討論離職給付時，又大罵「不仁不義」，兩名被罵員工不堪受辱提告，法院依公然侮辱罪判陳姓雇主拘役六十天，可易科罰金。法官認為，縱使員工表現不如預期，雇主也不應恣意謾罵。

　　高雄地方法院莊姓女法官在判決書中，針對國內職場上常出現上司拿下屬當出氣筒的現象，表達不滿。她指出，不論公私部門，上司侮罵下屬的狀況並非罕見，居弱勢的下屬，縱使心生畏懼，往往只能忍氣吞聲。

　　判決指出，經營資訊工作室的陳姓男子，2011年10月因王姓與吳姓兩名員工找不出顧客先前送修的iPod touch 4，讓前來工作室取貨的顧客久候，陳姓雇主不顧當時還在營業、有他人在場，以「一群廢物」大聲辱罵王、吳兩人。

　　王、吳兩人後來離職，2011年11月18日晚間，一同回工作室向陳追討任職期間最後一個月薪資，雙方在工作室外騎樓談判。陳姓雇主不滿王服務未滿半年即離職，在談判過程中連續以「沒有仁義」、「不仁不義」辱罵王男六次。經王錄音存證，對陳姓雇主提出告訴。

　　陳姓雇主辯稱，他一時被激怒，因氣憤不慎口出激烈言詞，並非故意辱罵王、吳兩人。法官認為，廢物有毫無作用、毫無價值等重大鄙視意思；沒有仁義、不仁不義寓含品性卑劣、殘忍的輕侮意味，均足使受責罵的人在精神上、心理上感覺難堪，並有貶抑名譽、人格及社會評價意味。

　　王姓男子另請求精神慰撫金，獲民事庭法官判決六萬元賠償。

資料來源：曹敏吉（2012）。

一、人力資本的面向

人力資本（human capital），係指人們利用教育與職業訓練來為自己做投資，以增加自己的能力與累積更多財富。在知識經濟的時代，組織的基礎不在於金錢、資產或是科技，而是在於它所擁有的人力資本，以及知識。

在人力資本發展過程中，員工需要不斷地增加自己的新知識及新技術，以提升自己的人力資本，而企業應提供下列四種環境來提升員工的人力資本。

1. 內在的滿足：提供有趣、挑戰與創造性的工作項目。
2. 成長的機會：輪調、升遷制度的建立、正規的進修機會及非正規的在職訓練與自我學習機會。
3. 報酬的激勵：考績獎勵與福利制度。
4. 肯定與讚賞：主管的肯定、同儕的肯定與尊敬，以及社會的讚賞。

人才是企業未來致勝的關鍵。要留住人才不能只靠高薪，雇主也要提供一個明朗而愉快的工作環境，同時也要給他們獨當一面的機會及成長的空間。成就感是留住人才的關鍵。

二、人力資本管理

人力是一項資產，而不僅是成本，組織能持續發展，人力資本管理至為重要。人力資本管理可就下列人力五大成本予以管理，並轉化為資本。

1. 員工優劣、態度、知能關係企業發展，故進用時應審慎，投入甄選成本，以取得符合企業所需人力。例如，對員工百分之百信賴的安泰人壽，即使用公費送員工去國外念碩、博士，也不需要簽約保證回安泰工作。安泰前總經理潘燊昌說：「如果我都已經這樣對他了，他還要走，那我不是更應該檢討自己嗎？」（天下雜誌編，2000：161）

範例10-6

員工持股信託企業創雙贏

近年來國內服務業股票紛紛上市上櫃，不少股價穩定的企業集團，包括統一超商、晶華酒店、國賓飯店、信義房屋等業者，都有員工持股信託福利，補貼員工買自家股票，可鞏固經營權也幫助員工理財。

統一超商十多年前創立「福儲信託制度」，鼓勵企業員工與加盟主每月定期定額購入自家股票。自願參加的員工拿出本俸6%，公司再補貼30%，也就是說，每位加入的員工每月以本俸7.8%買自家股票。目前有65%員工參加，累計投入逾二十億元，持有統一超股分達2%，最近就有資深員工，退休時多了近三百萬退休金。

房仲業中唯一股票上市的信義房屋，也採取員工持股信託方式，員工每月可選擇從本俸提撥一千至一萬元購買自家股票。提撥一千元公司補助五百元、二千元補助六百元，三千至一萬元，則補助七百元。從1999年開辦至今，總計有43%員工加入，已成為許多年輕員工存第一桶金、資深員工儲蓄退休金的理財管道。

晶華酒店只要是工作滿一年的員工，按不同職級，每月從薪水提撥一千五百至八千元不等，公司相對提撥20%，讓員工購買自家股票，目前已有約三百名員工加入持股信託制度。加入員工持股信託制度已十年的晶華酒店行銷公關部副總張筠說，目前她每月從薪水提撥六千元，加上公司補助金額總計七千二百元。

國賓飯店員工只要任職滿一年，就可按職級每月提撥二千到二萬元購買自家股票，國賓則相對補助員工30%金額。國賓飯店財務部副總陳榮輝表示，他每月扣二萬元，公司補助六千元，現在他有約八十張國賓股票。

資料來源：羅介妤（2012）。

範例10-7

企業永續經營關鍵投資員工

企業名稱	做法
台灣英特爾	台灣的週休二日，取消掉許多只紀念不放假的國定假日。英特爾選擇通通都放假，比行政院人事行政局宣布的假期還要多十多天。放不完的休假可以存放在員工的假期銀行裡，日後一次性放長假。
賽仕電腦軟體公司（SAS）	2012年賽仕全球高階主管到美國北卡羅萊納州總部開會，天氣惡劣，往紐約的班機全部停飛，急著回歐洲過聖誕節的主管打電話給執行長古德奈（James Goodnight）請他想辦法。古德奈大方出讓私人飛機，把這群主管安全送到紐約。
誠閱創建公司	員工只要服務滿一年，生小孩有新台幣兩萬元獎勵金；坐月子期間十萬元；滿月後保母費每月補助一萬五千元，一直補助到小孩兩歲；小孩五歲前，每月還有三千元的育兒津貼。
第一金控	第一金控提供比一般《勞動基準法》多出將近一倍的婚假與育嬰假。新手爸爸媽媽可以留職停薪，專心育兒，無須擔憂能否重返職場。
星巴克	星巴克為吸引認同星巴克文化的人才，除了薪資、保險、股票認購外，還提供員工遇到緊急事故時的財務支援，甚至還為員工提供托兒、老人照護的支援系統。
台灣大哥大	讓員工清楚知道公司的發展方向，讓他們可以跟著公司轉型。
BMW汽車	BMW不只是把員工滿意度調查的結果披露在《永續價值報告書》上，說明員工究竟滿意什麼同時把員工認為公司待改進之處：釐清績效權責、決策過程以及鼓勵不同意見、創新的企業文化等「不滿意」處，照樣披露出來。
王品	每年過年前，忙碌的事業處一級主管，會花兩至三週時間，至各地拜訪店長、主廚家人，感謝他們對公司的付出，也讓家人瞭解公司的發展。
東元電機	東元的員工之所以感到幸福，簡單的理由，就是認為自己受到主管的尊重與重用。

資料來源：黃昭勇、吳挺峰、周原（2012），頁56-78；整理：丁志達。

2.員工薪資只是人力成本結構的一部分，企業還必須提供這些員工額外的維護費用，例如：法定的勞健保費提撥、退休金提繳、投保私人團體保險等。

3.企業一旦取得了人力，除給予必要的維護並持續發展最適人力外，亦宜顧及員工本身心態。如果他覺得自己對公司付出的貢獻大於公司給他的貢獻，他會產生兩種想法：繼續留在公司但保留實力只做出他認為該做的事，否則提出辭呈轉投效願意提供更高報酬的競爭公司。因此，當員工努力貢獻能力已達成企業經營目標時，公司應將達成目標的成果適度回饋給績優員工，才能再激發員工做更多貢獻，這是激勵成本。

4.在追求目標的過程中，面對競爭激烈的產業環境，挑戰愈來愈嚴苛，員工必須學習更多的知識與技能，才能面對詭譎多變的環境，故員工的知識與技能必須不斷的更新、灌輸與加強，這是人力發展成本（包含常見的教育訓練）。

5.當員工具一定年資申請退休或公司強制員工離退（資遣），均須依法給與離退金（資遣費），此成本即為離退成本。

人力資本須全方位考量，先從選才著手，對於選才須對質、量、價值觀等均須綜合考量，除取得優勢先機外，更須顧及發展空間；適才適所提升組織生產力及發展能力；激勵士氣俾能使員工勝任愉快，勇於任事，確保延續競爭力；獎賞公平、管理發展維持高承諾，讓企業保持進步原動力，此皆是人力資本之所在（曾見占、孫振益，2004：74-78）（**表10-1**）。

表10-1　企業員工幸福指數調查問卷

基本信息		姓名：　　　　　　年齡：　　　　　　性別： 入職時間：　　　　目前工作崗位：	
1.幸福指標有哪幾項？僅選5項：（　　　　　） 　A.收入逐步增長　　B.有展示才能平台　　C.成長渠道暢通　　D.團隊氛圍好 　E.組織旅遊　　　　F.夫妻同城　　　　　G.子女教育　　　　H.每年能參加業務培訓 　I.有自有住房　　　J.企業歸屬感　　　　K.落實帶薪休假　　L.本人及家人身心健康			
2.您認為影響本人發展最主要的因素是：（　　　　　） 　A.能力　　B.機遇　　C.晉升通道　　D.其他因素			

（續）表10-1　企業員工幸福指數調查問卷

3.您認為最能體現職業（崗位）價值的是：（　　　　　）   　A.薪酬　　　B.個人發展空間　　　C.領導的認同　　　D.其他
4.激發您工作積極性的最重要因素是：（　　　　　）   　A.工資待遇　　　B.崗位吸引　　　C.工作氛圍　　　D.生存需要
5.您認為您的付出與企業給您的報酬：（　　　　　）   　A.匹配　　　B.比較匹配　　　C.不匹配
6.您認為職工訴求渠道是否暢通：（　　　　）   　A.暢通　　　B.比較暢通　　　C.不暢通
7.您是否休了年假：（　　　　　）   　A.休了　　　B.只休了部分　　　C.未休，原因：
8.您每天的工作時間：（　　　　　）   　A.8小時以內　　　B.8～12小時　　　C.更長
9.您是否認同老板／主管作風／企業文化：（　　　　　）   　A.認同　　　B.比較認同　　　C.不認同，原因：
10.您認為公司的升遷制度明顯嗎？（　　　　　）   　A.明顯　　　B.一般　　　C.不明顯
11.如果幸福指數滿分是100分，您對自己的幸福滿意度評分是幾分？
12.除上述外，您認為影響員工幸福指數的因素還有哪些？對提升「員工幸福指數」有哪些建議？

資料來源：孔祥民（2012），頁66。

懲罰倫理

　　傑克・威爾許在他的回憶錄中，坦承自己做過許多錯誤決策，但犯錯時，他會勇於承認：「這是我的錯。」他自省為何犯錯，傾聽別人的意見，然後找尋更多資料，以瞭解實際狀況（EMBA世界經理文摘編輯部，2002：頁114）。

　　員工紀律在促進員工遵守公司規章、工作程序和上級命令，以確保工作績效。

　　員工紀律包括下列幾點：

　　1.工作規範的建立：它包括員工行為應該與不應該兩部分。

2.規範的溝通：它不僅指員工對公司規章的瞭解，也在加強員工服從公司規章的意願。

3.評核機能的建立：它包括公司整體管理體制。大部分公司都有績效評估制度，以瞭解員工工作缺失情形。至於違反規章的行為，則需平常監督和觀察才能防止。

4.獎懲措施：它包括申訴程序，其目的在杜絕不當行為，進而轉化阻力為助力。

《與成功有約》（*The 7 Habits of Highly Effective People*）的作者史蒂芬‧理查茲‧柯維（Stephen Richards Covey）述說一件往事，闡明坦承錯誤的重要性：柯維需要人安排一次重要的會議，他選擇一個新手，結果把事情給搞砸了。但這位員工承認錯誤並發誓，如果再給他一次機會，一定會有大幅度的進步。柯維強調說，自己向來欣賞有擔當承認錯誤的人，這也左右了他的決定，因而讓這位員工再試一次。柯維有感而發：「如果他第一次就做對，我對他人格的評價可能還不會這麼高呢！」（Kevin T. Jackson著，洪鑫譯，2006：187-188）

一、懲罰員工的智慧

懲罰需要一點智慧。懲罰是把雙刃劍，是一種危險的高難度的管理技巧，弄不好會傷人，必須因人而異，適度懲罰。

美國考皮爾公司前總裁比倫提出的「比倫定律」（Babylon's Law）主張：「若是你在一年中不曾有過失敗的記載，你就未曾勇於嘗試各種應該把握的機會。」這個定律後來被心理學家引申為，無論是誰做什麼工作，都是在嘗試錯誤中學會進步的，經歷的錯誤越多，人越能進步，這是因為他能從中學到許多經驗，也就是說，失敗也是一種機會。害怕失敗，等於拒絕成功。寶僑公司有這樣一個規定，如果員工三個月沒有犯錯誤，就會被視為不合格員工。寶僑公司前董事長約翰‧派波（John Pepper）詮釋這項規定並解釋說：「員工三個月沒有犯錯誤，那說明他什麼也沒做。」

資遣孕婦罰10萬　業者「不友善」敗訴

新北市一家鍋具公司2012年資遣一名懷孕的會計助理，遭市府以不當解僱罰10萬元，業者不服而提行政訴訟。新北地院法官認為業者資遣女助理後還補進新員工，顯無財務緊縮等正當理由，因此判業者敗訴。

據查，劉姓女會計助理2012年4月初告訴公司經理她已懷孕，一個多月後，公司以財務緊縮為由資遣她。但該公司在資遣劉女後，仍在人力銀行徵人。

劉女認為公司歧視孕婦而向新北市勞工局申訴，市府勞工局依違反《性別工作平等法》處罰業者10萬元。業者不服而提行政訴訟。

業者主張，的確是因財務緊縮而資遣劉女；後來在人力銀行所徵的會計與劉女的工作性質不同。該公司的台中廠也有懷孕的女員工，未被資遣，證明並未歧視孕婦。

市府勞工局答辯，業者資遣劉女前，其他部門仍正常運作且有職缺，卻未評估劉女是否能勝任或詢問轉調他職就資遣；而台中廠懷孕女員工未被資遣，不能證明業者未歧視劉女。

法官認為，業者以財務緊縮為由資遣劉女，卻陸續補進新員工，顯示業者並非因為財務緊縮等正當理由資遣劉女。且業者未依法在10日前預告資遣劉女，也未給付預告期間工資，可見對懷孕的劉女有不友善的差別待遇，因此駁回業者之訴。

資料來源：饒磐安（2013）。〈資遣孕婦罰10萬　業者「不友善」敗訴〉，《聯合報》（2013/06/14），新北市／運動B版。

二、重用取代處罰

　　IBM曾經有一位高階負責人，由於工作嚴重失誤造成了千萬美元的損失，他為此相當緊張，以為要被開除、承擔損失或是至少受到重大處分。後來，董事長把他叫去，通知他調任，而且還升職。他驚訝地問董事長為什麼沒有把他開除，得到的回答卻是：「要是我開除你，那又何必在你身上花千萬美元的學費？」所以，彼得・杜拉克說：「無論是誰，做什麼事，都是在嘗試錯誤中學會的，經歷的錯誤越多，人越能進步，這是因為他能從中學到許多經驗；沒有犯過錯誤的人，絕不能將他升為主管。」（于泳泓，2011：27）

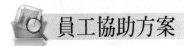

員工協助方案

　　跳樓、過勞猝死、裁員抗議的事件頻傳，敏銳的雇主警覺到，員工心理、生活的問題，將是決定企業發展的關鍵。

範例10-9

自殺的富士康工人名冊

2010年1月到8月富士康自殺工人基本資料

	姓名	性別	年齡	籍貫	廠區	自殺時間	備註
1	榮波	男	19	河北	廊坊	2010.1.08	從八樓跳下
2	馬向前＊	男	19	河南	觀瀾	2010.1.23	從樓上跳下
3	李（姓氏）	男	20多歲	河南	龍華	2010.3.11	從五樓跳下
4	田玉#	女	17	湖北	龍華	2010.3.17	從四樓跳下
5	李偉	男	23	河北	廊坊	2010.3.23	從五樓跳下
6	劉志軍	男	23	湖南	龍華	2010.3.29	從十四樓跳下
7	饒淑琴#	女	18	江西	觀瀾	2010.4.6	從七樓跳下
8	寧（姓氏）	女	18	雲南	觀瀾	2010.4.7	從樓上跳下

	姓名	性別	年齡	籍貫	廠區	自殺時間	備註
9	盧新	男	24	湖南	龍華	2010.5.6	從六樓跳下
10	祝晨明	女	24	河南	龍華	2010.5.11	從九樓跳下
11	梁超	男	21	安徽	龍華	2010.5.14	從七樓跳下
12	南鋼	男	21	湖北	龍華	2010.5.21	從四樓跳下
13	李海	男	19	湖南	觀瀾	2010.5.25	從四樓跳下
14	何（姓氏）	男	23	甘肅	龍華	2010.5.26	從七樓跳下
15	陳（姓氏）#	男	25	湖南	龍華	2010.5.27	跳樓被制止後，割腕自殺
16	劉（姓氏）	男	18	河北	南海	2010.7.20	從樓上跳下
17	劉明	女	23	江蘇	昆山	2010.8.23	從三樓跳下

＊由於榮波之死未引起公眾的注意，媒體把馬向前的死稱為富士康深圳園區從 2010年1月以來發生的十三連跳中的「第一跳」。

＃獲救的倖存者。

資料來源：潘毅、盧暉臨、郭于華、沈原主編（2011）。〈附錄二〉，《富士康輝煌背後的連環跳》，商務印書館出版。

員工協助方案（Employee Assistance Programs, EAPs）是企業透過系統化的專業服務、規劃方案與提供資源，以預防及解決可能導致員工工作生產力下降的組織與個人議題，使員工能以健康的身心投入工作，讓企業提升競爭力，塑造勞資雙贏（**圖10-1**）。

一、員工協助方案起源與定義

有別於一般的福利，員工協助方案的基本精神，強調的是「解決個人問題」。主要目的在於員工問題發生的初期，就能藉由員工的自我求助、公司同事／主管／相關部門的推薦，讓適當的專業資源協助員工解決問題，降低對於員工個人生活及工作的影響，讓員工能恢復、維持提升其生產力，避免因個人因素而使得生產力下降，影響個人與組織整體績效。例如，921大地震，統一超商（7-Eleven）花了近新台幣六千萬元安置，並補償災區的員工及眷屬，讓他們感覺溫暖，與這個公司有一家人的感覺（天下雜誌編，2000：51）。

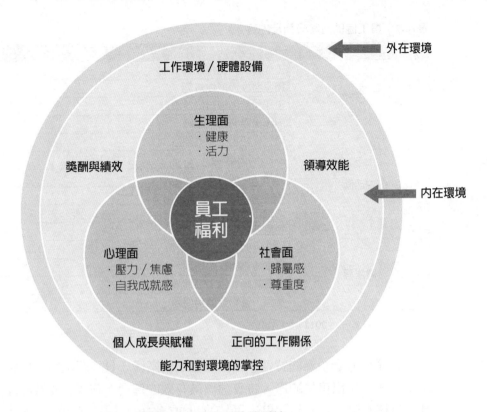

外在環境

工作環境／硬體設備

生理面
・健康
・活力

獎酬與績效

領導效能

內在環境

員工
福利

心理面
・壓力／焦慮
・自我成就感

社會面
・歸屬感
・尊重度

個人成長與賦權

正向的工作關係

能力和對環境的掌控

圖10-1　員工福祉生態系統

資料來源：韜睿惠悅全球調查研究／引自：呂玉娟（2012），頁22。

二、員工協助方案的需求內涵

近年來，員工協助方案趨向爲一整合性計畫，在個人層面，藉由專業顧問，協助員工找出影響個人工作表現的健康、婚姻、心理、家庭、財務、法律、情緒、壓力、酒毒癮等議題；在組織層面，則是解決會影響生產力的議題（**表10-2**）。

表10-2 員工協助方案分類及內容

分類	內容
工作面	工作轉換與工作調適
	職涯發展與退休規劃
	工作設計與教育成長設計
	內部溝通與管理諮詢
生活面	育兒、托老等家庭照護
	兩性與婚姻問題
	稅務、車禍糾紛法律諮詢
	保險投資規劃
	運動休閒娛樂
	急難救助等生活協助
健康面	工作壓力管理
	健康檢查與疾病管理
	憂鬱焦慮等個人心理問題
	毒品、藥物與酒精問題

資料來源：韓志翔（2012），頁30。

　　企業要考慮企業的特性、企業的發展的階段、員工組成等，做需求瞭解分析，排出優先順序，將資源做最有效的運用。在以「支持心理健康」為核心精神下，現今美國「員工協助方案」的需求內涵有：

1.酗酒及物質濫用。
2.職場心衛健康。
3.資訊技術應用。
4.自殺防治。
5.職場暴力。
6.退伍軍人工作適應。
7.創傷事件輔導／911事件。
8.家庭親職工作。
9.專業服務倫理與多元文化。

　　台灣推動員工協助方案的歷史，最早可回溯至早期「工廠輔導」的計畫，是政府當時為了協助農村青年解決進入都市工作後的社會適應問

題，後續的發展受到歐美工業社會工作的影響，對於「協助勞工更順利適應職場環境」，在不同時期，有著不同發展的特色重點（張壹鳳、陳慧玲，2012）。

三、台北捷運協談機制

台北大眾捷運公司（簡稱台北捷運）針對長年大夜班的新進員工，提供客製化課程，如晚上十點上班，上午六點下班的軌道維修人員，可以透過協談室編寫的手冊和舉辦的經驗分享等，學習調整睡眠習慣、正常飲食，及為維繫家人朋友關係的方法。

四、危機事故心理建設

台北捷運為了協助遭遇跳軌自殺意外的司機與站務人員平復心理創傷與回歸工作崗位，公司會在新人訓練時開設兩小時的「危機事故心理建設」；意外真的發生時，行控中心立刻啟動危機處理，包括指派代理司機、通知維護人員，同時用手機通知協談師和法務人員到現場陪伴員工等；在三天的公假後，員工也要接受後續心理與工作輔導。因為配套完整，員工從意外創傷中恢復的時間，從第一起意外的半年，到現在平均只要二到四星期。

五、高關懷的員工辨識技巧

台北捷運每年都為主管開設「高關懷的員工辨識技巧」課程，協助主管學習觀察員工從外表儀態的改變、行為的異常、出缺勤狀況、整體工作效能等防範未然，讓主管成為察覺與預防問題的種子。

過去台灣發生幾次風災，台北捷運的人力處在電腦內跑一遍資料庫，調出家鄉在災區的員工名單通知主管，單位內有這樣的部屬，讓主管能都體諒員工可能的頻繁休假或給予關心（謝明玲，2012：142-144）。

在面對高壓生活帶來的員工心理問題，企業是可以透過大環境與制度打造與員工的雙贏局面。

杜邦的工安文化

　　杜邦公司，兩百多年前從製造炸藥起家，因為產業的高風險性使然，如果不講究安全，根本做不了生意。但讓杜邦看重安全的另一關鍵原因是「員工」的工作安全。

　　在杜邦，「員工安全」不是掛在嘴邊的口號，也不是無聊的例行公事，而是內化到人心的文化，成為工安的典範。台灣桃園廠三十年來沒有一位員工因為工作受傷而停止上班。根據杜邦統計，在杜邦的工作環境比在家裡安全十九倍。

一、小心慢行

　　從事化學材料製造的杜邦工廠明文規定，只要員工嗅到異樣的化學藥品味，認為可能危害人體健康時，要馬上離開，不管這樣做是否會造成公司的財務損失。

範例10-10

杜邦十大安全信條

1. 一切事故都可以防治。
2. 管理層要抓安全工作，同時對安全負有責任。
3. 所有危害因素都可以控制。
4. 安全地工作是僱用的一個條件。
5. 所有員工都必須經過安全培訓。
6. 管理層必須進行安全檢查。
7. 所有不良因素都必須馬上糾正。
8. 工作之外的安全也很重要。
9. 良好的安全創造良好的業務。
10. 員工是安全工作的關鍵。

資料來源：徐俊（2010），頁12-13。

安全，對台灣杜邦來說，幾乎已經是企業發展的最高指導原則。無論是員工或外人，只要進到杜邦公司，都會受到妥善的安全保護。踏進杜邦的辦公室，在入口高起的地面上，就貼有反光止滑帶提醒來客小心慢行。往前走幾步，白牆上貼著該棟大樓的逃生圖，地震如果來了，要躲哪幾根柱子下才安全，都寫得清清楚楚。為了不讓員工不慎被刺傷，每位員工桌上的筆筒裡的筆尖一律朝下；一張桌子的桌角都是圓滑的，公司怕員工被尖銳的桌角刮傷，特意不購買有稜角的桌子；地上每一條電線規規矩矩地收納在壓線盒裡；椅子靠背不准放衣服，所以辦公室裡還有衣櫃。

二、「防禦性駕駛」訓練

杜邦為了要落實「安全第一」的企業文化，最關鍵的是杜邦讓安全成為員工績效指標之一，即使是最高主管，不管業績多麼顯赫，他只要開車不小心出車禍，年度考績就降一等。

杜邦業務部門配有公務車，所以杜邦的員工開公務車，不管是哪個層級，每年都會要求至少一次到新竹駕駛訓練中心接受「防禦性駕駛」訓練。因為開車有時候不是你的問題，而是別人會開車來撞你，這時候你可以怎麼預防？對杜邦來說，重視安全是對員工的承諾，這不是成本而是積極的投資。這些投資，不只投資現在，更是投資未來（吳昭怡，2007：154-156）。

杜邦總公司自1803年創立以來，已經歷了兩個世紀，至今在全球的化學材料業仍有強勁的競爭力。兩百年企業的最大核心競爭力，也許就是從關懷員工的小地方做起的（天下雜誌編輯部，2000：162-167）。

川石光電補發資遣費

2009年，因為工廠倒閉而積欠員工資遣費的川石公司負責人葉昭欽，在遠赴大陸發展，並處分個人資產後，兩年後委由在台親屬發放這筆欠款，有員工一口氣領到五十餘萬，開心地笑說：「太意外了，這是天上掉下來的禮物！」也為這起喧擾一時的勞資糾紛，畫上圓滿句點。

一、川石光電公司無預警停工事件

　　位於彰化縣田中鎮的川石光電科技公司，有近三十年歷史，原本是以印刷電路板起家，後來跨足光源市場，因技術優良，屢獲飛利浦（PHILIPS）、日立（HITACHI）等大廠的代工訂單，成國內省電燈泡的第一大廠。

　　不料2009年6月中旬無預警停工，所有員工一夕失業。當時資方未能給付一個月的預告工資和資遣費，員工找上民意代表陳情，數度與資方協商，都因談不攏而破局，員工也曾拉白布條抗議，最後還告上法院。

　　川石光電負責人葉昭欽的兒子葉琮凱指出，當初公司因投資不當，加上金融海嘯衝擊而跳票，公司雖然倒閉，但並未積欠工資，只是後期發生虧損時，公司提撥的退休準備金不足，短少約一千六百萬，當時父親即承諾，給他一點時間，一定會補足差額。

二、倒閉兩年後回來發放資遣費

　　如今葉昭欽履行對員工的承諾，委由兒子與弟弟出面，在律師的見證下，與員工取得和解，一百六十一名員工，2011年8月28日全部親自出席領取這筆遲來的資遣費，總計新台幣三千八百餘萬元；由於金額龐大，田中警分局還派出大批警力到場維護秩序。

　　有位出任務的員警一聽到是倒閉的老闆回來發放欠款，不敢置信的說：「怎麼可能？老闆落跑的多得是，都已經過了兩年了還回來還錢？」來領錢的員工歡天喜地，有的早已另謀高就，看到以前的老同事，個個有錢領，更是笑開懷。

　　一名程姓老員工說，前老闆對員工非常照顧，當初他就相信不是惡性倒閉，如今回來還錢，錢雖不多，但證明自己沒有看錯人，讓他特別開心。

三、厚道老闆讓員工感念

　　鄭小姐則是高中畢業就進入川石光電擔任作業員，一做十二年，2009年6月公司突然倒閉，她無法相信「怎麼會這樣？」，這段期間，雖然曾到另一家公司上班，但待遇、福利，完全不能跟原公司比，實在很懷念，如今領到二十多萬，又回川石集團的另一家公司上班，感覺自己太幸運了（洪璧珍，2011）。

　　《天下雜誌》2008年的調查發現，企業老闆最在意的是人品，不是專業知識。做生意不管在世界的哪一個角落，都是要重誠信才會成功。在一個老闆落跑是常態的社會裡，依約兌現他的承諾非常了不起，連主持秩序的警員都覺得怎麼可能，可是這才是真正的做生意之道。誠信，使他重新贏回鄉親與世人對他的尊敬（洪蘭，2011：30）。

 **結　語**

　　企業倫理與企業形象牢不可分。良好的「企業倫理」，是靠日積月累、努力不懈而得來的口碑與商譽，它也反映出公司領導人對法令規定、商品品質、售後服務、技術創新、員工平等、生產方法、環境影響、社會參與等多方面的重視與遵守。

　　《論語‧顏淵篇第十二》說：「君子之德風，小人之德草，草上之風，必偃。」執行者的德行像風，部屬的德行像草。草上有風吹，一定隨風倒。所以，俗話說：「上樑不正下樑歪」，只有雇主重視倫理道德，企業倫理才能建立。

參考書目

EMBA世界經理文摘編輯部（2002）。〈企業成敗的關鍵在執行〉，《EMBA世界經理文摘》，192期（2002/08），頁114。

于泳泓（2011）。〈懲罰需要智慧〉，《會計研究月刊》，第312期（2011/11），頁27。

天下雜誌編輯部（2000）。《他們怎麼贏的——標竿企業風雲錄》，天下雜誌出版，頁51、161。

孔祥民（2012）。〈員工幸福藏在哪裡？〉，《人力資源》，總第348期（2012/10），頁66。

伊薩多・夏普（Isadore Sharp）著，吳書榆譯（2009）。《金色團隊：從泥水匠之子，到四季飯店集團大亨之路》，三采文化出版，頁330-332。

吳昭怡（2007）。〈台灣杜邦：工安第一的百年企業〉，《天下雜誌》，第367期（2007/03/14-03/27），頁154-156。

呂玉娟（2012）。〈溝通、宣導、追蹤、檢視：員工協助方案推動4部曲〉，《能力雜誌》，總號第680期（2012/10），頁22。

李正綱、陳基旭、張盛華著（2007）。《現代企業管理：理論與實務導向》，智勝文化事業出版，頁67-68。

李春明（2011）。《春明回憶錄》，自印，頁45。

洪璧珍（2011）。〈倒閉2年 實踐諾言 老闆還清資遣費3800萬〉，《中國時報》（2011/08/29）。

洪蘭（2011）。〈「厚道」是愚蠢的事？〉，《天下雜誌》，481期（2011/09/21-10/04），頁30。

徐俊（2010）。〈尋找安全管理的終極目標〉，《人力資源》，總第324期（2010/10），頁12-13。

徐國淦（2011）。〈勞資團體協約的具體實踐——面對企業變革，工會應有的態度與因應：聯合報系列為例〉，《新北市勞工秋季號》（2011），頁12。

張佑生（2013）。〈溫暖的成長有感〉，《聯合報》（2013/01/11），A27民意論壇。

張壹鳳、陳慧玲（2012）。〈出席美國員工協助專業協會年會報告〉，公務出國報告資訊網，網址：http://report.nat.gov.tw/ReportFront/report_detail.

jspx?sysId=C10100326。

曹敏吉（2012）。〈拒當出氣筒　判決爲小員工出氣〉，《聯合報》（2012/12/25），A12社會版。

凱文・捷克森（Kevin T. Jackson）著，洪鑫譯（2006）。《聲譽是資本！》（*Building Reputational Capital*），日月文化出版，頁187-188。

曾見占、孫振益（2004）。〈發展卓越表現——人力資本的角色〉，中華民國訓練協會崖週培訓總會第31屆檳城年會報告（2004/09/20-09/26），中華民國訓練協會編印，頁74-78。

黃昭男（2011）。〈企業家最佩服的業家——最照顧員工戴勝益新進榜〉，《天下雜誌》，482期（2011/10/05-10/18），頁83。

黃昭勇、吳挺峰、周原（2012）。〈2012天下企業公民獎：投資員工戰勝不景氣〉，《天下雜誌》，第503期（2012/08/08-08/21），頁56-78。

鄭朝陽（2013）。〈5家客運司機超時挨罰 統聯最重〉，《聯合報》（2013/01/11），B2都會版。

天下雜誌編輯部（2000）。《他們怎麼贏的——標竿企業風雲錄》，天下雜誌出版，頁162-167。

謝明玲（2012）。〈台北捷運、晶元光電：員工的心事企業的大事〉，《天下雜誌》，第473期（2012/06/01-06/14），頁142-144。

韓志翔（2012）。〈5服務模式EAPs面面俱到〉，《能力雜誌》，總號第680期（2012/10），頁30。

羅介妤（2012）。〈補貼買自家股票…員工持股信託企業創雙贏〉，《聯合報》（2012/11/06），AA3財經版。

羅斌漢（2007）。《商道：李嘉誠商道禪機》，婦女與生活社出版，頁173。

蘇位榮（2012）。〈解僱孕婦無效　判公司罰款付薪〉，《聯合報》（2012/11/27），A9社會版。

第十一章
職場倫理

- 職場倫理概論
- 職場專業倫理
- 就業倫理
- 競業禁止約定
- 理律劉偉杰事件
- 結　語

> 　　將軍和士兵的最大區別就是：將軍要運籌帷幄，做出決策，掌握國家命運；而士兵是忠誠地服從，迅速精確地執行命令。
> 　　——美國國際數據集團（International Data Group）首席顧問彼得·泰勒

　　日本的勞資關係是建立在「恩」字上，美國的勞資關係是建立在「信」字上，德國的勞資關係是繫乎「法」字上。

綠豆種子的故事

　　義大利一家電信公司要招考一些員工。筆試結束後，公司發給所有甄選通過的人一袋綠豆種子，並且要求他們在指定時間，帶著發芽的綠豆回來，誰的綠豆種得最好，誰就能獲得那份競爭激烈、待遇優渥的工作。

　　果然，當指定時間來臨，每個人都帶著一大盆生意盎然、欣欣向榮的綠豆芽回來，只有一個人缺席。

　　總經理親自打電話問這人為何不現身？這人以混合著抱歉、懊惱與不解的語氣說，他感到抱歉，因為他的種子還沒發芽，雖然在過去那段時間，他已費盡心血全力照顧，可是種子依然全無動靜！「我想，我大概失去這個工作機會了。」說完後，這唯一的缺席者正準備要掛上電話。總經理卻告訴這孵不出綠豆芽的男子說，「你，才是唯一被我們錄用的新人！」

　　原來，那些種子都是被處理過的，不可能發芽。種不出綠豆芽，正證明了男子是一個不作假的人。公司高層認為，這樣的人必也是一個有道德操守的人。總經理說：「這就是我們用人的唯一準則！」

　　有一句西方諺語說，「如果表現卓越是魚的話，那麼操守就是保鮮劑！」這話的意思是，工作追求卓越固然重要，但不講道德操守，一切都可能落空。就像一條魚，再怎麼美味，若沒有保鮮劑，最後還是會腐爛。同樣地，那些志在必得的應徵者，所捧出的綠豆芽雖然無比美麗茂盛，但不曾以誠實作為人格的保鮮劑，最後，他們還是失去了那努力爭取、夢寐以求的工作。

資料來源：〈綠豆種子的故事〉，網址：www.khhchurch.org.tw/1234/1-。

　　在現代的工商社會，每個人都需要工作，凡是工作的場合，就會有職場的應對、職場的關係，稱為「職場倫理」，也可以說就是在職場中的人際關係。

　　新加坡前總理李光耀說：「我所謂的菁英，不只是指學業成績而已。從等第和大學文憑，只能判斷一個人的分析能力，這只占三分之一。你還得評估他的實事求是、想像力、領導能力、衝勁，但最重要的還是他的品德與動機，因為愈是聰明的人，對社會造成的損害可能愈大。」（韓福光、Warren Fernandez、陳澄子合著，張定綺譯，1999：95-96）

範例11-2

加藤嘉一遭踢爆假學歷

　　英國金融時報專欄作家、美國哈佛大學甘迺迪學院客座研究員加藤嘉一因能用中文寫作，文筆流暢，在兩岸三地知識界享有盛名。但他被日本《週刊文春》踢爆學歷造假，且揭露加藤自稱「曾經考上東京大學」不實，並列舉履歷中諸多疑點。

　　加藤嘉一2012年10月31日在日本官方網站上發表「道歉報告文」，承認自己偽造簡歷「並沒有考上過東京大學」。

　　日本《週刊文春》日前發表「在中國最有名的日本人加藤嘉一履歷造假？」的文章，加藤多次受訪說「我考上了東京大學，但是為了到北大留學，放棄了進入東大的入學機會」。週刊採訪加藤的高中老師說：「加藤君沒有考上東京大學。」

　　週刊還指出其他疑點，包括加藤在著作中提到「我是日本的公費留學生」，但在日本著作又說「是由中國教育部出資留學的」，明顯矛盾；從2011年開始，加藤在文章自稱「北京大學朝鮮半島研究中心」的研究員，但2012年5月深圳電視台卻揭露，北京大學沒這個研究所。

　　另外，加藤用中文寫的《中國的邏輯》一書中，提到擁有「慶應大學SFC研究所上席研究員」頭銜，但他實際上只是訪問研究員。

資料來源：林庭瑤（2012）。

職場倫理概論

　　職場倫理，是指從事某種工作時，須瞭解社會對該工作的期望、限制及要求，並深切體悟實踐而接受職業規範，職業道德就是職業規範的內化。

　　職業道德它分為兩部分，一部分是一般性的職業道德，另一部分為特殊性的職業道德。前者是任何從業人員所應具備的基本品德及態度；後者為不同行業的人所特別須具備的職業修養和工作信條。例如，醫師只能對病人施以必要的醫療而不能任意洩露病人的病例；教師應該認真教學而不能誤人子弟；會計師能幫企業合法避稅，卻不能幫助企業逃漏稅等。因此，企業往往訂定一些職業準則來規範員工的行為，並成為企業的倫理道德守則（李正綱、陳基旭、張盛華著，2007：66）。

範例11-3

個人的道德操守

一位成功的青年企業家被問到：「你認為事業成功的最關鍵品質是什麼？」

沉思片刻之後，他平靜地敘述了這樣一段故事：

十二年前，有一個小伙子剛畢業就去了法國，開始了半工半讀的留學生活。他發現當地的車站幾乎都不設檢票口，也沒有檢票員，甚至連隨機性的抽查都非常少。憑著自己的聰明勁，他精確地估算了這樣一個機率大約僅為萬分之三。他為自己的發現而沾沾自喜，便經常逃票上車。

四年過去了，名牌大學的金字招牌和優秀的學業成績讓他充滿自信，他開始頻頻地進入巴黎一些跨國公司的大門，躊躇滿志地推銷自己。然而，結局卻是他始料不及的，這些公司都是先熱情有加，數日之後，卻又都是婉言相拒。

他寫了一封措辭懇切的電子郵件，發送給了其中一家公司的人力資源部經理，煩請他告知不予錄用的理由。當天晚上，他就收到了對方的回覆：

「陳先生，我們十分賞識您的才華，但我們調閱了您的信用記錄後，非常遺憾地發現，您有三次乘車逃票記載。我們認為此事至少證明了兩點：一、你不尊重規則；二、您不值得信任。請見諒。」

對方在回信中最後摘錄的一句話：「道德常常能彌補智慧的缺陷，然而，智慧卻永遠填補不了道德的空白。（但丁語錄）」

故事講完了，企業家坦誠的表示：「這就是我自己的故事，我能夠走到今天這一步，只是因為我一起將昨天的『絆腳石』當成今天的『墊腳石』而已。」

資料來源：羅瑋，〈專訪遠銀租賃董事長孫宏源：脫胎換骨的工作祕笈〉，《新新聞》第1015期（2006/08/17-08/23），頁88-89。

一、專業倫理定義

專業倫理（professional ethics），是指專業工作者專業的尊嚴、為人處世的態度，加上該職業的專門知識和技術所具備的倫理原則與行為表現，而專業工作的範圍如法律、醫藥、護理、工程、會計、新聞等。最早由醫學開始，當時是希望以哲學家的觀點，來協助醫生決定倫理的問題，其後才在各專業領域中出現，因為專業性工作其所做的決策並不意味一般人所能瞭解，因此其倫理標準應更嚴格，才不致傷害社會大眾（陳聰文，1992：19）。

二、應用倫理學

職場倫理是應用倫理學的一環，應用倫理學是將基本倫理學在各個實踐領域的具體應用，它所關心的是，如何在實踐領域中建構一套完整的道德規範，以及在面對具體的道德困境時，如何進行道德判斷。例如，公司產品有瑕疵，委託律師是要遵守職業倫理而罔顧人命，還是堅守道德良知勇敢舉發？

醫師、律師、會計師、工程師等專門職業，都是接受長期教育與專門訓練的高級技術人員，是社會不可多得的人力資源。這些專門職業應具備服務公眾的責任、複雜的學識主體、具備專業資格、需要公眾的信任，負最大的責任風險。所以，專門職業團體均訂有較法律規範為嚴格的職業行為準則，此一準則即為職業道德規範，而職業道德規範的執行，影響其專業的信譽，以及大眾對他們的信心（邱茂林、王昭明、吳育昇編著，2009：6-7）。

 # 職場專業倫理

俗話說：「家有家規，行有行規。」各行各業都有他們應遵守的原理原則。傳統的倫理課程，是獨立設立一門課，現在則將倫理打散在各專業課程，所有的專業都要講倫理。例如，醫學院開設醫學倫理、商學院開設企業倫理、工學院開設工程倫理等，這些倫理議題受到了大眾的重視。

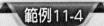

範例11-4

鋪規

- 凡學徒進廠後，不許私自外出。
- 學徒期間不許留頭髮，不許學名稱呼，只可小名聽喚。
- 學徒期間應以學藝為重，不許娶媳婦。
- 見到掌櫃要垂手直立，聽候教訓，不許背手站著。
- 掌櫃家有白事，學徒要隨晚輩禮俗戴孝。
- 對少掌櫃要按長輩尊敬稱呼。
- 年節道賀要叩頭行禮。
- 進廠要入一貫道忠義社，遵行教訓。

資料來源：北京首都博物館展覽廳展示文件。

一、工程倫理

工程倫理，是指當工程師在處理問題時，所必須面對的倫理道德。工程倫理牽涉到公共安全議題。如果雇主要求工程師完成一項設計，但工程師自己認為這個設計不安全時，該怎麼辦？工程師應對他的雇主負責，因為負責任的態度也是一種德行要求，但似乎也應該先考慮到公共安全的問題，現實的世界裡做得到嗎？

二、傳播倫理

大眾傳播媒體作為公眾的守門員，揭發企業、政治和其他活動領域中的悖德行為。大眾傳播媒體具有採訪新聞的自由，但是人民有知的權利，報導應力求客觀與公平，專業方面要具有相關的知識、足以認清事實，做出正確的報導，遵守新聞專業道德，不使用欺騙、煽情、聳動的手法，來吸引大眾的注意，就是新聞工作倫理的發揮（邱茂林、王昭明、吳育昇編著，2009：6）。

媒體這個行業實踐品德規範與否，會立即明顯地影響到讀者群、發行量和影響力。

《世界新聞報》停刊

擁有一百六十八年歷史的英國小報週日報刊《世界新聞報》（*News of the World*）曾僱私家偵探竊聽十三歲失蹤女孩米莉·道勒手機語音留言，還亂刪語音信箱留言，干擾警方調查的醜聞之後，接著又被爆竊聽恐怖爆炸案受害者、戰死沙場的官兵軍眷等，利用受害者來持續追蹤新聞，讓社會大眾忍無可忍，連英國首相大大衛·卡麥隆（David Cameron）都嚴厲譴責，批評該報「行徑無法無天，犯罪者必須負起責任」。

根據英國法律，竊聽電話屬非法行為，唯有情報人員獲得搜索票，才可以監聽指定對象。如果竊聽案屬實，相關人員將被起訴。警方表示，遭竊聽的受害人可能高達四千人，估計賠償金高達一億兩千萬英鎊（約台幣五十五億一千萬元）。

由於該報作為已經嚴重影響品牌聲譽，在2011年7月10日出版的最後一期報紙上，為醜聞事件表示道歉，並向讀者感謝和告別。這家以挖掘名人小道消息、爆料和八卦聞名的週報，最後只能用短短數語，向幾百萬名讀者說再見。

《世界新聞報》成立於1843年，1969年由媒體大亨梅鐸（Rupert Murdoch）的「新聞集團」（News Corporation）旗下英國子公司「新聞國際」（News International）集團買下，發行量逾兩百六十萬份，是英國銷量最大的報紙之一，以刊登名人消息為辦報特色。之後梅鐸旗下更囊括《太陽報》、《泰晤士報》、《星期泰晤士報》。

新聞集團歐亞事業部門主席詹姆斯·梅鐸（James Murdoch）在發給員工的聲明中說，《世界新聞報》向來是揭發他人應為其所作所為負起責任，但當自己面臨這個問題時，卻沒辦法做到，還說過去《世界新聞報》所做的好事情，「已經被錯誤的行為玷汙了，如果近日的指控是事實的話，這種行為不人道，也在本公司無立足

之地。」《世界新聞報》共有兩百多名員工，則已安排到「新聞國際公司」旗下其他平面媒體工作。

　　最後一期《世界新聞報》在頭版和最後一版刊登了以往獨家消息的照片，還包括一份四十八頁、可以留作紀念的部分，該期的全部收入將捐給慈善事業。第3版則是刊登了一整頁社論向讀者道歉：「我們讚頌高標準，我們也力求高標準。但是，就像我們現在才痛苦地瞭解一樣，在2006年以前的幾年裡，一些為我們工作的人，或者以我們名義工作的人，很可恥的不符合這些標準……很簡單，我們誤入歧途了。電話被竊聽，對此本報深感歉意。這種可怕的不道德行為是沒有正當理由的，給受害者造成的痛苦是沒有理由的，給一個偉大的歷史帶來的深深的汙點是沒有理由的。但是當這種憤怒得到彌補後，我們希望歷史會最終根據我們這些年來的所作所為來評判我們。」

資料來源：方清月（2011）。

三、醫師倫理

　　長久以來，希波克拉底誓言（Hippocratic Oath）對醫師行為的規範，原則上並沒有改變，但對於很多人而言，也許不夠切身。所以，美國醫師協會（American College of Physicians）定下了更具體的醫師行為準則。

　　醫師應具備良好的醫德，醫師應該將病人資料保密，病人擁有對他的病情與病例，以及他和醫療人員談話的保密權利。但其實病人的診療訊息、病史或生理缺陷、個人隱私等，在醫療人員不經意的情況下，常常被曝露在外。更常見到的是，醫師與藥廠之間剪不斷、理還亂的關係。如果你是醫生，你擁有幾項用藥的決定權，某個藥廠邀請你全家到杜拜七星級帆船飯店參加學術活動，你應該去嗎？這些都是醫療產業常見的倫理問題。

範例11-6

醫師行為準則

第一、醫師必須以憐憫之心提供合乎水準的醫療服務，尊重生命與病人權益。

第二、醫師必須維護專業形象，對病人或同儕都必須誠實，當同儕醫師在品格及能力上有缺失或有欺騙或造假行為時，應知會適當單位。

第三、醫師必須遵守法律，但當發現法令規章與病人最大利益有衝突時，就有去改變它的責任。

第四、醫師必須尊重病人、醫師同儕以及其他醫事專業人員的權益。並在法律規範內，確保病人的隱私。

第五、醫師必須要持續受教育、吸收新知識，提供先進的醫療，投入醫學教育，提供病人、同儕及社會大眾必要的醫學資訊，必要時應尋求不同專科的會診，善用其他醫療人才資源來照顧病人。

第六、除急診情況外，醫師為了提供病人適切的醫療照護，得自由選擇服務對象（病人）、工作夥伴或行醫地點。

第七、醫師應參與社區改善活動，並擔負提升公共衛生的責任。

第八、醫師在照顧病人時，必須把這個責任放在一切之上。

第九、醫師必須協助所有病人得到必要的醫療。

資料來源：美國醫師協會（2001年版本）／引自：黃達夫（2012），頁166-167。

四、律師倫理

　　自尼克森（Richard Milhous Nixon）總統以下，水門事件的主犯幾乎都是律師。美國地方法院法官傑克·溫斯頓說：「客戶義務與司法、社會責任間的恆常衝突，是律師倫理最大的難題。」如果社會中每個人都道德

範例 11-7

不滿遭劈腿　醫師偷鎮靜劑跨海殺大陸女友

　　和信醫院前醫師黃麟傑，不滿大陸女友秦亞楠劈腿，從醫院偷走鎮靜劑帶到大陸，謊稱「助興」替秦女注射三針，再將毛巾塞入昏睡的秦女口中導致窒息死亡。士林地方法院依殺人等罪判黃有期徒刑十一年兩個月，褫奪公權八年。

　　法官認為，黃麟傑是高級知識分子，因不滿人財兩失生殺機，懸壺濟世的醫師還利用醫學知識和取得管制藥品的管道殺人，犯後態度不佳，但審酌秦女家人已領取五百萬元和解金，並具狀表示不追究刑責，認為檢方求處無期徒刑太重。

　　黃麟傑台北醫學大學醫學系畢業後考入和信醫院，從住院醫師升至主治醫師，專長為血液腫瘤及安寧醫療；2012年3月1日轉至中港澄清醫院擔任醫師。

　　黃麟傑五年前在大陸大連認識酒店女服務生秦亞楠，以即時通聯絡兩個月後包養秦女。交往兩年間，黃麟傑多次到大陸找她，秦女也曾參加旅行團來台找黃。

　　黃麟傑陸續匯款或給秦女美金、人民幣，讓她買房子、開店，共付出台幣兩、三百萬元，又送筆電和名牌包，但黃麟傑後來發現秦女另結新歡，並和男友同居在用他包養費買的新房子，萌生報復之意。

　　2009年12月27日，黃麟傑帶著向醫院領取的五瓶列為第四級管制藥品的鎮靜劑到大連。他拿鎮靜劑混調酒給秦女喝。他看秦女簡訊得知秦女男友找她，氣得要她說明，雙方爭執、扭打。

　　黃擔心秦女喊救命，用擦手巾塞入她嘴巴，再拿一劑鎮靜劑注射她右臀，並以童軍繩固定口中毛巾，用手銬反銬秦女雙手，又拍下犯案過程。秦女窒息死亡。黃隔天清晨「取回」送給秦女的手錶、鑽戒和項鍊返台；飯店人員報警，轉報我刑事局，在黃的住家、辦公室搜出攝影機，還原遭他刪除的影片。

資料來源：林志函、李奕昕（2012）。

崇高，可能就不需要法律，不需要律師。但只要是人性是不完美的，社會中爭議存在，犯罪存在，律師就有存在的必要。對於「律師」，大部分人都能肯定其專業能力，社會應有公論；但論及倫理，則有各種不同意見。因此，律師倫理規範越來越受重視（古明芳，2008）。

中華民國律師公會訂有《律師倫理規範》，《規範》前言說：「律師以保障人權、實現社會正義及促進民主法治為使命，並應基於倫理自覺，實踐律師自治，維護律師職業尊嚴與榮譽，爰訂定律師倫理規範，切盼全國律師一體遵行。」

五、金融倫理

金融倫理，指的是金融從業人員必須遵循的行為規範與道德準則。1995年，震驚社會的國票證券公司被掏空新台幣一百多億元案的主角前國票辦事員楊瑞仁，他不但掏空國票、台銀上百億資金，還偽造證券侵吞公款，因此被判刑十三年（2008年10月已出獄），同時併科罰金三十億元。這個個案的行為很明顯的即是違反公司的利益，其代價直接由公司所付出，而收益當然為個人所獲得，也因此讓金融服務業開始強調從業人員是否合乎倫理規範，以及有沒有以誠信與尊重的態度來對待客戶、雇主、員工、同事及其他的市場參與者；有沒有隱藏或扭曲資訊來誤導及欺騙顧客，或進行操縱市場、收賄或不當及違法行為。

六、會計倫理

會計倫理，是指會計人員以合法的手段從事會計管理時，所應遵守的道德準則和行為規範。如果你是會計師，在審查某公司的帳務時，你發現不實申報的情形，但這家公司是你服務的會計事務所的大客戶，這個時候你該怎麼辦？要假裝沒發現？還是在財務報表上簽註「保留意見」？如果你向主管舉發，主管要求你隱瞞，你會怎麼做？是冒著可能被解僱的風險，仍照實查核簽證？還是聽從主管的指示？如果聽從主管的指示，然後哪天東窗事發，誰應該負責？你有能力阻止欺騙行為卻不阻止，你認為你真的不用負法律責任或道德上的責任嗎？（陳恆霖等編著，2010：110-113）

範例11-8

假公債詐9.6億　女營業員被起訴

　　台北地檢署偵破「假公債」詐騙案，富邦證前女營業員陳佳慧，謊稱持有未公開的政府公債，祭出投資報酬率12%為誘因，詐騙醫師、老師、珠寶商高達9.6億元。檢方依違反證交法罪，將陳佳慧起訴。

　　據調查，陳佳慧（三十九歲）高中畢業，已婚育有兩女，早年在統一證券服務，就曾以投資假公債手法詐騙親友六千餘萬元；因此遭公司解僱，被法院宣告緩刑，轉往婚紗店工作。

　　2006年，陳佳慧到富邦證券忠孝分公司任職，故技重施向親友、同事騙稱手中握有未公開的政府債及公司債，保證獲利可期；她還自稱高級理專，與證券高層熟識，這些金融商品都是高層給的「福利」。張姓被害人信以為真，慘遭詐騙2.6億元。

　　檢方指出，陳佳慧心思縝密，不時會送給被害人手錶等禮物，鬆懈被害人心防。陳佳慧為掩蓋真相，每二十天或四十天就給付被害人豐厚利息，資金都是以挖東牆補西牆方式取得，直到前（2011）年9月無法再周轉，謊言才被拆穿。

資料來源：張宏業（2013）。

七、專業秘書倫理

　　根據美國國際專業行政人員協會（International Association of Administrative Professionals）對專業秘書的定義：「所謂專業秘書，乃是一位辦公室內特定主管的助手。其任務是在認可的職權範圍內，不必經過直接的督管，就能運用辦公室內的工具設備，從事該主管指定之行政性任務。」

範例11-9

日月光炒股　財務經理一家被訴

上市的日月光股份有限公司財務經理甘智文，2009年底在公司宣布併購環隆電氣公司前，將消息透漏給家族成員，讓親友透過人頭購買環電股票，再出脫賺價差一千五百多萬元。台北地檢署依違反證交法起訴甘智文及其父母、哥哥、妻子、岳父等親友共九人。

安侯顧問公司財務顧問師黃盟堡，受日月光委託分析環電公司股權價值，他認為有利可圖，也提早買入四張股票，待併購消息公布後賣出，獲利五千多元，也被依違反證交法起訴。依規定，他和甘智文等九人一樣，均可處三年以上十年以下有期徒刑，得併科新台幣一千萬元以上二億元以下罰金。

日月光2009年11月5日決定收購環電股權，由財務經理甘智文草擬公開說明書；兩、三天後，他將收購消息透漏給哥哥甘錦地及父親甘建福、妻子吳盈慧等家族成員。甘建福等人獲知消息後，以親友當人頭，在11月9日到18日間，以每千股平均17.23元買進上千張環電股票，待18日收購案公告後，股價漲到每千股平均19.96元後出脫。

主嫌甘智文原本否認犯行，卻不知吳盈慧和甘錦地已和盤托出，檢方再度質問他，他才供出實情。檢方考量他們都承認犯行、繳回犯罪所得，聲請減輕其刑。

資料來源：劉時均（2012）。

專業秘書所承擔的工作，就是主管自己本身應當做，但由其本身擔任不合乎管理效益的工作。這些工作的特性，就是十分瑣碎、有彈性、有時效，而且常常任務不明確。因此，秘書在工作職責上要遵守的倫理是：不要狂妄自大，也不要妄自菲薄；不要參與公務以外的事務；不要涉及感情糾紛；不要因為做錯而任意猜測；不要看不起主管（石詠琪，2000：57）。

範例11-10

廣達前董事長秘書詐領公款

　　前廣達電董事長林百里女秘書徐可君，被控與丈夫林昭文合謀偽造林百里簽名，詐領廣達電九千多萬元，板橋地院2012年12月26日首度開庭。徐可君當庭認罪，但她認為金額沒檢方起訴這麼多，希望再給兩個月時間核對金額，也能有多點時間與廣達談和解。

　　四十歲的徐可君，從2003年起擔任林百里秘書，時間長達八年，因獲林百里信任，專責核銷林的公關禮品支出，但檢方查出，2006年起，徐可君將在BELLAVITA、太平洋SOGO、微風廣場消費的發票，私拿林百里印章，製造不實的請款報銷單。

　　直到2011年5月，徐女請款五百多萬元，財務主管起疑，加上徐女與丈夫臨摹林百里的簽名，字跡被識破，廣達隨即開除徐女並報請檢調偵辦。辦案人員在兩人住處發現滿屋名牌包、飾品等，檢方依偽造文書、詐欺等罪將兩夫婦起訴。

　　徐可君審理時向法官認罪，但對於檢方起訴的金額有意見，指沒有檢方起訴的九千多萬元這麼多。

資料來源：葉德正（2012）。

　　被喻為「圍棋之神」，以中和精神為下棋理念的吳清源，他熱愛下圍棋，也以當棋士為榮，甚至將圍祺的精神化做自己的為人處世之道。當他四十七歲車禍受傷，往後數年為後遺症所苦，甚至在名人賽中嘗到八連敗，他仍不放棄地繼續挑戰十段位階，直到七十歲才宣告引退。吳清源在自傳中說：「不管是誰，神都給予了才能，這就叫天賦，根據各自天賦盡其所能是最重要的。」而根據天賦盡其所能，直到最後一刻都不輕言放棄，正是善盡工作責任的最佳表現（聖嚴法師說心六倫：奠定職場的十個基石）。

就業倫理

《勞動基準法》第1條第一項：「為規定勞動條件最低標準，保障勞工權益，加強勞雇關係，促進社會與經濟發展，特制定本法。」雖然《勞動基準法》是保護工作權的法典，但是在同法第12條也對勞工違反就業倫理的處罰規定。

「勞工有左列情形之一者，雇主得不經預告終止契約：

一、於訂立勞動契約時為虛偽意思表示，使雇主誤信而有受損害之虞者。

二、對於雇主、雇主家屬、雇主代理人或其他共同工作之勞工，實施暴行或有重大侮辱之行為者。

三、受有期徒刑以上刑之宣告確定，而未諭知緩刑或未准易科罰金者。

四、違反勞動契約或工作規則，情節重大者。

五、故意損耗機器、工具、原料、產品，或其他雇主所有物品，或故意洩漏雇主技術上、營業上之秘密，致雇主受有損害者。

六、無正當理由繼續曠工三日，或一個月內曠工達六日者。

雇主依前項第一款、第二款及第四款至第六款規定終止契約者，應自知悉其情形之日起，三十日內為之。」

一、敬業是職業之本

正確的倫理觀念，一定是從自己開始做起。自己付出、自己奉獻，佛教的用語稱為慈悲心，現代人常用的就是有愛心，而讓跟我們互動的人，都能夠平安、得到利益與幫助，至少不會造成對方的損失。

 範例11-11

敬告同仁奉公守法

　　本公司正式營業後，為樹立公司的良好風氣，首求賞罰分明，俾同仁能人人潔身自愛，發揮服務精神，乃於五十二年八月三十日發「告同仁書」乙紙，原文如下：

各位敬愛的同仁：

　　為確保本公司良好風氣，茲列舉下列應注意事項，請各位同仁切實遵守，是所至盼：

一、本公司員工不得接受與本公司有交易之廠商，或請託安插工作者之招宴，或金錢物品等餽贈，違者當按員工獎懲實施辦法之規定處罰。因為我們同仁之中，如果有人接受廠商之招宴或金錢禮物之餽贈，勢必徇情辦理，將壞貨亦當好貨高價買入，則公司之利益減少，我們同仁之獎金也就隨之減少了，此其一。如果我們同仁有人接受請託安插工作者之招宴或金錢禮物之餽贈，這也同樣會受到感情的束縛，將工作能力差之人當作工作能力高強者聘僱，這當然會影響公司的業務，而損害公司的利益及全體同仁的福利。（與國外廠商之交際，因格於國際禮貌上之關係，如經董事長，總經理或副總經理核准者不在此限，但除與國外廠商之交際外，即總經理或副總經理亦均須同樣遵守。）

二、本公司員工（不論正式或臨時）除婚喪喜慶致送禮物或探望因病住院之同事酌送微少食品外，較低級人員不得宴請或贈送禮物給上級，上級亦絕對不得接受，如有違反，雙方應同受本公司員工獎懲實施辦法之規定處罰。因為越是低級的同仁收入越少，生活本已清苦，應無餘力再對上級贈送金錢禮物或宴請，既肯花費餽贈宴請，一定是想要得到更多的不合理之報酬，倘此項情形一旦發生，由於上級受情束縛，就失卻升級升薪的公平，造成送禮者雖工作不力亦予高升，不送禮者，雖工作極為努力亦無法升級，勢必口出怨言，引起大家無法安心工作，這影響是相當嚴重的。

　　以上兩點懇切希望各位同仁深體斯旨，以「犧牲小我」、「成全大我」、「先公後私」、「捐私奉公」之精神，一致來為我們公司的前途奮鬥，為我們共同的利益與榮譽來貢獻出最大的力量。最後

敬祝　各位身體健康工作愉快

環球水泥公司　總經理吳尊賢敬啟
五十二年八月三十日

資料來源：吳尊賢（1987）。《吳尊賢自撰回憶錄：人生七十》，財團法人吳尊賢文教公益基金會出版，頁63。

　　法鼓山創辦人聖嚴法師在〈職場倫理功課表〉文章中，提出職場工作人員要做到下列的自律行為。

1. 上班不遲到，儘量提前十分鐘到，將一天的工作進度先安排好。
2. 不要占用公司資源，如利用公司電話講私人的事情等。
3. 不侵占公司的資產和公款，如公司的影印紙帶回家列印，或取得不當的廠商回扣等。
4. 同事有好的表現時，要為他鼓掌喝采，不要嫉妒或潑冷水；自己有好表現時，也不要炫耀或得意忘形。
5. 上班時不和同事東家長、西家短，說人閒話。
6. 無論如何一定把工作做好，並隨時為自己加油，也為別人加油。
7. 對公司要有向心力，不要對薪水斤斤計較，或動不動就要辭職，要對工作盡心盡責。
8. 遇到工作不順時，不要急躁或煩惱，先休息或充電一下，再來想出解決的方案。
9. 隨時和主管溝通，做好主管交代的工作，也能協助同事完成任務。
10. 感謝給我們工作機會的人，就算工作繁忙，也要做得開心。
　　（〈職場倫理功課表〉）

範例11-12

女職員結婚生子　攏係假

　　金融保險業最近出現一件女員工疑似騙婚假及產假的離奇個案，這名女員工因為提不出小孩出生證明，公司才發現，原來女員工從結婚到生子整個過程「攏係假」，只是為享有結婚生子的假期與福利。

　　這名女員工是在一家產險公司任職。該公司發言人證實，的確有一名女員工近期因為違反員工誠信守則及法令相關規定，而遭該公司免職。

　　產險界人士指出，一名三十歲左右的女員工在某產險公司工作約兩年，今年初她主動跟公司說「要結婚」，也請了婚假，但她說因為不打算宴客，所以不收同事禮金。不過，該產險公司許多主管還是依慣例包了結婚禮金給她。

　　女員工請婚假後，聲稱到國外度蜜月，回來後正常上班。沒多久就說她懷孕了，肚子也慢慢凸了起來，當時完全沒有人懷疑。後來女員工以生產為由，向公司請了五十六天產假，生產後回來銷假上班。

　　由於這家產險公司規定，請產假必須提出小孩的出生證明，但女員工提出的醫院證明讓主管覺得很怪，因而要求她重開一張，但她始終無法再提出小孩出生證明。

　　另外，該產險公司主管還發現，這名女員工在結婚及生子過程中，沒有一名同事看過她的丈夫及小孩，越想越覺得疑點重重；找了這名女員工詳談，最後女員工才坦承結婚生子全都是假的。

　　該產險公司主管說，女員工的說法是，因為她的家人生重病，需要大筆醫療費用，她請了兩個月的產假，其實是去別的地方上班賺錢。

　　因為騙婚假及產假是事實，該產險公司決定將這名員工免職，並要求她返還請假時間所領的薪水，否則就要訴諸司法；這名女員工也同意返還。

　　由於故事中的女主角，從結婚到生子攏係假，在該產險公司內部引起員工熱烈討論。很多人認為女主角可能有難言之隱，因為一開始她就不收結婚禮金；但也有同事覺得女主角並沒有故意要騙大家的錢，反而相對同情她。也有其他女性員工說，曾經摸過該名女員工的肚子，但覺得肚子軟軟的，不像懷孕婦女的肚皮應該會有點硬硬的。

資料來源：孫中英（2012）。〈保險業奇案／女職員結婚生子　攏係假〉，《聯合報》（2012/12/31），A19綜合版。

　　統一企業所信守的原則：「員工對公司投入青春，青春一去不返，所以要對員工加以照顧。如果員工有更好的出路要離開，也應以諒解的心情看待。」就像高清愿當年離開台南紡織公司創辦統一企業，他的老長官台南紡織公司總經理吳修齊被應邀出任統一企業的董事長。離職員工對原來的公司也應有感恩之心，畢竟曾經從這裡得到收入，也在這裡學習、成長和認識朋友，這些都是未來發展的資產（孫震，2005：107）。

範例11-13

留人貴在留心

　　《三國演義》中，劉備被曹操驅趕得到處奔波，好不容易才安居在新野小縣，幸得軍師徐庶的輔佐。而曹操為了爭得奇才徐庶，設計騙徐母至曹營許昌，又派人赴新野送徐母「書信」給徐庶，信中要徐庶速歸曹操。

　　徐庶明知曹操用計，但由於對母的至孝，執意要前去曹營救母。劉備聞言大哭曰：「子母乃天性之親，元直（徐庶字）無以備為念。待與老夫人相見之後，或者再得奉教。」

　　徐庶見劉備讓他放心去曹營，並聲言等他救出母親後，有機會再向他請教，徐庶非常感激這種知遇之恩，本想立即上路，可劉備卻勸說徐庶再聚一宵，來日餞行。

　　第二天，劉備為徐庶擺酒餞行，反勸徐庶「善事新主，以成功名」，這樣一來，卻使徐庶感動地哭泣說：「縱使曹操相逼，庶亦終身不設一謀。」劉備不忍心與徐庶相離，送了一程又一程。徐庶也依依不捨，走了不遠，又拍馬而回，向劉備舉薦了比自己更高明的賢士諸葛亮。徐庶雖然人離開了，但心卻仍在劉備這邊，故有「身在曹營心在漢」之說。

　　徐庶進曹營果然不為曹操設一計，並且在長阪坡還救了劉備的大將趙雲之命。

　　再說劉備接受徐庶的舉薦，三顧茅廬，更是憑著真情實感，終

於贏得了諸葛亮的心，得到了諸葛亮這位天下奇才，使其為振興蜀漢大業立下汗馬功勞。

按說在《三國演義》中的劉備，貌不驚人，才不出眾，起兵時人力和財力都不行，可是他的身邊卻團聚了文有諸葛亮，武有關羽、張飛、趙雲等眾多將領，並情同手足，其原因主要在於劉備是一個很講究情感和重義氣的人，他在為人上贏得了「同事」和「戰友」的認可和崇敬。這大概也是劉備能夠身邊留人的「絕招」。

資料來源：蕭德安（2012），頁86。

競業禁止約定

隨著科技的發達，知識經濟時代業已翩然降臨，業務機密與智慧財產成了這個時代的企業重要資產，如何防堵公司營業機密外洩而喪失商業先機，儼然已成為各大企業關注的課題。因此，近年來，各企業盛行與員工簽訂競業禁止的條款，對於握有公司智慧財產的研發人員，以及掌有公司業務機密的高階主管，於在職期間或離職後予以約束，以防患未然。

範例11-14

女友在敵營　他出賣公司

梁姓男子進公司三個月，頻以電子郵件傳送公司機密給在競爭對手公司服務的羅姓女友，台灣高等法院認定他罔顧職業倫理，十次洩漏公司營業秘密，依洩漏業務祕密罪判處十個五個月徒刑，合併執行刑一年六月，得易科罰金九十萬元。

三十多歲的梁姓男子，2009年7月到台北市專營網路及手機影

音廣告、標榜可與讀者在線上互動的影音媒體公司工作。同年10月，他開始將開發客戶訪談紀錄、可追蹤客戶名單、公司年度業績預估表、媒體代理商名單、暫時失敗客戶名單、為客戶製作的影音廣告檔案，以電子郵件傳給競爭對手公司的羅姓女子。

2011年3月，梁男服務的公司發現新製作的影音廣告，對手公司不久即跟進或有類似影片；該公司新近拜訪的客戶，對手公司也跟進拜訪並提出類似企劃案，警覺有內賊，從電腦伺服器監控公司人員電子郵件信箱，發現梁男傳送至少十次上述公司業務機密給對手公司的羅姓女子，報警偵辦。

台北地檢署偵辦時，梁男承認以電子郵件傳送文件，但否認傳給競爭對手公司和洩漏公司商業機密，他說：「我傳給女朋友，討論彼此的工作狀況。」但檢察官以羅女恰在競爭對手公司上班，就算真的與女友討論工作情況，也是洩漏公司商業秘密，將梁男起訴。

台北地方法院認定梁男觸犯十次洩漏商業秘密罪，一罪一罰，判梁男每罪各五個月徒刑，合併十個月徒刑，易科罰金一天折算一千元，共約三十萬元。檢方認為判刑太輕，上訴；高院維持每罪五個月的量刑，但改定執行刑三十個月。

資料來源：劉峻谷（2012）。

一、員工跳槽洩密的案例

近年來，高科技產業間員工跳槽洩密的案例時有所聞，在產業間造成極大震撼。據媒體報導，台積某經理，涉嫌跳槽前往大陸晶圓代工廠中芯半導體任職前，以電子郵件大量洩密，引發台積公司與中芯半導體之間一連串的訴訟；網路通訊大廠友訊控訴威盛指使其市場部某經理離職轉往友訊工作，竊取友訊研發的測試程序後，再轉回威盛上班，涉及商業間諜行為；鴻海旗下的富士康指控中國手機製造廠中國電子製造服務

範例11-15

跳槽大陸涉洩密　2友達前主管被訴

　　友達光電前高階主管連水池、王宜凡，被控帶著機密技術，投靠競爭對手、大陸TCL集團（中國最大的、全球性規模經營的消費類電子企業集團之一）華星光電，連被扣押的筆電內，存有不少友達的機密圖檔，經財團法人中華工商研究院分析鑑定，證實連洩露友達機密資料，讓新東家得以相同技術生產面板。新竹地檢署依妨害秘密罪將兩人起訴。

　　據瞭解，對岸公司以優渥條件吸引兩人跳槽，兩人前年9月相繼離職，連轉赴TCL集團工業研究所副院長，王則擔任華星公司AMOLED開發部長。友達在連、王離職後，發現兩人違反保密條款，涉嫌洩露公司機密，去（2012）年初向檢調檢舉，調查局台北市調處去（2012）年9月搜索住處，查扣筆電等證物，並約談兩人到案。

　　友達表示，64歲的連水池原在友達顯示器技術開發中心擔任最高主管，可以任意取得、接觸及下載內部資料。連前（2012）年9月中旬離職前，私自下載許多投影片檔案，離職數日後即到TCL集團上班，將機密圖檔洩露給華星。

　　友達指控，41歲的王宜凡原是友達OLED技術處經理，離職前多次將公司的秘密資料存在公司配發的電子郵件，再轉寄至私人信箱，做法可疑。

　　檢察官也查出，連的電子郵件內有封信件，內容是華星集團欲以高額薪水、簽約金、獎金吸引連前往任職，並希望連協助華星公司將4mask等技術導入面板等資訊。檢察官認為，兩人行為涉犯洩露工商秘密罪，利用電腦設備犯罪，依刑法規定加重其刑。

資料來源：王慧瑛（2013）。〈跳槽大陸涉洩密　2友達前主管被訴〉，《聯合報》（2013/06/11），AA2版。

（Electronic Manufacturing Services, EMS）集團比亞迪惡意挖角富士康在中國約四百名的幹部，並竊取大量商業機密（陳佑寰，2011：19-23）。

二、台積與中芯商業機密剽竊案

2009年底，台積與大陸中芯長達八年的商業機密剽竊案畫下句點，雙方達成和解協議。中芯除了賠償台積兩億美元，更將無償授予台積8%中芯股權，並可在三年內以每股1.3港元認購2%的中芯股權。這個案例導因於中芯創廠時，大舉挖角台積員工。

當台積計畫在中國興建八吋晶圓廠時，發現原台積經理劉芸茜離職後投靠中芯，涉嫌將十二吋晶圓廠配置和設計圖、晶圓的製程和配方，外洩給中芯。台積乃控告劉芸茜違反競業禁止。

台灣檢察官搜索劉芸茜家中，扣押劉芸茜電腦。在電腦硬碟裡的資料和電子郵件中，發現當時中芯首席營運總監馬爾科・莫拉（Marco Mora）的確曾明確要求劉芸茜提供台積十二吋晶圓廠的製程、設備列表（王曉玟，2010：86-88）。

上開案件皆引發前雇主台積對離職員工及競爭對手間的訴訟，部分雖以和解收場，但對前雇主已產生難以估計的損害。

三、員工之競業禁止義務

競業禁止條款，依行政院勞工委員會（勞委會）在《簽訂競業禁止參考手冊》所下之定義：「事業單位為保護其商業機密、營業利益或維持其競爭的優勢，要求特定人與其約定在在職期間或離職後之一定期間、區域內，不得經營、受雇或經營與其相同或類似之業務工作。」如有違反應負一定法律責任（如損害賠償等）。

(一)在職期間的競業禁止義務

課予員工競業禁止義務並不一定是必須的，一般視公司衡量自身業務需要而定。惟如公司與員工間之勞動契約或公司之工作規則，訂有競業禁止約款，而員工有違反情形，則依《勞動基準法》第12條第一項第四款

「違反勞動契約或工作規則，情節重大者。」雇主無須預告即得終止勞動契約。惟依同法第12條第二項規定「……雇主應自知悉其情形之日起，

範例11-16

吳寶春高徒／武子靖違約判賠百萬

麵包大師吳寶春高徒武子靖被控違約遭求償案，業經高雄地院審結宣判，認為武提前離職，受僱期間又在外兼差，認定違反合約規定，判決賠償上百萬元予原告高雄空廚公司。

武子靖委託莎士比亞烘焙坊總經理吳克己發言。吳表示，收到判決書後將上訴，並認為法官心證已明，對判決結果不意外。又說，高雄空廚選在此時進行訴訟，可能跟商業操作有關。至於侵害武子靖肖像權部分，跟律師研究過，已掌握有力證據，不排除提告。

據瞭解，2011年5月間，原告高雄空廚公司僱用武子靖擔任部門主廚，雙方簽定契約，聘僱期間為2011年6月1日起，至2013年5月31日止共二年，受僱期間武不得在外從事相同的行業。

承辦法官開庭調查，據原告所提出媒體採訪資料，以及院方向高市府調取幸福新生活公司登記與營業（稅籍）登記資料，武在受僱於原告期間，仍繼續持有幸福新生活公司高達近三分之一的出資額，並參與該公司經營的「莎士比亞烘焙坊」分店，認定違反合約規定，但審酌武仍任職九個月，提前離職部分，判決給付六十二萬五千元。至於在外兼差部分，應另給付五十萬元。

武子靖於2007年代表台灣到日本靜岡參加國際技能競賽，出國前接受吳寶春指導，擊敗日本對手獲得第二，僅次於法國隊；2009年於「香港國際美食大獎」獲得超級金牌，而2011年第三屆法國世界麵包大賽（Mondial du Pain），獲得甜麵包項目特別獎，參賽作品「蜂巢」和「天然酵母櫻桃」，利用高雄在地龍眼蜜創作。

資料來源：鮑建信、黃旭磊（2012）。

三十日內為之。」此三十日為除斥期間，如逾此期間，其終止權即消滅，雇主不得再以此事由終止勞動契約，否則不生本條終止勞動契約之效力。

(二)離職後的競業禁止義務

在現今高科技產業時代，智慧財產權已成為公司重要之資產之一，為了防止公司機密洩漏及離職員工損害公司權益，尤其是高科技公司通常與員工間有離職後競業禁止的約定，即限制員工於離職後一定時間內不得任職於相同或類似公司或擔任類似職位，以保障公司的營業權益（呂靜怡，2002）。

企業應於僱用之初即與員工簽訂機密資訊保密合約、競業禁止合約、智慧財產權歸屬合約，以及電腦網路使用合約等。於員工離職時，另要求其簽署切結書，表示已完整移交業務並銷毀其特有的機密資訊，且需遵守保密與競業禁止義務，亦不得挖角前雇主之客戶與員工。

理律劉偉杰事件

2003年10月，喧騰一時的前理律法律事務所（簡稱理律）資深法律專員劉偉杰盜賣客戶美商新帝（SanDisk）公司（以下簡稱新帝）所持有的聯電股票1.21億股，震驚社會，一夕之間，讓理律法律事務所負債新台幣三十億元，幾乎破產。

一、美商新帝公司

新帝是國際級快閃記憶卡製造大廠，擁有不少國際專利，於1997年投資聯嘉公司（United Silicon）金額達四千三百萬美元，聯嘉公司原為聯電子公司，於2000年聯電五合一合併案併入聯電；新帝以股換股方式取得1.11億股聯電股票，到2003年原有持股加上股票股利已達1.83億股（18萬張股票）。

新帝於2002年2月委託理律代為保管及處理股票，理律指派劉偉杰負責本案件。劉偉杰於2003年9月底留職停薪，承接案子之同事於10月上旬

核對帳戶後，發現客戶股票短少，乃爆發員工盜賣客戶股票事件（徐敏玲，2004：131）。

劉偉杰繁複高竿的洗錢程序相當罕見。而當理律發現客戶股票遭盜賣時，劉偉杰已利用其友人黃室華的身分潛逃出國。這個案件震驚台灣社會，劉偉杰也成為台灣的十大通緝犯，目前仍未到案。

二、劉偉杰其人其事

劉偉杰，國立中興大學法商學院（今國立台北大學）法律系畢業，自稱是南美以美大學（Southern Methodist University）法律研究所的畢業生。在1985年（二十六歲）加入理律，參與公司法務及投資併購等業務，工作表現深獲長官賞識，是主管眼中值得信賴與倚重的好員工。

不過，2002年，理律已經發現其碩士學歷係偽造。案發前，他是資深法務專員，有個人工作室，按時計酬的費率，達每小時新台幣六千五百元，是僅次於合夥人的等級。他利用職務之便盜賣客戶（新帝）寄存的聯華電子股票得款金額高達新台幣三十億元，全遭其侵占，並將贓款轉買為高價值的鑽石，潛逃出境（**表11-1**）。

表11-1　前理律員工劉偉杰舞弊案的經過

時間	事件
78年12月	劉偉杰（以下簡稱劉）進入理律，擔任法律專員，負責投資、併購業務（非訟案件）。
91年	理律的合夥人會議通過晉升劉為合夥人，但劉自願放棄。（新聞報導）
91年	美商新帝公司（SanDisk）與理律簽約，委託理律代其保管聯電股票，並伺機出售，得款將用在兩岸投資。 ・理律授權劉全權負責。
91年	理律替新帝在中信證券開證券戶（集保），並在彰化銀行開存款戶，戶名：SanDisk公司，各有存摺及印章，理律把SanDisk戶的兩本存摺都交給劉。
92年7月	新帝公司將其所有聯電1.83億股票，匯撥入中信證券的證券集保戶。
8月1日	劉申請留職停薪，生效日：10/1，並搬到五星級飯店居住。 ・留職停薪的理由：參加考試。律師考試之時間在9月下旬，司法官考試則在11月。

（續）表11-1　前理律員工劉偉杰舞弊案的經過

時間	事件
8月	劉私自於亞洲證券、世華（南京東路及香港分行）、台北、華泰、上海及彰化銀行，開立帳戶。 ．戶名：在亞洲證券（證券戶）及台灣各銀行的存款戶，均為「SanDisk公司」；於世華銀行香港分行，則為「SanDisk投資公司」。
8月2日～6日	劉將1.21億股聯電股票從中信證券轉至亞洲證券。 ．移轉時所附的授權書，是假造的；授權人的印章，不是盜用就是偽刻的。
8月6日～25日	由劉安排投顧喊盤的角色，從8/6開始，到8/25，在十四個交易日中，把1.21億股聯電股票全數賣出：共得現金新台幣30.9億（約美金九千二百萬）。
8月～9月	劉進行洗錢行動，將新台幣30.9億以購買鑽石及旅行支票等方式消除金錢來源的軌跡。
9月	調查局洗錢防治中心接獲銀行通報，但該通報為大額匯款之例行通報，而非有不法事項之通報。 ．洗錢防制中心看到的資料為「SanDisk公司」將出售股票所得款項匯到香港「SanDisk投資公司」，並非匯給「外人」，而且理律的劉確實取得新帝公司的委任授權，當然有權出售股票及處理股款，故當時初步研判「程序無不法情事」。
9月底10月初	劉辦理交接，移交給理律的同事。 ．劉蓄意掩蓋某些事，「本應附在卷宗內的資料，故意不附」。
10月1日	劉留職停薪生效，不須上班，但劉卻一直工作到10/9。
10月9日	下午2:00，劉離開理律，直奔機場，以補票的方式，持其同居人黃室華的護照及台胞證搭乘商務艙離台。
10月9日～13日	理律同仁於核對移交之帳目後，發現帳目不符，向合夥律師報告。 ．合夥律師在得知劉盜賣股票後，啟動危機處理之機制，分別指派人員赴香港處理善後（李念祖律師），與SanDisk商討，檢討事務所之制度，與安定所內人心。（10月10、11、12為連續假日）
10月13日	下午，理律向新帝公司提出報告，謂其員工侵占，出售新帝託管的1.21億股聯電股票。
10月14日	下午10:00，理律合夥人宋耀明律師向台北地檢署控告劉及兩位珠寶商。
10月15日	上午，理律召開記者會，表示事務所已向客戶提出完整之報告；客戶如因此而蒙受損失，理律將承擔，另強調事務所之營運及業務執行不受影響。
10月15日	檢察官下令凍結劉所開立「SanDisk公司」帳戶（七個）內之資產（在台灣），惟錢早已被提領一空。
11月17日	理律說明已於11/14與SanDisk公司達成協議，協議內容如下： 1.理律的賠償，計美金八千六百萬，如下： 　(1)現金：美金六千八百萬，已付美金二千萬；　　　　　美金六千八百萬 　　　未來四年，再付美金四千八百萬（四年，十六期） 　(2)法律服務：未來十八年，美金一百萬／年　　　　　美金一千八百萬 　　　小計　　　　　　　　　　　　　　　　　　　　　美金八千六百萬

（續）表11-1　前理律員工劉偉杰舞弊案的經過

時間	事件
	2.其他安排，如下： (1)若SanDisk使用的法律服務未達美金一百萬／年，則其餘額由理律與SanDisk共同進行下列活動： <table><tr><td>活動</td><td>經費</td></tr><tr><td>·美國加州公益及慈善活動</td><td>1/3</td></tr><tr><td>·台灣公益及慈善活動</td><td>1/3</td></tr><tr><td>·舉辦公益或法律講座</td><td>1/3</td></tr><tr><td>小計</td><td>100%</td></tr></table>(2)將持續與國內外司法機關合作，期追回被侵占的款項，一旦追回，則「優先用於抵充SanDisk公司使用法律服務的額度，以及彌補理律的損失」。 ·理律表示將不再代客戶保管股票或現金。
11月17日	理律發布新聞稿，標題為「歷創的理律，美麗的珍珠」，表示： 1.對於能夠達成這樣一個協議，理律有一個感謝（新帝公司的信任），一個感想（低頭耕耘，抬頭收穫）與一個反思（沒有信任，就沒有理律）。 2.理律生存的基礎，是信任，雖然理律這次重重摔倒的主要原因之一是對劉的信任，但仍然信任人、信任員工，惟將檢討其作業流程，檢視制度執行的每一個環節，並作調整。相信經歷這次創傷後的理律，將為一顆更耀眼的美麗珍珠。

資料來源：馬秀如、李美雀（2004），頁118-119。

三、劉父遭法院通緝

另外，劉偉杰的父親劉榮顯，在1981年自合作金庫（合庫）放款部退休。退休後，開設土地代書事務所，他利用自己的專業知識與行庫的人脈關係，以人頭戶向行庫超貸，讓合庫損失達新台幣1.7億元。1992年，劉父被起訴，隨即潛逃海外，1994年，遭台北地方法院通緝，迄今仍滯留海外不歸（陳金章，2003）。

據報導，劉偉杰自填的人事資料，父親欄係空白。這一部分，理律在聘任之初，疏於追查，聘任之後，亦未進行暸解，理律未對擔任敏感職務的員工進行背景的確認與調查，終於付出慘痛的代價（馬秀如、李美雀，2004：114-129）。

四、信心危機

員工舞弊行為是組織的成員利用職務之便，侵占組織資產的行為。員工有貪念，那麼員工舞弊的行為即不可能絕跡。

理律強調信任，信任是理律的業務得以推展之原動力。眼前的理律，第一要面對的是「信心危機」。理律人最引以為傲的就是信任文化，但是劉偉杰卻濫用理律的信任，讓理律人根本不知道該再相信什麼。

沒有信任的理律，怎麼活？要怨要恨要放棄？所有念頭閃過後，理律執行合夥人兼執行長陳長文堅定地跟夥伴說：「我們原來是什麼，就是什麼。」理律不能因為劉偉杰的背棄，背棄對人的信任，對客戶的信任，不管賠不賠得起，即使是三十億的天文數字（成章瑜，2003）。

五、理律的危機處理

由陳長文領導的「危機處理小組」，在短短不到兩個月的時間，理律經過與新帝的協議，達成債款八千六百萬美元分成三部分清償。理律先償還新帝約七億台幣（第一階段），並且以信用狀的方式，分十六季、四年償還接下來的十六億台幣（第二階段）。另外，理律在未來十八年，每年將提供一百萬美元的法律服務給新帝（第三階段）。2007年底，除了剩下十四年提供勞務的第三部分，理律算得上已將三十億元的債務全數清償完畢。這對「輸在信任（太相信劉偉杰）、也贏在信任」的理律，無疑是一大激勵，陳長文特別引用黎巴嫩文豪紀伯倫（Kahlil Gibran）一段饒富哲理的優美詩詞激勵同仁：「沒有貝殼的痛苦，就沒有美麗的珍珠。」形容理律是歷創的珍珠。

《第五項修練》作者彼得·聖吉說：「只有在一個可以誠實說出遇到難題的環境中，人們才有可能學習與合作。」只是，經歷這樣的教訓，修這門課付出的代價實在太大了，回首這一年心路歷程，陳長文只有三個字：「非常累。」（宋秉忠，2005：190-195）

結　語

　　不論任何行業，忠於職守不但合乎職業倫理的要求，也是一種積極生命的展現。日本經營之聖稻盛和夫在《人生的王道——人如何活著》中建議，人的一生要立志，且要不斷地精進。人生的旅程，既不能向噴射機那般立即飛抵目的地，也不會由於急著想跨越夢想與現實之間的隔閡，就能得以順遂。用盡心思獲得炙手可熱的成功，也會因不落實的榮華而難以持久，最重要的終究是走正道，一步一步向前進（莊素玉，2009：182）。

參考書目

〈聖嚴法師說心六倫：奠定職場的十個基石〉，網址：http://ethics.ddmthp.org.tw/ethics_contents.aspx?cat_id=18&id=58。

〈職場倫理功課表〉，網址：http://ethics.ddmthp.org.tw/ethics_contents.aspx?cat_id=18&id=59。

方清月（2011）。〈涉竊聽醜聞　英八卦報快速關門〉，《看雜誌雙週刊》，第92期。

王曉玟（2010）。〈智財戰換中國半導體江山　台積電不消滅中芯的秘密〉，《天下雜誌》，第440期（2010/01/27-02/09），頁86-88。

古明芳（2008）。〈司法院長賴英照勉學子專業與倫理並重〉，中央大學新聞網，網址：http://sec.ncu.edu.tw/news/headlines_content.php?H_ID=375。

石詠琪（2000）。《石詠琪談天才秘書》，希代出版，頁57。

成章瑜（2003）。〈理律，30億元的背叛與信任〉，《遠見雜誌》，第210期（2003年12月號）。

吳尊賢（1987）。《吳尊賢自撰回憶錄：人生七十》，財團法人吳尊賢文教公益基金會出版，頁63。

呂靜怡（2002）。〈論競業禁止條款的效力（上）〉，《台肥月刊》，第43卷，第12期（2002/12）。

宋秉忠（2005）。〈史上最貴的一堂課：理律走過人性試煉〉，《遠見雜誌》，第225期（2005年3月號），頁190-195。

李正綱、陳基旭、張盛華著（2007）。《現代企業管理：理論與實務導向》，智勝文化事業出版，頁66。

林志函、李奕昕（2012）。〈不滿遭劈腿醫　師偷鎮靜劑跨海殺大陸女友〉，《聯合報》（2012/11/30），A18社會版。

林庭瑤（2012）。〈加藤嘉一遭踢爆假學歷〉，《聯合報》（2012/11/01），A17兩岸版。

邱茂林、王昭明、吳育昇編著（2009）。《職場倫理與就業力》，普林斯頓國際公司出版，頁6-7。

孫中英（2012）。〈保險業奇案／女職員結婚生子　攏係假…〉，《聯合報》（2012/12/31），A19綜合版。

孫震（2005）。《理所當然──企業永續經營之道》，天下遠見出版，頁107。

徐敏玲（2004）。〈在談內部控制──以理律與盜領事件為例〉，《會計研究月刊》，第218期（2004/01），頁131。

馬秀如、李美崔（2004）。〈內部控制與員工舞弊理律案的省思〉，《會計研究月刊》，第218期（2004/01），頁114-129。

張宏業（2013）。〈假公債詐9.6億　女營業員被起訴〉，《聯合報》（2013/01/03），AA2股市‧基金版。

莊素玉（2009）。〈尋找人生的王道〉，《天下雜誌》，第438期（2009/12/30-2010/01/12），頁182。

陳佑寰（2011）。〈分手管理──談離職員工洩密與競業的追溯與防治〉，《會計研究月刊》，第310期（2011/01），頁19-23。

陳金章（2003）。〈劉爸是詐欺犯滯美遭通緝〉，《聯合報》（2003/10/16），A2焦點版。

陳恆霖、陳嘉皇、陳曉郁、許誌庭、黃昌誠、楊淑雯、葉淳媛編著（2010）。《職業倫理與服務學習》，華立圖書出版，頁110-113。

陳聰文（1992）。《專科學校企業倫理教學之研究》，國立政治大學博士學位論文，頁19。

黃達夫（2012）。〈醫師的尊嚴與高貴氣質〉，《永遠站在病人這一邊》，天下遠見出版，頁166-167。

葉德正（2012）。〈詐領廣達九千萬　徐可君認罪：沒那麼多〉，《中國時報》（2012/12/27），A10版。

詹建富（2012）。〈開第一槍！台大外科總醫師轉醫美〉，《聯合報》（2012/05/25），A2版。

劉峻谷（2012）。〈為愛著魔…女友在敵營　他出賣公司〉，《聯合報》（2012/11/13），A9版。

劉時均（2012）。〈日月光炒股　財務經理一家被訴〉，《聯合報》（2012/012/11），A7社會版。

蕭德安（2012）。〈留人貴在留心〉，《人力資源雜誌》（2012/06），頁86。

鮑建信、黃旭磊（2012）。〈吳寶春高徒／武子靖違約判賠百萬〉，《自由時報》（2012/12/12）。

韓福光、華仁（Warren Fernandez）、陳澄子合著，張定綺譯（1999）。《李光耀治國之鑰》（*Lee Kuan Yew: The Man and His Ideas*），天下文化出版，頁95-

96。

簡慧珍（2012）。〈金墩米20多員工　自願無薪上班〉，《聯合報》
（2012/12/31）。

第十二章
企業社會責任

> 清晨變得不尋常地沉寂。那些原本充斥著鳥鳴之美的地方……就像洞穴人使用過的木棍一樣粗糙的武器，化學藥品的彈幕已猛烈攻擊生命的結構。
>
> ——雷切爾・路易絲・卡森（Rachel Louise Carson）

　　1984年11月3日凌晨，印度中央邦的博帕爾市（Bhopal）美國聯合碳化物（Union Carbide）屬下的聯合碳化物（印度）有限公司（UCIL），設於博帕爾貧民區附近一所農藥廠發生氰化物洩漏事件。當時有二千多名博帕爾貧民區居民即時喪命，後來更有兩萬人死於這次災難，二十多萬博帕爾居民因而永久殘廢，現在當地居民的罹癌率及兒童夭折率，仍然因此次災難而遠比其他印度城市為高。

　　1987年，印度中央調查局公布，災難起因是公司高層管理縮減安全與警報系統以節省成本。1989年2月14日，印度最高法院最終裁定該公司賠償4.7億美元，並責令其在3月31日一次付清，該公司宣布接受這一裁決。

　　1992年，印度當局發出逮捕令，通緝美國聯合碳化物公司當時的執行長安德森（Warren Anderson）。2001年2月，陶氏化學公司（Dow Chemicals）併購該公司。2002年，印度法庭要求引渡安德森回印度面對訴訟，這則事件至今尚未落幕。

　　可口可樂執行長穆塔・肯特曾說，可口可樂公司裡有一個簡單的信念，就是如果不能在本身的營運據點，協助建立永續社區，我們就不會有永續事業。這個信念需要深植於公司中，而不是插入公司的社會責任報告裡就好了（**表12-1**）。

表12-1　社會責任標準與全球盟約

　　一家企業基本的構成是由土地、資本、人力資源、經營者四大要素組成，並且以永續經營為前提，使公司賺取合理的利潤。1997年，國際社會責任（Social Accountability International, SAI）的前身CEPA（Council on Economic Priorities Accreditation Agency）就制定社會責任標準SA8000（Social Accountability 8000），這個標準不僅可用於已開發國家，也適用於開發中國家，它係依據國際勞工組織條例所建立之國際性社會責任標準而訂。

（續）表12-1　社會責任標準與全球盟約

壹、SA8000的內容

社會責任標準（SA8000）的內容，涵蓋下列事項：

一、童工
　　1.1不得僱用童工
　　1.2現有童工的教育
　　1.3童工保護措施與工時限制
　　1.4禁止危險的工作環境

二、強迫性勞動
　　2.1禁止強迫勞動

三、健康與安全
　　3.1提供安全環境的義務
　　3.2管理代表指派
　　3.3職安衛訓練實施
　　3.4建立危害偵測、規避與回應的機制
　　3.5提供衛生設施及飲用水
　　3.6有宿舍時要確保安全衛生

四、結社自由及集體談判權利
　　4.1自由參加工會以及集體談判權利
　　4.2協助結社的機制
　　4.3禁止歧視工會員工

五、歧視
　　5.1禁止就業歧視
　　5.2尊重信仰和風俗的權利
　　5.3性騷擾的禁止

六、懲戒性措施
　　6.1禁止體罰、精神或肉體懲罰措施與言語侮辱

七、工作時間
　　7.1遵守法定正常工時及延時規定
　　7.2禁止強迫加班
　　7.3依集體協定要求彈性加班

八、報酬
　　8.1滿足基本工資
　　8.2不因懲戒扣薪
　　8.3保證不規避員工照顧義務

這些標準主要是維護勞工者權益，對資本主義的行為有積極規範的功能。

貳、全球盟約

另一個重要的國際規範是聯合國「全球盟約」（Global Compact），這是1999年1月31日由當時的聯合國秘書長科菲・安南（Koffi Anan）在世界經濟論壇中首次提出全球盟約。他提出了有關人權、勞動、環境、防止腐敗等十項原則，並呼籲全球企業共同參與而成為一股世界的潮流。例如日本住友化學在2005年1月宣示

（續）表12-1　社會責任標準與全球盟約

> 參與企業全球盟約十項原則，其台灣子公司住華科技也自2008年起響應這十項原則，並於2010年起邀請供應商共同倡議全球盟約。
>
> 「全球盟約」共有十項原則：
>
> 一、人權（Human Rights）部分
> 　　1.在企業影響所及的範圍內，支持並尊重國際人權。
> 　　2.企業應確保公司內不違反人權。
>
> 二、勞工（Labour）部分
> 　　3.保障勞工集會結社之自由，並有效承認集體談判的權力。
> 　　4.消弭所有型式之強迫性勞動。
> 　　5.有效廢除童工。
> 　　6.消弭僱用及職業上的歧視。
>
> 三、環境（Environment）部分
> 　　7.支持對環境挑戰採取預防性惜施。
> 　　8.採取善盡更多的企業環境責任之做法。
> 　　9.鼓勵研發及擴散環保化的科技。
>
> 四、反貪腐（Anti-Corruption）部分
> 　　10.企業應致力於反貪腐活動，其中包含敲詐及賄賂。
>
> 全球盟約不是強制性的規範，企業可以自由參加，但加入兩年內，須將執行盟約準則的情形，向全球盟約提出進度報告，之後每年都要提出年度進度報告。若連續兩年沒有提出報告，則會被除名。

製表：丁志達。

 企業社會責任概念

　　近年來，隨著全球化時代來臨，企業社會責任（Corporate Social Responsibility）的議題在國際上如火如荼地發展，已成為西方社會對企業要求的一股重要力量，逐漸融入了他們的企業文化及企業實際運作中。鋼鐵大王安德魯·卡內基（Andrew Carnegie）說：「死而富有，顏面無光。」（The man who dies rich, dies disgraced.）他於去世前將其鉅額財富的90%加以處置。

　　哈佛商學院（Harvard Business School）教授麥可·波特（Michael Porter）說，企業現在不僅是要回饋公司營運所在的社區，也要注意供應商、聘僱員工、兒童、環境汙染、能源等各項重要議題。過去企業做決策，只需要單純考慮經濟因素，現在則必須把以上的所有因素全部考慮進去。

範例12-1

他們如何實踐「企業社會責任」？

企業名稱	企業社會責任的做法
和泰汽車	加強道路安全，提供三年無肇事紀錄優良駕駛子女獎學金，也為台北市交通大隊全體隊員投保。
正隆紙業	率先盤點二氧化碳排放量，每年目標降低3.8萬公噸，因此成為國際大廠綠色夥伴。
台達電	興建台灣第一棟綠色廠辦，外圍種兩萬棵植物，每年可吸收四千多噸二氧化碳。
光寶科技	設立光寶人最龐大的工業設計競賽，發掘優秀創意人才。
研華	舉辦創新事業大賽，建構青年就業創業發展的機會平台。
陽明海運	成立海洋文化藝術館，深耕海洋藝術及文化。
普萊德科技	輔導國小外籍配偶子女、原住民、身心障礙等特殊需求的學童。
花旗銀行	提供國中、小學「金融理財教育」，建立學生正確的金錢價值觀。
麥當勞	教育小朋友洗手消毒，養成正確衛生觀念，並拿到全球分享。
IBM	加入「世界社群網站」的方式，匯集閒置的電腦運算效能，提供癌症研究運用。
星巴克	每家門市都是社區活動點，創造多元在地活動。

資料來源：黃靖萱（2007），頁126。

一、失去聲譽資本

諺語說：「成功不在於從不失足，而是在哪裡失足，就從哪裡爬起來。」每個組織難免都有蒙受聲譽損失的時候。令聲譽受損的情況有無數種，有時是可預期的，有時是意外從天而降的。

耐吉公司（Nike）在東南亞令人質疑的勞動行為；沃爾瑪百貨（Wal-Mart Stores）在宏都拉斯（República de Honduras）以血汗工廠作為供應商，還在美國玩反工會的手法；菸草公司對消費者及大眾掩蓋尼古丁（nicotine）會上癮的事實；美國電話電報公司（American Telephone & Telegraph）在宣布大規模裁員後，還大幅提升高階主管的報酬；漢堡王

（BURGER KING）使用砍伐雨林闢成牧場所畜養生產的牛肉；埃克森美孚公司（Exxon Mobil）的油輪在威廉王子灣（Prince William Sound，是阿拉斯加灣內的一個海灣）擱淺；美國國家廣播公司（National Broadcasting Company）的《夜線》（*Nightline*）新聞節目畫面作假；法國沛綠雅（Perrier）礦泉水的一家工廠遭到苯汙染等。

範例12-2

康師傅礦泉水被爆料只是自來水

大陸知名品牌「康師傅」所生產的「優質礦泉水」，2008年7月一篇〈康師傅：你的優質水源在哪裡？〉的網文被質疑，標示產地的當地並沒有所謂優質水源，所謂「純淨水源」根本是假的。經大陸中央電視台報導後，康師傅出面承認：該礦泉水其實只是自來水加工，形象因而受創。

8月初，康師傅停止原廣告，並推出新的瓶身期望平息事端。8月底，央視節目討論「水源門」事件，官方機構也介入調查，一開始康師傅還強烈反擊，最後受不了壓力，坦承礦泉水就是自來水，商譽形象因此受創，9月2日，康師傅在天津舉行了面向華北地區知名媒體的「開放日」活動，活動上就其「優質水源」事件首次向消費者進行公開道歉，並作出停播廣告、更換產品外包裝。新瓶標上已經刪除了「選用優質水源」的字樣。

康師傅礦物質水及大部分飲料行業和瓶裝水行業所選用的水源皆為公共供水系統即自來水，完全符合國家GB5749衛生標準，加上採取了國際先進的處理技術，這是康師傅之前的廣告稱其為「優質水源」的原意，但是沒有向媒體和消費者解釋清楚，結果產生了誤解。康師傅為此表示遺憾與抱歉。

資料來源：周芳、吳偉瑋、余永堅、韓遠飛（2008）／引自：人民網：http://mnc.people.com.cn/BIG5/7785983.html。

任何醜聞發生，領導人必須及時承擔責任，必須接受譴責和懲罰，也必須承諾會做該做的事，以避免重蹈覆轍（Kevin T. Jackson著，洪鑫譯，2006：249-253）。

二、企業社會責任的面向

企業社會責任並無公認定義，若參考世界企業永續發展協會（World Business Council for Sustainability Development, WBCSD）提出的看法，是企業承諾持續遵守道德規範，爲經濟發展做出貢獻，並且改善員工及其家庭、當地整體社區、社會的生活品質。企業除了考慮自身的財政和經營狀況外，也要加入其對社會和自然環境所造成的影響的考量。換句話說，企業社會責任是企業成長和產業發展的規範，更是企業永續經營的地圖。

三、企業社會責任的項目

企業社會責任，包含「公司治理」（corporate governance）、「企業承諾」（corporate commitment）、「社會參與」（social involvement）與「環境保護」（environmental protection）四大項，整合起來，就是企業持續創造價值的能力。

公司治理，強調運作透明，才能對員工與股東負責；企業承諾，強調創新與培育員工，不斷提升員工的價值與提供消費者有益的服務；社會參與，就是以人力、物力、知識、技能投入社區；環境保護，強調有目標、有方法地使用與節約能源，減少汙染（吳韻儀，2007：101-102）。

其中「公司治理」與「企業承諾」較偏於公司法人的內在管理，其範圍與行動相對容易界定；而「社會參與」與「環境保護」則較偏向於外部互動，其範圍與行動相對較爲動態。2002年，麥可‧波特在《哈佛商業評論》撰文指出，企業若能正確地進行慈善行爲，可以提升競爭優勢。

範例 12-3

中國各式假／毒食品

食品名稱	簡介
頭髮豉油	將人的頭髮及動物毛髮，用腐蝕性液體溶解，再中和後，加入色素及鹽
地溝油	從下水道收集廢水，以及到餐廳廚房收集廚餘泔水，倒入大鐵窩加熱，食油會受在最上層
毒酒	用工業酒精（甲醇）勾兌而成的假酒，飲用後可致命
假酒	用名牌酒的空酒瓶，注入平價酒，又或用針筒抽出名酒，跟雜牌酒混合後，再注射注回酒瓶，一瓶變幾瓶
大頭娃娃假奶粉	用澱粉、蔗糖，加上奶香精等添加劑製成，營養成分猶如開水，嬰兒長期食用會因營養不良而頭大、全身水腫、體重下降，甚至死亡
三聚氰胺毒奶粉	三聚氰胺是廉價工業原料，用作阻燃劑、防水劑，因含氮量高，加入奶粉後，測試蛋白質含量（即氮元素）時便可輕易過關；三千萬嬰兒食後腎臟受損，患腎石或致死
毒米	致癌物黃曲霉素超標的過期大米，用工業油加工後，便可跟新米一樣晶瑩
毒麵粉	添加了致癌的增白劑，過量食用會損害中樞神經、血液系統及腎臟
毒豬肉	飼料中加入激素及瘦肉精；又或在出售時大量注水
毒韭菜	為令韭菜外表肥厚翠綠，使用國家禁用劇毒農藥「3911」灌注根部，中毒者會頭暈嘔吐腹瀉，甚至昏迷
毒瓜子	用明礬、工業鹽、石蠟、色粉等炒製，嚴重的會損害肝、腎等
死豬肉香腸	用病死豬肉、腐肉、加上色素、防腐劑、調味料製成
毒火腿／毒鹹魚	噴上禁用的劇毒農藥敵敵畏等，防止蟲蟻、蒼蠅
假蜂蜜	將馬鈴薯（土豆）搗成粉狀，再煮成糊狀，加入砂糖攪成蜂漿，又或用白糖水加硫酸熬製，將白糖的雙糖分子變成單糖分子，冒充蜂蜜
毒粉絲	原本用綠豆製的粉絲，改用便宜十六倍玉米澱粉，加入增白劑漂白、化肥碳酸氫銨或氨水提煉出澱粉，再曬製而成；這些化學物及化肥腐蝕性強，會破壞腦部及致癌

食品名稱	簡介
糞便製臭豆腐	深圳揭發的臭豆腐：將豆腐切塊水煮，加入黑色粉末染黑，晾曬後放入田螺與餿水、腐肉為原料的黑水內泡浸，發酵密封產生刺鼻臭味，若不夠臭，放進少許糞水
蘇丹紅食品	蘇丹紅是工業用染色劑，致癌，用於溶解劑、機油、蠟、鞋油等染色，卻被用於製造辣椒醬、燒烤醬及各式公仔麵、碗麵等；混在母雞飼料中，便產出「紅心雞蛋」
孔雀石綠海產	致癌的染料及殺菌劑，長期被用於水產養殖及運輸，可治魚類各種小病及延長魚鱗受傷魚的壽命；乎所有淡水魚都被驗出含有孔雀石綠
假阿膠	阿膠是滋保品，由整張驢皮熬製成，原產山東東阿縣而得名；近年「掛驢皮賣馬皮」愈來愈嚴重，摻 大量劣質廉價的馬皮、牛皮冒充
假鹽	用工業鹽冒充食鹽
假蟲草	用亞香棒蟲草、涼山蟲草、分枝蟲草等「假蟲草」，冒充冬蟲夏草，或使真正蟲草，但摻入明礬、加入鐵絲或鉛粒，用膠水黏上鉛粉等去「增重」
毒芽菜	從泡浸黃豆開始，加入激素及一種名為「保險粉」的化學品，令芽菜產量高，且又白又長，不易變壞

資料來源：國內外報章及電視新聞相關報導／引自：潘小濤（2012）。《國情》，紅投資公司出版，頁248-250。

　　生產行動通訊產品的跨國公司諾基亞公司（Nokia）和地方主管當局合作推出「援手」（Helping Hands）計畫，共同確認社區面對的首要問題。諾基亞的員工接著奉獻自己的時間、協助處理社區計畫中的問題。這些計畫反映了他們所屬組織的精神。它們對員工的士氣影響很大，並且提升了社區參與感（Frank-Jurgen Richter、Pamela C. M. Mar編，羅耀宗譯，2004：236）。

四、推行企業社會責任的益處

　　日本企業導師松下幸之助在《松下幸之助管理技巧》（*Not for Bread Alone*）書中說：「有些人認為企業的目的是為了賺取利潤。要執行適當的企業活動，利潤的確不可或缺……，但是利潤本身不是企業的終極目

標。更為基本的要務是經由企業的管理改善人的生活。只有為了把這個基本的使命做得更好，利潤才變得重要與必要。」（Frank-Jurgen Richter、Pamela C. M. Mar編，羅耀宗譯，2004：177-178）

利潤是手段，不是目的。企業社會責任的推行，對企業的益處有：

(一)強化投資人對企業的信心

近年來，許多企業作假帳的醜聞時有所聞，讓投資人喪失對企業的信任，而善盡企業社會責任是贏得這項無形資產的最佳方式。一旦投資人提高對企業的信任度，將有助於降低企業的籌資成本。

(二)吸引投資增加企業資金來源

愈來愈多投資人在選擇投資哪一家企業時，會考慮企業是否重視企業社會責任，因為有能力關懷社會的企業，較能永續經營。

(三)塑造良好的企業形象

當企業投入大量資源落實企業社會責任，等於對外宣告企業永續經營的決心，也間接反應其產品與服務具備高品質，有助於提升業績，即使企業一時犯錯，也較易得到外界的諒解。例如，在美國的紐約人壽公司（New York Life Insurance），97%的員工都是志工，從董事長、總裁，到每一位員工，都很用心地服務社區。在中央公園，常會看到穿著公司運動衫的員工，在人群中穿梭，從事公益活動。

範例12-4

科技老董認養家扶中心孩童

「我有一百一十三個孩子！」擎昊科技公司董事長黃振宗出身農家，深知社會底層家庭的苦，事業有成後，發願「公司有多少員工，就認養多少孩子」，他有一百一十三個孩子，除了三個是親生的，其餘都是家扶中心的扶助童。

　　這一百一十名家扶孩子，年紀最小的還在念幼稚園，最大的已是博士生，資料擺滿四本資料夾，黃振宗特別聘請一位公益經理，專門打理公益工作，他告訴公益經理：「能做得到的儘量做，預算沒有上限。」

　　2005年，黃振宗以公司名義認養家扶孩子，第一年認養八名，此後人數逐年增加，目標是「公司有多少員工，就認養多少孩子。」2012年3月止，全公司已認養一百一十人，他說，公司現有一百二十五名員工，還要再認養十餘名孩子，正等待家扶中心配對安排。

　　「光出錢是不夠的，希望員工一起參與。」黃振宗說，公司出資認養家扶孩子，鼓勵員工常寫信給認養的孩子，分享職場心得及人生經驗，並參與家扶中心相見歡活動，和孩子面對面送上關懷。

　　公司許多未婚男女，成為扶助童的「爸爸」、「媽媽」，有人認養二、三個孩子，從付出中學習關懷。黃振宗說，有次公司舉辦徵人面試，分享公司認養家扶孩子的計畫，一名條件不錯的應徵者原本還有其他工作機會，但他和家人討論後，決定選擇擎昊科技，這名員工笑著說「我想先體驗當爸爸的滋味」。

　　黃振宗關心每一個受扶助的孩子，台南一名受扶助男童的母親身體欠佳，找不到合適的工作，黃振宗安排男童母親就近至擎昊科技台南辦事處做清潔工作；得知孩童渴望出遊，他就邀約孩子與家人一起參加公司旅遊。

　　採購經理溫孟霓認養的是和她女兒同年、十八歲的「阿佑」，兩人相處像朋友。她說，分享愛是件很棒的事，同事間相互關心彼此的扶助童，成為辦公室溫馨話題。

　　新竹家扶中心主任沈俊賢表示，認養一位家扶孩子每月費用一千元，擎昊科技一年認養費用一百三十二萬，黃振宗常問他「還可以再為這些孩子做些什麼？」，其用心讓人感動。

資料來源：王慧瑛（2012）。

(四)提升競爭力

企業重視社會責任，符合國際標準和供應鏈管理的要求，將有助於爭取訂單，提高與同業競爭的門檻。

(五)增加員工向心力

企業重視員工的工作環境與福利，雖會提高企業經營成本，卻有助於增加員工的向心力，降低員工流動率，進而節省訓練新進員工的成本，同時大幅提升工作效率。

(六)創新的來源

企業若要推出符合企業社會責任精神的產品與服務，可能必須投入較高的研發成本，例如，研發不會汙染環境的電池，或是低耗能的汽車等。企業社會責任將是激發企業產生創意的重要推手（林宜諄編著，2008：32-33）。

美國股神華倫·巴菲特在2006年7月宣布，將逐步捐出他在波克夏公司（Berkshire Hathaway）總值四百四十億美元持股85%，約三百七十億美元，其中多數流向世界首富蓋茲夫婦主導的慈善基金。巴菲特說：「我

範例12-5

企業生育補助

企業名稱	生育補助金額（新台幣）
金仁寶集團	每胎六萬六千元
信義房屋	第一胎三千元、第二胎十二萬元
永慶房屋	每胎六千元
鴻海科技	每胎六千元
廣達電子	每胎三千元，每年每個小孩五千元養育費直到七歲
群創光電	每胎二千元、雙胞胎四千元

資料來源：江碩涵（2013）。

認為，比爾和梅琳達‧蓋茲基金會（Bill & Miranda Gates Foundation）比我更適合做慈善事業。不論做什麼事，找更勝任的人來做，是再合邏輯不過的。誰不會選老虎伍茲（Tiger Woods）來代自己打一場高賭注的高爾夫球賽？對於個人財產的處理，我也是這麼想。」（圖12-1）

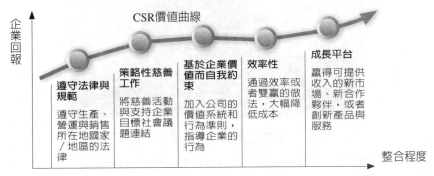

圖12-1　聰明社會責任也能賺錢！

資料來源：李郁怡（2009），頁83。

 # 台灣環保運動萌芽

儒家肯定萬物均含有生命，而且物物相關，旁通統貫，形成廣大和諧的「機體主義」，堪稱當今絕佳的環境倫理學；尤其《易經》中強調「一陰一陽之謂道」，代表陰陽相互依存，交融並進，形成相對中的和諧統一，很能象徵人與自然的應有倫理關係。北京的天壇與地壇，即是中國歷代皇帝祭祀天地的聖地，充分象徵敬重天地的傳統美德（馮滬祥，1991）。

一、綠色經濟，天人合一

二次世界大戰後，由於工業化生產而造成的空氣、水、土壤及廢棄物汙染，使人類首次意識到人為活動會對環境造成傷害。早在1962年，美國作家雷切爾‧卡森（Rachel Carson）的知名小說《寂靜的春天》（*Silent Spring*）中，已描述殺蟲劑對空氣、水及野生動物的迫害。後人

北京天壇（丁志達／攝影）

天壇位於北京天安門的東南。始建於明成祖永樂十八年（西元1420年），是明清兩代皇帝祭祀天地之神的地方。

形容該書是美國環境運動的起始。

聯合國在1972年於瑞典首都斯德哥爾摩（Stockholm）召開人類環境會議，在會議中發表了《聯合國人類環境會議宣言》（*Declaration of the United Nations Conference on the Human Environment*），闡明：「人類是環境創造者，也是環境的主要改造者。若能明智地運用此一能力，不僅人類得享開發之利益，也會有機會改善生活品質，反之，會給人類本身帶來難以估計的災難。」（李錦育等著，2011，序言）

二、台灣環保運動的興起

台灣曾有傲人的經濟奇蹟，但在生產高度工業化、專業知識高度分化後，開始意識到跨領域整合的重要。台灣的環保運動萌芽於1970年代中期至1985年代間。在這個時期，台灣的知識份子吸收國外環保的理念，並經由媒體扮演理念傳播的角色。當時關心的議題有：飛歌女工中毒案、中部地區多氯聯苯中毒案、保護關渡紅樹林、保護恆春過境候鳥、反對太魯閣立霧溪興建發電廠等（**表12-2**）。

表12-2 又燒了！六輕停工決策關鍵大事紀

日期		事件
2011	5/27	雲林縣勒令六輕氯乙烯廠、海豐總廠區停工
	5/26	雲林縣府開圓桌會議，確認以《工廠管理輔導法》第21條第三項施予停工處分
		經濟部召開「台塑麥寮工業區安全管理督導強化作為會議」，給予雲林縣政府「龍泉寶劍」
	5/25	民進黨立院總召柯建銘邀集十四個部會，召開六輕工安檢討閉門會議，由蘇治芬親率局處長向中央請益
	5/19	經濟部回應雲林縣府公文，確認六輕五一二火災，適用《工廠管理輔導法》，縣府「得命其停工並改善」
	5/18	上午十一點，六輕再度發生火災。起火原因為五一二的火災，原管線內殘留物料持續少量低漏，遇到下方蒸氣管表面高溫起火
	5/17	縣府建設處請示經濟部，六輕的五一二火災是否適用《工廠管理輔導法》
	5/12	晚上八點四十七分，六輕工廠——南亞塑膠公司異辛醇廠（2EH廠）公用管線起火
2010	7/25	台塑麥寮輕油廠煉製二廠火災
	7/7	台塑麥寮烯烴一廠丙烯外洩引發氣爆大火

資料來源：林倖妃（2011），頁61。

　　1985年6月，台中縣大里鄉（現在行政區改為台中市大里區）反對三晃農藥廠汙染的鄉民，以闖入工廠的直接抗議行動揭開了台灣地方住民反公害「自力救濟」運動的序幕。接著1986年初，彰化縣鹿港鎮發起反對杜邦設置二氧化鈦廠的運動；1987年初，新竹市水源里發起反對李長榮化工汙染的運動。這些大型的以及其他為數眾多的「自力救濟」事件，對台灣社會產生了重大的衝擊，引發了台灣社會對經濟發展與環境保護孰重的省思和辯論，也喚起了人民的環保意識，為台灣的環保運動奠定了基礎（施信民主編，2006：頁1）。

　　《從搖籃到搖籃：綠色經濟的設計提案》（*Cradle to Cradle: Remaking the Way We Make Things*）、《世界又熱、又平、又擠：全球暖化、能源耗竭、人口爆炸危機下的新經濟革命》（*Hot, Flat, and Crowded: Why the World Needs a Green Revolution-and How We Can Renew Our Global Future*），一直到研究循環再利用經濟模式的《藍色革命》，全球逐漸凝聚一個共識，綠色經濟不但是環保的必須，也是經濟的必要。

企業倫理

反杜邦設廠運動

1985年經濟部通過美國杜邦公司的投資案，擬在彰化縣鹿港濱海工業區設置二氧化鈦工廠。

一、二氧化鈦的用途

二氧化鈦（化學式為TiO_2）是一種白色顏料，俗稱「鈦白粉」。日常生活隨處可見於油漆、紙、塑膠、化妝品、紙尿布中，它可全面取代以往的鉛白，成為顏料之王。它的特性是遮蓋率大（油漆漆上後較不透明）、無毒、粒子細小均勻、抗酸、高電阻等。

杜邦所採取的製造過程稱為「氯化法」，原料主要來自海灘沙，海灘沙的含鈦量愈高、顏色便愈黑，而經提煉後的二氧化鈦的廢棄物也愈少、汙染更低。從海灘沙中提煉二氧化鈦，便須除去鐵質並加工處理，原料焦炭，一起進入氯化反應器氯化後，成為粗四氯化鈦，再進至精製設備，成為純四氯化鈦，然後經過氧化處理，再成為二氧化鈦。在氯化過程中，有三種情況有發生汙染的可能性：一為氯氣管道外洩；二為氯化鐵廢水處理；三為氯化反應後的廢氣處理。較受爭議的是氯化鐵廢水的處理，可分為三大類，一為深海投棄，二為深井投入法，三為以化學處理，回收氯化鐵。三種方式各有特性，無法斷定優劣，杜邦所採取的是深海投棄法與深井投入法（〈鹿港反杜邦運動〉）。

二、汙染前科心有疑懼

早年位在彰化市的台灣化學纖維公司的環境汙染，以及1979年鄰近鹿港鎮的福興鄉因食用遭多氯聯苯汙染的米糠油致多人中毒及死亡的事件，早已令鹿港人對於環境汙染感受頗深。

1986年2月，王福入及李棟樑分別當選鹿港鎮長及彰化縣議員，他們在選前都提出反杜邦設廠的政見並發起萬人簽名陳情的運動。

294

1986年6月4日，由彰化縣公害防治協會籌備處策劃的「兒童彩繪鹿港民俗活動」，將對汙染的恐懼藉由小孩的手呈現；6月24日的集會活動，人們穿著印有「我愛鹿港‧不要杜邦」的運動衫熱情參與，在五、六百位警察及一千多位民眾的推擠中，成就了台灣第一次的反公害遊行示威。

三、要肚兜不要杜邦

隨後協會提出「我愛台灣‧不要杜邦」、「要肚兜不要杜邦」等口號，舉辦送雞蛋給杜邦公司要「杜邦滾出台灣」、「簽血書反杜邦」等活動；12月13日，三百多位鹿港民眾兵分三路，以進香團的名義北上，再集結於總統府的周邊，拿著事先準備好的「怨」字牌以徒步方式走向總統府。

1987年初，行政院衛生署環保局局長莊進源率團赴美考察十五天，團員包括鹿港鎮長王福入、鎮代表會主席、東海大學環工系教授。返國後所作報告中，對杜邦給予高度評價，甚且認為它可做台灣各工廠的示範。但此考察報告無法說服鹿港居民，反對運動仍然如火如荼繼續進行、聲勢擴大、深植基層。百位鎮民高舉標語布條於街頭遊行，各方人士紛紛組成團體，或由民意代表舉行座談會；台大社團「大學新聞社」學生至鹿港參與活動、發送傳單、做成問卷報告；「反杜邦演講」的舉辦更是受到熱烈回應。1987年3月12日，杜邦公司宣布取消在鹿港的設廠計畫，整整四百天的反杜邦運動結束。

反杜邦運動是台灣第一個反對新增汙染源的運動。這個運動還創造了台灣環保運動多個第一：第一次反公害遊行、第一次到總統府示威、第一次結合民俗活動、第一次結合大專學生和老師、第一次反對開發案成功（施信民主編，2006：269-270）。

台大學生參與杜邦運動聲明

我們是一群熱愛鄉土的台大學生，為了關心鹿港文物風土的前途，特地從台北趕來參與您們勇敢的反汙染運動。

我們平日沉潛於追求學識的活動，在象徵真理的學院門牆內孜孜不倦，我們生長於台灣各地，雖然背景有所差異，但是吃的同樣是漁民同胞辛勤養殖的蚵仔和鮮魚。我們擔心，一旦杜邦在鹿港設置二氧化鈦廠，彰濱的養殖漁業將永劫不復，更可慮的是，人文薈萃的鹿港風情將隨之毀滅！

各位親愛的鹿港同胞們！我們謹向您們反公害的愛鄉運動致最崇高的敬意。過去半年來，你們力戰經濟決策官僚的顢頇，抵抗各種惡勢力的威脅，你們這種道德勇氣使身為知識份子的我們自覺汗顏。如果我們不踏出知識的象牙塔，參與你們的運動，何以報答鄉土的培育之恩？

鹿港同胞們！此刻我們的心緒是和你們一起脈動的。我們同樣不能容忍經濟決策官僚漠視地方民意，縱容杜邦的行徑！

我們厭惡「經濟成長」的神話，將高汙染的跨國化工業引入台灣，以鹿港人民的財產和生命安全為芻狗，摧殘掉台灣西海岸的最後一片淨土！

關心鹿港就是關心台灣。以具體的行動抵抗杜邦的入侵，就是愛國的最真摯的表現！

資料來源：台大學生杜邦事件調查團（1986），頁180。

綠色經濟與環保節能

　　2001年聖誕節前幾週，新力（Sony）碰上了大麻煩。荷蘭政府封鎖新力運至歐洲銷售的整批「PlayStation」遊戲機，一百三十多萬台遊戲機堆在倉庫無法上架，是因為貿易大戰？還是因為禁止販售暴力電玩？新力的管理高層可能還覺得問題容易解決多了。

一、鎘汙染事件

　　究竟是什麼原因導致新力陷入錯失假期購物潮的危機？答案是因為遊戲控制器的電線裡發現少量違法的有毒物質「鎘」。新力緊急更換遭汙染的電線，並設法追蹤問題。追蹤時間長達十八個月，追查了六十多家工廠，還更換了新的供應商管理制度。這樣一點「小小」的環保問題，代價有多大？答案是1.3億美元以上。

　　新力高層把「PlayStation」事件稱為「鎘危機」，他們提出保證，絕對不會再發生對環保風險一無所知的情況。事實上，因為積極追查問題，新力現在也更熟悉自己的運作方式。

　　「鎘危機」說明了即使新力這樣績優、這樣謹慎且重視環保的企業，也會因為一家供應商的材料控制不慎，蒙受鉅額損失。所以，環保並非微不足道的次要議題，代價可能相當驚人，以嶄新觀點檢視企業，可以找出實質效益，這是我們從新力的慘痛教訓中得到的啟示（Daniel C. Esty、Andrew S. Winston著，洪慧芳譯，2007：21-22）。

二、綠色經濟

　　綠色經濟，是一種新的生產模式，也是一種新的思維模式。與過去生產模式不同的，綠色經濟是一種透過更少的自然資源消耗，更少的環境汙染，來獲致相同或更大的經濟產出，並且同時創造周邊效益。例如：汙染防制成本、節能減碳費用、增加就業機會、更多的市場通路，以及更好

的企業聲譽。

三、台達電子的經營使命

　　創立於1971年的台達電子工業公司（簡稱台達電子），總部設在台北市內湖區瑞光路。台達電子係電源管理與散熱管理解決方案的領導廠商，並且在各種節能及新能源科技領域亦居世界級的領導地位，包括視訊顯像系統、工業自動化、網路通訊產品、太陽能、發光二極體（Light Emitting Diode, LED）照明與電動車控制系統等領域，市場遍及全球。

　　台達電子自成立以來，即以「環保、節能、愛地球」為企業經營使命，致力於實踐環境保護，興建並大力推廣綠建築，已在多年前實施綠色製程、資源回收再利用、廢棄物管理等計畫，為華人企業唯一榮獲歐洲商業雜誌（CNBC）評選為「全球百大低碳企業」。

四、使用無鉛錫焊

　　素有「節能教父」稱號的台達電子創辦人鄭崇華，在十餘年前，即將生產線改為無鉛錫焊製程，以減少製程中所造成的重金屬汙染問題。2001年，新力（Sony）要求日本以外地區的零件供應商及早改用無鉛錫焊，當新力發現台達電子很早就開始使用無鉛錫焊，而且製程與新力要求的標準一致，也因此向台達電子訂了更多貨。2003年，新力頒發全世界第一家海外綠色夥伴（Green Partner）的認證給台達電子。原來台達電子只單純地希望為地球環境多盡一點力量，沒想到意外獲得了很好的商機。此種行為，成本雖然提高，但同時卻獲得外商的肯定，並得到了大量的訂單。印證台達電子在企業永續經營已與全球領導企業同步，並獲得國際投資界肯定（鄭崇華，2007：8）。

五、綠建築／綠廠辦

　　台達電子自2006年率先於台南科學園區建立台灣第一座綠建築／綠廠房以來，深知綠建築／綠廠房可藉由生物多樣性、永續基地與綠化、日

常節能、二氧化碳減量、廢棄物減量、水資源管理、汙水與廢棄物管理，以及室內健康與環境管理等評量指標，有效降低對生態環境之衝擊，因此主動承諾未來所有新的廠房／辦公大樓都必須採行綠建築理念（台達電子工業公司）。

21世紀的環境危機也是企業可以發揮的綠色商機。企業善用環保節能的優勢來創造本身與產品的價值，共同為地球盡一份企業公民的心力，這是21世紀的新商機。

 ## 溫世仁的千鄉萬才工程

前英業達集團副董事長溫世仁，在2003年12月7日因操勞過度，突罹中風不幸去世。他曾說：「一個人有再大的權力、再多的財富、再高的智慧，如果沒有學會去關懷別人、去愛別人，那他的生命還有多少意義呢？」他的一位友人說：「和溫世仁道別，是跟一個世界完美的善良道別。」

一、千鄉萬才工程

溫世仁的「千鄉萬才工程」，是指要在中國西部一千個鄉鎮培養一萬名軟體、英語、電腦打字的網絡專業人才，藉此消除發達地區與貧困地區之間的「數碼落差」，以國際網際網路為媒介，帶動和促進貧困地區的教育和社會經濟的全面發展。這個計畫共分七個步驟，「以校領鄉」是第一步，也是整個計畫的基礎和核心。

在2001年，溫世仁投資五千萬美元在天津創辦了「千鄉萬才科技（中國）有限公司」，從2002年起，在中國西部的甘肅、寧夏、青海等地全面實施「千鄉萬才工程」，希望透過網際網路來改善中國西部偏遠地區的貧窮現狀，成功的改造了在甘肅省古浪縣的黃羊川鎮。

二、淀黃羊川出發

黃羊川，位於古絲綢之路所經的河西走廊上，是國家級貧困縣甘肅省古浪縣一個只有兩萬多人口的貧困鄉。這裡群山環繞，封閉落後，老百姓過著靠天吃飯的生活，雨水稀少，糧食經常減產，甚至顆粒無收，許多人一輩子都沒走出過大山。當地有一所職業學校，住校生的早餐吃家裡帶來的饅饅配涼水，中餐吃涼麵湯配饅饅。由於學校缺少經費，學生喝不起煮沸的開水。

2000年，英業達天津公司的總經理林光信去考察，他問校長：「如果讓學生從早到晚都能喝到開水，每週都能吃三頓帶肉的湯麵，每個月需要多少錢？」校長算了算說：「要二千五百元人民幣。」從此，林光信每月奉獻二千五百元人民幣，讓三百多個孩子有開水喝，可以吃好一點。同時還捐贈了電腦和網路設備給黃羊川職業中學，並派員教導學生如何使用電腦，讓學生看到了外面的世界。

2002年，溫世仁第一次來到黃羊川，眼見鄉村的貧困景象，他決定在英業達（天津）公司總經理林光信已在黃羊川職業中學建設網際網路示範學校的基礎上，實施一個宏偉的西部扶貧開發計畫——千鄉萬才工程。

三、始於公益止於盈利

溫世仁投資五千萬美元，在開曼島登記成立Town and Talent Technologies公司，在天津註冊成立了「千鄉萬才科技有限公司」，這是「以行善為出發點，以獲利為目標」的最佳明證。透過遠程僱用，將軟體代工中那些只要求掌握簡單的英語、基本的計算機操作的工作由當地的青年完成，實現就地致富。同時，將封閉落後的西部鄉村，帶入信息時代。

四、黃羊川成功樣板

黃羊川是「千鄉萬才工程」的第一個基地，也是第一個成功的案例。當地的一批軟體人才現在每月已能掙到人民幣一、兩千元；黃羊川的

農民透過電子商務，一個多天就賣出農產品二十多萬元；當地百姓特別是學生的眼界打開了，他們看到了大山外面的世界，並透過網際網路與外面的世界緊緊聯繫在一起。

　　溫世仁過世後，在溫世仁弟弟、大學同學和生前好友、千鄉萬才科技公司總裁林光信的推動下，「千鄉萬才」會員學校，從溫世仁去世時的五十四所發展到九十六所，一座現代化的國際會議中心矗立在黃羊川的山野間，讓更多的人親眼見證傳統農村成功轉型為現代鄉鎮的見證（陳斌華、王艷明，2004）。

　　「千鄉萬才計畫」不以培養大學生為目的，而是立足農村，培養一批熟練掌握網路技術的實用人才，透過電子商務的形式實現「西才東用、東工西做」。促進農村地區的科技進步和經濟發展起到帶動作用。

　　在《西部開發十年可成》一書的結語裡，溫世仁寫道：「我想用法國大文豪雨果（Victor Hugo）的一句話來作為本書的結語，雨果曾經說：『這裡不再出偉人，讓我們努力做大事。』」

 # 嬌生泰樂諾膠囊的危機處理

　　1982年9月，嬌生製藥公司（Johnson & Johnson，以下簡稱嬌生）遭遇泰樂諾膠囊（Tylenol Capsules，乙醯氨基止痛藥）中毒危機，當時有七名患者在服用遭人摻入了沾染氰化物的強效「泰樂諾」膠囊之後喪生。

一、泰樂諾膠囊下架

　　這種膠囊是由嬌生子公司麥克尼爾消費產品事業部（McNeil Consumer Products）所推出。儘管中毒事件僅發生在芝加哥地區，嬌生公司仍決定將美國境內所有泰樂諾膠囊下架停止銷售。這一舉動在商界歷史上堪稱史無前例，但同時也替嬌生公司贏得了一片商譽。

　　嬌生公司前董事長詹姆斯・柏克（James E. Burke）說，這是他職業生涯中所面臨的最大挑戰。柏克不僅保住嬌生公司良好的聲譽，也救了「泰樂諾」這個品牌。儘管後來調查，遭人蓄意摻入的產品都來自零售

店，但他並沒有逃避企業社會責任，這就是他最爲人稱頌的地方。

二、對客戶安全的承諾

嬌生公司爲了彌補這項過失及實現對客戶安全的承諾，斥資一億美元撤回市面上三千一百瓶泰樂諾（事發之前，「泰樂諾」是全美最暢銷的止痛藥）。中毒事件六星期後，新生產的泰樂諾藥品裝在新的三層密封的包裝內推向市場，並在全美各大報紙上大量印製優惠券，憑此可便宜2.5美元購買一瓶泰樂諾藥品。這樣，小瓶裝的「泰樂諾」根本就是免費供應。事後證明，回收事件過了八個月，泰樂諾的市占率已回升到85%，一年以後即恢復大眾的信心，再度回到過去全盛時期暢銷之市占率95%。1984年，嬌生以泰樂諾藥錠取代既有的泰樂諾膠囊。1988年，又推出凝膠藥丸，外觀很像膠囊但不能拆開（Stephen P. Robbins、Mary Coulter著，羅雅萱、吳美惠、李祺菁編譯，2009：20-22）。

三、嬌生集團的信條

嬌生集團更因其卓越的管理，獲得2008年《霸榮雜誌》（*Barron's Magazine*）認可爲全球最受尊崇企業第一名（World's Most Respected Companies）。嬌生集團之所以卓越，就是因爲信條價值（Our Credo）。

1943年創辦人羅伯特・伍德・約翰遜（Robert Wood Johnson）所訂的嬌生公司的信條，強調了商業的社會責任。

1.對客戶：我們首先要對醫生、護士、病人、父母親及所有使用我們的產品和服務的人負責。
2.對員工：我們要對世界各地與我們一起共事的男女同仁負責。
3.對社會：我們要對工作和生活中的社會，以至全世界負責。
4.對股東：最後我們要對全體股東負責。（Johnson & Johnson MEDICAL網站）

範例12-7

嬌生集團的信條

　　嬌生集團之所以卓越，就是因為信條價值——Our Credo。1943年創辦人羅伯特‧伍德‧約翰遜（Robert Wood Johnson）親自定稿，詳述對客戶（醫師、護士、病患、父母親）、員工、社會及股東的責任，是全球員工的行為準則與經營的基石。員工每年評估公司是否確實執行信條價值，不斷鞭策公司整體確盡信條責任。

一、對顧客
- 我們首先要對醫生、護士、病人、父母親及所有使用我們的產品和服務的人負責。為了滿足他們的需要，我們所做的一切都要保持高品質。
- 我們應該不斷努力降低成本，以維持合理的價格。
- 提供客戶迅速及確實的服務。
- 我們的供應商和經銷商應該有機會獲得合理的利潤。

二、對員工
- 我們要對世界各地與我們一起共事的男女同仁負責。
- 每一位同仁應視為一獨立的個體，我們必須尊重他們個人的尊嚴，讚揚他們優良的表現，要使每一個人對其工作都具有安全感。
- 報酬必須是公平合理的，工作場所必須是整潔有序及安全的。
- 我們必須留意各種方式以幫助員工履行他們對家庭的責任。
- 員工可以自由的提出建議和申訴。
- 對於資歷合格的人應給予公平的任用、發展及升遷的機會。
- 我們必須具備能幹的管理人員，他們的作為必須是公正及符合道德的。

三、對社會
- 我們要對工作和生活中的社會，以至全世界負責。
- 我們要做好市民——支持有意義的工作及慈善義舉，並負擔應繳的稅捐。
- 我們要支持地方建設，促進保健及教育事業。
- 對我們使用的財務應善加維護，天然環境和資源也要加以保護。

四、對股東
- 最後我們要對全體股東負責。
- 企業必須賺取良好正當的利潤。
- 我們必須試行新的構想，持續執行研究工作，發展革新計畫，並承擔錯誤的代價。
- 必須添置新儀器、新設備並推出新產品。
- 必須設置準備金，以預防不利的時機。
- 當我們依照上述各項原則去做，股東應會獲得合理的報酬。

資料來源：Johnson & Johnson MEDICAL網站，網址：http://www.jjmt.com.tw/aboutBelieve.php。

四、嬌生集團企業文化

根據柏克的說法是：「我們的企業文化就是如此，這就是我們能在泰樂諾危機襲來時仍緊密團結的原因。如果不是我們的企業文化，我們不可能如此高效地處理這次危機。」按柏克的說法，嬌生能安然度過危機的原因就是自己濃郁的企業文化，它之所以能迅速採取一致行動，唯一原因就是嬌生的員工在顧客健康、行為正確、為人正直等方面看法一致。

 結 語

將倫理納入企業的經營活動，長期而言對穩健的獲利有幫助，而且其中有一部分是來自被視為社區中的好公民。

司馬遷在《史記‧貨殖列傳》中，介紹了十七位春秋末期到漢初有成就的企業家，最前面兩位就是陶朱公（范蠡）和子貢（端木賜）。在中國北方經商人家過舊曆年貼門聯，常寫「陶朱事業　端木生涯」，藉以顯彰或期許自己經營的風格。范蠡、子貢等企業家，受到社會的尊重，不是因為賺了多少錢，而是因為他們的善行。下一波企業競爭不再只靠策略、技術或創新，企業「倫理管理」（ethical management）將是決勝負的最後關鍵，而企業社會責任也將成為未來企業的競爭力來源。

參考書目

〈鹿港反杜邦運動〉，網站：http://content.edu.tw/local/changhwa/dachu/taiwan/s/s2/s25.html。

Johnson & Johnson MEDICAL網站，網址：http://www.jjmt.com.tw/aboutBelieve.php。

丹尼爾‧艾斯提（Daniel C. Esty）、安德魯‧溫斯頓（Andrew S. Winston）著，洪慧芳譯（2007）。《綠色商機：環保節能讓企業賺聰明財》，財訊出版，頁21-22。

王慧瑛（2012）。〈科技老董6年認養公司百餘員工寶貝〉，《聯合報》（2012/11/13），A8版。

史蒂芬（Stephen P. Robbins）、柯特爾（Mary Coulter）著，羅雅萱、吳美惠、李祺菁編譯（2009）。《管理學》，台灣培生教育出版，頁20-22。

台大學生杜邦事件調查團（1986）。《台大學生杜邦事件調查團綜合報告》，牛頓出版，頁180。

台達電子工業公司，網址：http://www.delta.com.tw/ch/csr/csr_environment_1.asp。

江碩涵（2013）。〈信義房屋第2胎給12萬　企業界最高〉，《聯合報》（2013/01/04），A5話題版。

吳韻儀（2007）。〈CSR：企業21世紀的新競爭力〉，《天下雜誌》，第367期（2007/03/14-03/27），頁101-102。

李郁怡（2009）。〈案例探討：沃爾瑪的形象再造：社會責任一定穩賠不賺嗎？〉，《商業周刊》，第1112期（2009/03/16-03/22），頁78-83。

李錦育、李柏旻、趙志燁、林金炳、楊榮華、洪廷甫、黃武章等著（2011）。《工程倫理》，五南圖書出版，序言。

周芳、吳偉瑋、余永堅、韓遠飛（2008）。〈康師傅為水源門道歉　天然礦泉水提價五成〉，《信息時報》（2008年09月04日）。

林宜諄編著（2008）。《企業社會責任入門手冊》，天下遠見出版，頁32-33。

林倖妃（2011）。〈地方政府單挑石化巨人：六輕停工蘇治芬怎敢下重手？〉，《天下雜誌》，第473期（2011/06/01-06/14），頁61。

法蘭克‧容根‧李克特（Frank-Jurgen Richter）、馬家敏（Pamela C. M. Mar）

編，羅耀宗譯（2004）。《企業全面品德管理：看見亞洲新利基》（*Asia's New Crisis: Renewal Through Total Ethical Management*），天下遠見出版，頁177-178、236。

金文森、江政憲編著（2009）。《工程倫理》，五南圖書出版，頁97-98。

施信民主編（2006）。〈導言：台灣環保運動簡史〉，《台灣環保運動史料彙編(一)》，國史館出版，頁1、269-270。

陳斌華、王艷明（2004/12/07），〈誰叫淚水打濕黃土地 追記台灣企業家溫世仁〉，人民網網址：http://www.people.com.cn/BIG5/shizheng/1025/3039131.html。

凱文·傑克森（Kevin T. Jackson）著，洪鑫譯（2006）。《聲譽是資本！》（*Building Reputational Capital*），頁249-253。

馮滬祥（1991）。《環境倫理學：中西環保哲學比較研究》，台灣學生書局出版。

黃靖萱（2007）。〈天下企業公民TOP50〉，《天下雜誌》，第367期（2007/03/14-03/21），頁126。

鄭崇華（2007）。〈推薦序〉，《綠色商機：環保節能讓企業賺聰明財》，財訊出版，頁8。

第十三章
失敗企業的借鏡

> 企業醜聞是資本主義的常態而非異數。
> ——美國麻省理工學院教授梭羅（Lester C. Thurow）

清朝孔尚任在其著作《桃花扇》續四十齣〈餘韻〉中，有一段讓人省思的文字：「俺曾見金陵玉殿鶯啼曉，秦淮水榭花開早；誰知道容易冰消？眼看他起朱樓，眼看他宴賓客，眼看他樓塌了！這青苔碧瓦堆，俺曾睡風流覺；將五十年興衰看飽；那烏衣巷不姓王，莫愁湖鬼夜哭，鳳凰臺棲梟鳥。殘山夢最真，舊境丟難掉，不信這輿圖換稿。諺一套哀江南，放悲聲，唱到老！」

1955年，《財星》（*Fortune*）雜誌進行美國五百大企業排名，通用汽車公司（General Motors）高居榜首；截至2008年，仍盤據五百大企業的第四名。到了2009年6月，通用汽車在金融風暴下宣布破產。

2006年，世界最古老的公司建設公司「株式會社金剛組」（Kong Gumi）結束營業。這家日本公司是由家族經營的神社（廟宇）營建商，持續營業一千四百年。

企業衰敗的肇因

根據《財星》雜誌報導，從安隆、世界通訊、凱瑪百貨（Kmart）、安達信會計師事務所（Arthur Andersen）、全錄到奎斯特（Qwest），企業巨人一個個倒下，執行長常找各種藉口來文過飾非，但說穿了，企業沒落或甚至倒閉，可歸咎於十大過錯。

一、因成功而鬆懈（softened success）

眾多研究報告顯示，長期的成功讓人志得意滿，較不可能做最適當的決定。安隆、朗訊（Lucent）和世界通訊都是從高樓墜落的例子。

它們為什麼會失敗？

企業名稱	失敗的原因
東雲、和立聯合科技、國華產物保險、新寶科技	財務體質不佳
三勝製帽、佳姿健身集團、新竹風城購物中心	經營策略不當
清三電子、鴻源科技、東正元電路	產業景氣因素
南部建商昱成轉型為光電、網路發展釀成經營危機	本業不振轉型不成功
佰鈺科技、菘凱科技	作假帳虛增營收或粉飾盈餘
大騰電子、宇詮、高鋁、飛宏	金融操作失利
達克公爵、顛峰電信	經營階層不務正業
宏傳電子、津津、合發、菘凱科技、建漢科技	大股東掏空資產
台灣麗偉、明樣、旭曜、明日世界	商標或產權糾紛

資料來源：劉任（2006），頁38-42。

二、安於現狀，不知禍之將至（see no evil）

拍立得與全錄的失敗就是典型看不清問題的例子。兩家公司在面對市場變化，其執行長只將原因歸咎於短期因素，如美元匯率波動、南美政局不安等，卻不檢討不良的經營模式。

三、畏懼老闆甚於競爭者（fearing the boss more than the competition）

員工害怕老闆的結果是——不敢說真話，老闆得不到正確的資訊，作為決策的參考。因此，如安隆職員寧可匿名示警，也不願冒挨罵的險。

四、暴露於過度的風險（overdosing on risk）

環球電訊、奎斯特等電信公司輕率冒險，未慎思，諸如光纖網路供

過於求（執行風險）或舉債無度（流動性風險）的後果。

五、併購慾（acquisition lust）

世界通訊創辦人艾伯斯（Bernard Ebbers）貪婪併購MCI、MFS等通訊公司，一度企圖併購斯普林特（Sprint），但一味擴張而未用心整合既有部門，終因消化不良而自食惡果。

六、對華爾街言聽計從，對員工建言置之不理（listening to Wall Street more than to employees）

朗訊科技前執行長麥金（Rich McGinn）賣力提供華爾街最愛的爆炸性成長數字，可是在此同時，他卻忽略工程師和業務員事先警告過，市場目標錯誤，最後導致朗訊股票重挫80%。

七、短線操作策略（strategy du jour）

執行長渴望特效藥救治羸弱的業績，但急病亂投醫恐致回天乏術。凱瑪百貨經營策略從多角化、併購運動用品、大舉投資資訊科技到價格戰，以虛張聲勢居多，缺乏深思熟慮的長遠規劃，凱瑪步上失敗之路。

八、危險的企業文化（a dangerous corporate culture）

安達信、安隆和所羅門兄弟公司（Salomon Brothers）皆因少數害群之馬拖垮整家公司。例如：1991年2月，所羅門兄弟一名員工以過高的價格買下美國國庫債券，5月他又故技重施時，才被發現。所羅門兄弟的文化缺乏查核制度，也鼓勵不用負責的冒險文化（EMBA世界經理文摘編輯部，2002：14-17）。

九、新經濟死亡漩渦（the new-economy death spiral）

資訊傳播快速，疑雲宜儘速澄清，以免商譽毀於一旦，遭消費者、評比機構、內部職員群起背棄。安達信執行長貝拉迪諾（Joseph Berardino）未及時避免危機，終致大勢已去。

十、董事會運作不良（a dysfunctional board）

安隆董事會忽略「大如阿拉斯加的危險信號」（a red flag the size of Alaska），凸顯企業董事會的失去功能。董事會上報喜不報憂是常見現象，對管理團隊實際作為不甚瞭解（湯淑君編譯，2002／引自：《統一月刊》，2002年7月號，頁34-35）。

企業就像其他有機生命體一樣，有其盛衰的循環。打造一個卓越的企業往往需要好幾雙兢兢業業執行長的手，可是輸掉一個卓越的企業又常常只是一個人的私心、狂妄或是無知。所以，《企業全面品德管理：看見亞洲新利基》（*Asia's New Crisis: Renewal Through Total Ethical Management*）作者法蘭克·容根·李克特（Frank-Jurgen Richter）和馬家敏（Pamela C. M. Mar）說：「不實踐全面品德管理的公司，遲早會敗亡。」

範例13-2

增你智企業的興衰史

增你智（Zenith）在20世紀前半葉達到卓越的高峰，到了1945年，該公司已經是主宰收音機與電視機產業的翹楚。增你智在電視產業萌芽時期就開始生產電視機，並成為黑白電視機的第一大廠。在1950年投資一美元購買增你智的股票，到了1965年，隨著增你智在那段時期的表現優於大盤十倍，價值達到一百美元。

第一階段：（因成功而傲慢）

當日本電視機進入市場時，增你智傲慢地不把對方視為威脅，該公司步入第一階段。

第二階段：（好大喜功）

增你智在1960年代晚期到1970年代初期步入第二階段，當時該公司成為彩色電視機的第一大廠。增你智大幅舉債（資本負債率為100%）以擴充產能。同時，公司也經歷權力傳承的問題。

第三階段：（無視於風險）

當消費者需求因為石油危機等因素而疲軟，增你智進入了第三階段。背負著巨額債務以及大量的未使用產能，增你智嘗試要降低售價。此舉不僅沒有刺激需求，反而只是拉低該公司的獲利能力。

第四階段：（急病亂投醫）

到了1970年代晚期，增你智落入第四階段。增你智企圖跨足錄放影機、影音光碟、居家安全監視器、有線電視解碼器、電話機，甚至是個人電腦。為了籌措資金進行這些產品的研發，增你智還加大舉債幅度，資本負債率高達140%。

第五階段：（束手投降）

增你智的筆記型電腦其實銷售得不錯，一度有機會在新興的筆電市場居於領導地位，領先戴爾（DELL）和康柏（Compaq）兩家大廠。然而，增你智並沒有嘗試轉型成卓越的電腦公司，反而賣掉了電腦部門，回歸到電視機的生產。到了這個階段，增你智已經負債五億美元，而且現金準備持續萎縮。

在十年間換了五任執行長之後，增你智步入破產之途，最後擺脫破產程序時，剩下大約四百多名員工，比起1988年三萬六千名員工的規模少了98%。

資料來源：Jim Collins著，王約譯（2009），頁37-39。

美國安隆公司破產事件

　　安隆公司（Enron，以下簡稱安隆）成立於1983年，原來只是美國休士頓（Houston）的一家瓦斯公司。1985年經由合併而成立洲際的天然瓦斯管線公司，幾年之後，開始從事瓦斯及電力交易業務；1990年代從能源交易賺取不當利得；1999年設置網站交易平台，並成為美國及全球最大的能源交易集團（energy trader），其營業項目跨及天然氣、電力、紙漿、基本金屬、塑膠及光纖寬頻等多個產業。2000年的營業額突破一千億美元，成為美國第七大企業，擁有三萬名員工。

一、全美百大最佳雇主

　　在經濟繁榮的上世紀九〇年代，安隆是最熱門的公司之一。《財富》雜誌自1996年起連續六年將安隆評為「美國最具創意的公司」，2000年安隆更被該雜誌評為「全美100最佳雇主」。安隆股價在2000年8月間，達到歷史高位每股九十美元，總市值達七百億美元，但是自安隆的財務問題在2001年10月曝光以後，情勢急邊惡化，股價一路由九十美元下滑至三十美分，從新經濟概念股一下子變成了水餃股，最後不得已在2001年12月2日突然聲請破產保護，世人大感震驚。

二、安隆聲請破產保護

　　不到一個月，安隆根據美國聯邦《破產法》第十一章聲請破產保護，成為美國有史以來最大宗的破產案，這結果嚴重衝擊美國的資本及金融市場，以及全球的投資市場，連累了許多銀行、基金，以及社會投資人；同時，安隆也把員工退休基金通通拖下水，賠得一乾二淨，損失至少十億美元，受到安隆破產而失業的四千五百多名員工，總共只能領到資遣費四千三百萬美元，對員工的衝擊不可謂不大。「安隆案」已經成為公司欺詐以及墮落的象徵（**表13-1**）。

表13-1　安隆破產案大事紀

1983	安隆前身休士頓天然瓦斯公司（Houston Natural Gas）成立於休士頓
1985/7	與英特北（InterNorth）合併成立安隆（Enron）
1999/11	安隆線上（Enron online）成立，成為全球第一大能源交易商
2000	營業額突破一千億美元，成為美國第七大企業
1996～2001	連續六年獲得《財富》雜誌評選為美國最有創意公司
2000	獲得英國《金融時報》「年度能源公司獎」及「最大膽的成功投資決策獎」、美國人最愛任職的百大企業之一
2001/2	史基林取代雷伊成為安隆執行長，而雷伊仍為安隆董事長
2001/8/14	史基林因個人理由辭去執行長一職，雷伊遂又再度成為執行長，而史基林係將安隆由傳統能源供應商成功轉型成為全球最大的能源交易商的重要人士
2001/10/22	美國證管會要求安隆說明該企業所從事之多項對外投資
2001/10/23	安隆主辦會計師安達信會計師唐肯下令助理人員銷毀安隆相關文件
2001/10/24	安隆開除該公司財務長法斯多
2001/11/8	安隆宣布將以八十億美元讓售其對手動能能源公司之消息
2001/11/9	安隆宣布其自1997年起溢列盈餘5.91億美元
2001/11/10	安隆接受動能之出價
2001/11/29	動能收購安隆案宣告失敗
2001/11/29	美國證管會針對安隆與安達信展開調查
2001/12/2	安隆申請破產
2001/12/4	五大會計師事務所發表共同聲明
2001/12/12	安隆簽證會計師安達信總裁貝拉迪諾於美國聽證會作證，承認對安隆二筆合夥投資中的一筆於查核時判斷錯誤，而另一筆則因安隆刻意隱瞞以致查核人員未發現
2002/1/2	安達信發表新聞稿指出該事務所之會計及審計品質制度經另一事務所德勤評鑑，提出未修正意見，證明其品質符合專業標準
2002/1/10	美國司法部門針對安隆破產案展開調查
2002/1/15	安達信開除安隆主辦會計師唐肯
2002/1/17	美國證管會主委彼特發表談話，建議將會計師自律機構公共監督委員會（POB）改為直屬證管會，或脫離美國會計師協會（AICPA）資助，以增進其獨立性
2002/1/21	安達信總裁貝拉迪諾表示安隆事件是經濟失敗而非會計錯誤

資料來源：陳依蘋（2002），頁16。

三、安隆的發跡史

安隆從一家小公司，利用關係人交易，高估資產、操控利潤、隱瞞負債，能快速地擠入世界五百家大企業之林，並獲得許多殊榮，其成功成為許多企業家及社會羨慕及模仿的對象。曾幾何時，安隆卻宣布破產。有人認為安隆公司的衰亡，敗在過度快速膨脹與過度財務遊戲；有人認為其成功全在於善用政商關係，長袖善舞，或為官商勾結，並透過不法的內線交易方式獲取利益；有人認為這正好說明「無商不奸」的寫照。

美國國際財務主持人協會（Financial Executives International）執行長利威史東（Philip B. Livingston）對安隆事件發表看法時說，安隆事件有75%的責任是在經營團隊，15%的責任在董事會，而剩下的10%則是會計師的責任。安隆的衰敗，敗在過度快速膨脹與過度的財務遊戲。

四、安隆失敗的主因

安隆事件不是單一個人或個別事件或是單一決策錯誤，它是一連續的決策錯誤所導致，它存在一個共犯結構（黑金的生命共同體），它不只是經營者或經營階層（董事會）出了問題，其組織體系也未能有適當機制來預防這種事件的發生，加上外部的監察、稽核機構的同謀或不察，使得事件得以被遮掩。企業經營者的違法，其所造成的不僅是企業本身的傷害，也傷害了廣大社會大眾及股東。

安隆的負責人終於自食惡果，為其貪婪敗德的行為負起刑責，而負責安隆簽證的安達信，為全球五大會計師事務所之一，因涉及協助安隆作假帳，隱瞞損失，美化財報，虛增利潤、偽造不實資訊、逃稅，造成偏高股價，欺騙投資人，並銷毀會計資料而受到美國司法部的起訴（陳家聲，2002）。

雪印牛乳中毒事件

　　日本一直宣稱「一杯牛奶強盛一個民族」，喝牛奶的習慣在日本根深柢固。雪印、明治和森永並稱為日本三大牛奶品牌，雖然這幾個品牌的牛奶價格比普通牛奶高出近50%，但許多日本人依然對這三個品牌有深厚的品牌忠誠度和依戀。

一、雪印乳製食品公司

　　雪印乳業公司成立於1925年，是日本最大的牛油奶酪生產商，旗下除乳製品外，還生產冷凍食品和酒類等。

　　雪印乳製食品公司（以下簡稱雪印乳製）在日本擁有三十五家工廠，是一家素來擁有良好聲譽的廠家，但一場席捲日本關西地區的牛奶中毒事件爆發，造成一萬四千六百五十七人中毒發病，由於操作人員與管理者警覺性不夠，善後處理不當，加上內部溝通不良，隱瞞事實真相，未能

初鹿牧場乳牛（丁志達／攝影）

初鹿牧場為全台灣最大的坡地牧場，面積大約67公頃，成群的乳牛，悠閒地在如茵的草原上漫步或休憩。以出產新鮮、香醇的初鹿鮮奶聞名。

貫徹「顧客第一」之理念，只顧成本利益，回收太慢，危機處理不當，使該公司形象受損，信用掃地，造成「商譽」無法彌補的損失，並最終導致牛奶生產廠家雪印乳製的歇業。

範例13-3

雪印乳品中毒事件發生過程

日期（2000年）	過程
06/27	雪印西部日本支店接到消費者抱怨的電話，指出喝下雪印大阪廠製造的盒裝低脂乳後出現上吐下瀉等症狀。
06/28	雪印高階管理幹部召開內部會議（會議紀錄在翌日才呈報給石川哲郎社長）。
06/29	二百人中毒。 雪印接到大阪市政府的回收商品指示。
06/30	三千人中毒。 雪印發表第一篇新聞稿。
07/01	四千八百人中毒。 雪印第一次召開記者會，在記者的追問之下，雪印公司暴露出內部溝通不良的情況。
07/06	中毒人數超過一萬人。 雪印召開記者會，石川社長表明辭意。
07/07	雪印股價由每股619日圓跌為405日圓。
07/10	雪印宣布全面回收三十萬盒此種低脂乳製品。
07/11	奈良一位八十四歲老婦中毒死亡。
07/12	受害人數超過一萬四千人。 雪印宣布關閉全國二十一家工廠進行檢查。 雪印股價再跌為382日圓。 台灣雪印代理商聲明，台灣未進口此種低脂鮮乳，並提供080免費電話供詢問。
07/13	日本7-11全面停止銷售雪印生產的十七種產品，包括布丁、乳酪冰淇淋。
07/22	雪印又被查出使用過期兩年的起司作為飲料原料。
07/27	雪印在《產經新聞》刊登道歉啟事。

資料來源：王文欣（2000），頁34-35；製表：丁志達。

二、中毒事件發生過程

2000年3月31日，雪印乳製設在北海道大樹町的大樹工廠在停電三小時後重新啟動生產線時，對其加熱器中的牛奶因溫度升高，造成加熱生產線上的牛奶繁殖了大量毒菌（受到黃色葡萄球菌感染），牛乳變質，操作人員警覺性不夠，未作廢棄處理。正是這批有毒奶粉造成大阪分廠在6月21日至28日期間生產的低脂牛奶等三種乳製品受到汙染。

事發後，雪印乳業公司雖然道歉，但遲遲並未向消費者說明原因，公司負責人在接受採訪時，也未擬定統一賠償標準，這極大地激起民憤。抵制雪印奶製品的說法不絕於耳，各地經銷商也紛紛對雪印奶製品作下櫃處理。

日本《朝日新聞》發表社論說，雪印乳業應當充分認識問題的嚴重性。受害範圍擴大的一個明顯的原因是，產品回收和受害情況的公布太遲。作為大企業，雪印乳業應當抱有強烈的社會責任感，但顯然公司還缺乏「消費者第一」的理念。

雪印牛奶事件發生後，受害者依據《製造物責任法》，對生產問題牛奶的企業提出索賠。雪印乳業不僅同意為每位受害者承擔醫療費用，並按人頭依法向受害者支付二十九億日元的賠償費（江小凝，2008）。

三、雪印乳製食品公司停業

雪印乳業的問題牛奶在日本引發了持續性的恐慌，雪印乳業的社長不得不辭職謝罪，當年雪印乳業首次出現虧損，虧損總額高達四百七十五億日元。此後，由於民間對雪印乳業的抵制，第二年，雪印牛奶業務的經營並無改善，相關子公司不得不關門謝罪。其後雪印乳業不再經營牛奶業務。

雪印乳業在成為日本乳業第一品牌後，長久以來在穩定的情況下發展，企業緊急應變的機能衰退所致。如果雪印乳業能迅速公布事實，造成的損害將不會如此之大；事件發生後，雪印乳業對民眾為何中毒也沒有給出完善的解釋，這是雪印乳業為自己的散漫管理所付出的代價。辛苦七十五年累積的雪印乳業信譽就此煙消雲散。

範例13-4

雪印乳業中毒事件檢討

檢討項目	說明
生產製成方面	1.大阪廠未依衛生法規按時清洗容器。 2.將未出貨或退貨之過期乳製品重新加工生產，而不是銷毀。 3.部分混裝重製過程是在戶外進行，不僅溫度無法控制，且灰塵四散。
對外聲明方面	1.未立即公開承認事實，未誠實說明發生原因。 2.在面對媒體，回答問題時發生致命錯誤，而使得事情擴大。 3.事前未清楚傳遞情報，使得社長與大阪廠廠長於重要的說明記者會上，在媒體面前演出走調（各說各話）。 4.記者會的功能應是表達歉意，說明調查報告，分析中毒原因，報告如何改善，如何處置失職人員；但在雪印記者會中，並未說明如何改進，卻表示「只有一個工廠不合格，相信大家能體諒、原諒」。
企業組織方面	1.在經營上，管理散漫，未能貫徹顧客安全導向的理念，未能迅速保護企業生命的商品品牌。 2.隱惡揚善的企業文化，從作業員到管理職（廠長）都只是想把事件縮小，或為求自保，都有隱瞞事實情況。 3.或為了迴避責任，或為了維護組織；情報未能快速送達上層。 4.組織腐化對雪印高層來說，此事件是偶發並非全面的問題，但事實上不是偶發，而是暴露出雪印公司管理散漫問題。例如：商品競爭下降、員工生產力下降、唯我獨尊的企業體。 5.產生消費者遠離乳品，影響酪農收入20%，同時也影響其他同業的收入。

資料來源：王文欣（2000），頁35-36；製表：丁志達。

 台灣鳳梨公司舞弊案

　　1955年，台鳳公司承接自台灣省政府及日治時代的經營規模，成立台鳳股份有限公司（以下簡稱台鳳），正式邁入民營時代。台鳳是台灣的農產食品公司，以生產及銷售鳳梨產品而著名。由於擁有諸多土地，也經

營休閒旅遊和房地產等多角化事業。

一、鳳梨王國

1990年代，台鳳因本業農產於全球化競爭下逐漸失去競爭力，遂尋求轉型。當時台鳳董事長黃宗宏利用台鳳擁有的多筆土地，轉型土地開發與房地產炒作，配合自家股票炒作增值的一種循環型金融遊戲當成主要營收來源；由於此種模式需要市場持續地樂觀拉抬氣氛與資金投入來維持模式運轉，所以黃宗宏逐漸開始熱衷經營政商人脈吸金投資台鳳股票或開發案，一度號稱身價超過新台幣一千五百億元（台鳳）（**圖13-1**）。

《台鳳關係企業簡介》中，在「永遠的台鳳」文字敘述中，很生動的表達出：「『誠信』是台鳳領導管理企業的中心思想，唯有社會大眾的信賴與支持，才能成就台鳳企業多角化經營的理想。」但企業擁有道德規範不代表行為合乎道德。

二、鳳梨宴談炒股

1999年7月2日，黃宗宏妻子陳美秀透過李玉惠夫婦作東，邀集十多位高等法院法官及檢察官在「紅龍蝦餐廳」參加宴會，結識擴充人脈並遊說這些官員投資，席間並保證利益輸送，參加買股有賺算自己，若賠錢由黃宗宏來賠。7月中旬，黃宗宏在台北市來來飯店十七樓邀請王姓、曾姓重量級立法委員晚宴，討論的主題也是台鳳股票，因為看好台鳳擁有雄厚的土地，以及所衍生的龐大利益（王學順，1999：40）。

不料因為亞洲金融風暴的後續影響，台鳳股票之後幾週出現市場因素性意外巨量下跌，導致諸多參與其金錢遊戲的政商名流因虧損引發不滿與內鬨，並遭到當局調查，法務部將受邀赴宴的法官及檢察官，分別予以停職、免職，被稱為「鳳梨宴」或「台鳳案」。

三、台鳳沉淪主因

分析台鳳沉淪的最大原因，應是大股東對股價的操縱意念太強，忘

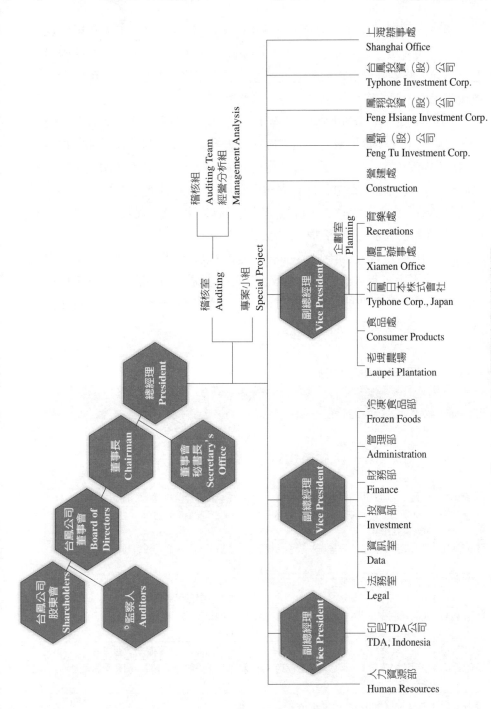

圖13-1　1995年台鳳關係企業組織編制圖

資料來源：《台鳳關係企業簡介》，台灣鳳梨有限公司編印（1995年版），頁5。

了我是誰。大股東為了讓股價出人頭地，達成個人私慾，不惜利用1998年元月募集完成的七十七億元現金，透過子公司炒高股價，台鳳股價從七十四元一路攀升到二百五十七元，漲幅超過四倍，引發股市一陣騷動，嗣後股價即一路崩跌，子公司也一路護盤套牢慘重。

1998年底，子公司因持股套牢的未實現跌價損失即高達四十三億元，台鳳利用「作帳戲法」將之安置在股東權益項下，以規避當期虧損過鉅再度傷害股價。另一方面，管理當局極欲紓解套牢資金而與鴻禧企業策略聯盟，斥資一百七十億元投資秀岡山莊131.26公頃土地及在建工程，而鴻禧答應購入台鳳20%股票，台鳳畫餅編夢稱未來六年可製造五百億元營收及二百億元獲利，但仍然擋不住股價的頹勢。

這家1955年成立的老牌食品股也是資產股，卻在21世紀來臨前的2000年8月下市，走入歷史，灰飛湮滅，令人扼腕。仔細觀察2001年12月初美國安隆破產事件與2000年5月初台鳳股票炒作一案有許多雷同之處（張漢傑，2002：37）（**表13-2**）。

表13-2　安隆案與台鳳案比較表

公司 項目	美國安隆	台灣台鳳
出事時間	2001年12月2日	2000年5月2日
出事原因	擴張快速，虛列盈餘	護盤過猛，嚴重套牢
公司名氣	全球最大能源交易商，2000年為美國第七大企業	老牌傳統食品股，土地資產豐富
企業轉型	由天然瓦斯供應商轉型能源交易商	傳統食品產業轉型土地開發與貿易商
股價表現	2000年曾高達90美元；2002年3月6日每股僅0.24美元	1998年曾高漲至257元，2000年8月已下市
炒作手段	管理當局粉飾營收與盈餘，吸引機構法人介入	大股東利用子公司資金炒作母股，吸引外部人跟進
審計責任	會計師銷毀部分重要文件，顯有失職	1999年簽證財報不被董事會接受引爆事件，會計師已負審計責任
資產負債	2000年底總資產655億美元，負債比率高達77.4%	1999年第3季總資產319億元，負債比率達64%
盈餘來源	主要為營業利益	主要為業外投資或處分資產收益
綜合結論	精明的財會騙術，破壞財報公信力，波及層面廣	單純的個股炒作案件，影響層面有限

資料來源：張漢傑（2002/07），頁36。

四、黃宗宏鋃鐺入獄

　　台鳳股票崩盤，台鳳負責人黃宗宏等人被懷疑涉嫌炒股票，被檢察官起訴，法院判刑。2004年9月份，因「鳳梨宴」台鳳炒股及內線交易案，被判刑五年，併科罰金新台幣一億五千萬元。2007年4月，因中興銀違法超貸予台鳳一案，被判刑八年半，併科罰金新台幣三億元。同年11月1日黃宗宏在基隆八斗子漁港意圖偷渡逃亡被捕，身上只剩人民幣一萬元，名下財產遭查封，最後鋃鐺入獄服刑。

五、私人骨董折抵刑罰

　　本案因判決黃宗宏併科高達三億元之鉅額罰金刑，台灣台北地方法院檢察署為確保展現刑罰強行執行之強力作為，積極查扣黃宗宏多項私人收藏之古蹟文物、名酒、畫作等，以折抵刑罰。查扣沒入之多項藝術品，並以交付典藏各博物館、美術館、藝術大學的方式，依相關法律捐贈展示或研究之用，成效斐然，而受各界矚目（2012年檢察文物展資料）。

古物也可抵罰金（丁志達／攝影）

台鳳負責人被判刑後，其收藏之古物遭拍賣抵罰金，部分古物點交給予國家級博物館收藏。

亞力山大企業集團倒閉案

亞力山大企業集團（Alexander Group）成立於1982年，曾是全台灣最大的健康休閒產業集團，旗下事業體分別為「亞力山大健康休閒俱樂部」、「亞爵會館」、「亞力山大會館」、「君Spa」及「樂活健康事業」。

一、唐雅君的健身王國

唐雅君，亞力山大企業集團（以下簡稱亞力山大）創辦人，二十二歲那年，一個舞蹈老師，卻創立了自己的事業，五個員工胼手胝足，到一千五百名員工，從小小的一間舞蹈社，到二十萬的會員，年營業額超過二十億元，她建立了台灣最大的健身王國，更勢如破竹的進軍大陸，一度當選中華民國青年創業協會總會會長、創業青年楷模、傑出工商婦女獎。

二、突然暫停營業

2007年12月9日晚上，唐雅君召回重要幹部，會議上宣布將所有俱樂部的店面上鎖，並貼上暫停營業的公告，翌日中午十二點，主動召開記者會，無預警宣布歇業，12月12日，接受《時報周刊》專訪時坦承，她最大的失敗就是把所有權與經營權混在一起。2011年12月15日，台灣高等法院依詐欺罪判處唐雅君有期徒刑一年十個月、唐心如有期徒刑一年四個月，不得緩刑，全案定讞。2012年2月4日唐雅君發監桃園女子監獄執行，在監服刑約一年二個月，通過假釋審查，於2013年4月9日出獄。

三、健身王國隕落探源

以唐雅君的個性，好大喜功，要認輸很難，但疏忽大環境的變遷，以及錯估經營形式，讓其「健身王國」一步步走向危機，無法自拔，終於一夕崩潰。

範例13-5

亞力山大倒閉案　唐雅君姊妹須入監

　　亞力山大健身中心突然倒閉，負責人唐雅君和妹妹唐心如被控詐欺，一審判緩刑；台灣高等法院認定唐雅君姊妹詐騙金額超過三億元，被害人眾多，撤銷緩刑，兩姊妹必須入監。

　　高院指出，唐雅君、唐心如無法面對企業經營困境，鋌而走險向地下錢莊借錢繼續經營亞力山大，終至倒閉，消費者因此遭受唐雅君姊妹無法接受失敗的苦果。唐雅君判刑一年十月定讞，唐心如判刑一年八月，詐欺部分已定讞。合議庭特別在判決書中強調，「坦承並面對自身失敗，乃為人處世之根本，但是常為部分利益薰心、久享高社經地位光環者所忽略」；為掩飾個人的失敗，導致多數人受損害的情形，屢有所聞。

　　亞力山大健身中心倒閉案，一審判唐雅君兩年徒刑、緩刑五年，支付國庫六百萬元；唐心如判刑一年十月、緩刑四年，支付國庫三百萬元。判決一出，引發議論，檢方上訴。

　　高院認定唐雅君姊妹構成詐欺罪，主要是因為在2007年5月底，唐心如就在電子郵件中和唐雅君討論公司有五千八百萬元資金缺口，「要不要作最壞打算」。據調查，當時地下錢莊到亞力山大各分店收現金，唐雅君姊妹明知財務嚴重困難，卻在倒閉前推出「預付型」會員方案，讓民眾以現金或刷卡預付會費，造成六千二百一十六名消費者受騙，詐得三億二千多萬元。

　　判決書還指出，唐雅君姊妹與受害消費者之間的團體訴訟，纏訟至今仍無結果，發卡銀行承受三億元呆帳，兩人卻只願意以三千萬元賠償銀行損失，合議庭認為不宜宣告緩刑。

　　高院指出，唐雅君姊妹為維護高社經地位，無法面對公司不能繼續經營的事實，如宣告緩刑，將使社會公義的天平傾圮；而且會出現，「欠巨款的人逍遙法外或獲判緩刑，倒會的基層百姓因無力和解而受牢獄之災」的不公平現象。

資料來源：蕭白雪（2011）。

探討亞力山大失敗的原因，約有下列數端：

(一)「預付型」潛藏的風險

高等法院合議庭認定，前負責人唐雅君姊妹自民國96年（2007）6月至12月9日，明知亞力山大集團財務問題嚴重，需向地下錢莊借錢支應不足資金，竟加以隱瞞，由不知情的業務員以「預付型」會員方案招攬會員，共有六千二百一十六人受騙，而預付會費及美容服務據點費用，得三億二千一百七十萬多元。「預付型」的會員制，容易造成經濟事業體「收益幻覺」和「利潤幻覺」，不易察覺到風險。收到錢之後，表示責任的開始，營運所需的成本也日遞增加；收到現金時，則是未來履行該負的責任，風險難以管理，未來可能會因通貨膨脹或其他政治、社會因素，都會造成成本增加，甚至可能血本無歸；很容易把「責任當權利」、「應付帳款當收益」，尤其在新會員快速增加，所產生的「收益幻覺」，這時如再把這些錢當作是賺到的利潤，把它拿去擴散投資或轉投資，因循下去，後果可想而知，成本無限增加、利潤無限減少至負債、關門歇業是早晚的事。

(二)大肆擴張

以社區型健身俱樂部起家的亞力山大，一度僅選擇在昂貴的都會區辦公大樓內開業，但固定成本的租金支出就非常驚人。在大陸上海、北京快速擴點，又「燒掉」部分資金，而另闢高檔的亞爵會館、君SPA等企業，投資金額過大，收費低，房租、維修、水電等成本高，入不敷出，將整個集團推向危險的邊緣，最後終於出事了。

(三)財務周轉能力

開連鎖經營的事業，成也現金流，敗也現金流。剛開始收會員的時候，會員一直入會，預收款是會讓現金流看起來很多，使企業主容易樂觀的錯估形式，以致拿了現金以後，提早擴張，結果背後卻是負債。再遇到不景氣，如碰到新竹風城購物中心的歇業，其在購物中心內設立的據點的所有裝潢、設備投資都泡湯。

(四)定型化契約的約束

政府為確保消費者權益，擬定新版健身俱樂部定型化契約，嚴格規定如果業者每年收取的會費或每年收取的費用超過一定金額，就須履約保證，必須提存同等金額在銀行，這樣一來，經營的資金等於完全被凍結，無法運用了（李郁怡、單小懿，2007：104-106）。

(五)社會福利的興起

由於台北市陸續完工的區域運動中心開張，這些設施用政府預算建立的新大樓新設施，不但設備新穎，離家又近，健身房與韻律教室設施完全不輸民間業者，計次收費，價格又低廉。從每天區域運動中心中爆滿的運動人潮，就可以知道亞力山大培養出來的運動人口，有大部分流失到政府的運動中心，這也是促使亞力山大歇業的關鍵因素之一。

誠如唐雅君在《舞動新天地》書中說的：「我常想：如果重來一次，當初創業的動機也許不會浮現，更不會實現。」如今，服刑定讞，真的要「東山再起」，大概不會再「實現吧！」一語成讖（唐雅君，2002：31）。

正宗太陽餅老店熄燈

太陽餅是台中市具代表性的糕餅，台中市隨處可見販售太陽餅的招牌，由於早年沒有人註冊，因此至少有七、八百家餅店，遍布在老市區自由路、中港路、水湳等高速公路交流道附近，每年產值約新台幣六億多元，超過兩千萬個太陽餅，其中自由路更是眾家餅店的主戰場，招牌林立，都宣稱是正宗老店，而自由路2段23號太陽堂餅店，被認為是創始老店。

一、台中名產太陽餅

太陽餅其實就是麥芽餅，太陽堂創始老店第一代負責人林紹崧是原台中縣神岡鄉社口村人，因為在1953年創立了太陽堂，並禮聘擅長製作麥

台中正宗太陽餅店店址

台中正宗的老牌太陽餅老店，是位在自由路2段23號的「太陽堂」，在2012年5月13日下午無預警停業。

芽餅的魏清海（阿明師）擔任製餅師傅，才把麥芽餅命名為太陽餅。店址最早在繼光街與民權路口，後來因為被火燒了，才移到自由路現在的店址。太陽堂全盛時期有一百二十名員工，隨著同業越開越多，市場慢慢被瓜分。

太陽堂餅店在三十多年前由第二代林義博接掌，林義博2012年已六十八歲，和兩個姊姊一起經營。林家姊弟三人都未婚，還有一個妹妹婚後定居美國，無意接手生意，他們的母親在生前曾叮嚀子女，要讓店畫下圓滿的句點，年紀到了就該退休。

開店近一甲子的台中太陽堂餅店，2012年5月13日在店門口貼出紅紙公告「停止營業」，選在母親節這天歇業，事出突然，不少民眾聞風趕到太陽堂去，店前鐵門已經拉下，門牆下方貼著停業公告，該店電話，已無人接聽，僅有語音留言重複告知：「太陽堂餅店您好！本店於5月13日起停止營業，謝謝大家長時間以來的愛顧，非常感謝，謝謝。」

台中正宗太陽餅店招牌（丁志達／攝影）

太陽堂餅店整體規劃設計之初，畫家顏水龍曾在店內牆面製作
「向日葵」（太陽花）馬賽克壁畫，但是「向日葵」壁畫及其相
關圖案的大量使用，卻觸犯當時政治禁忌而停用。

二、歇業的原因

太陽堂餅店的歇業，糕餅同業並不訝異，嘉味軒食品老闆王清福
說，太陽堂餅店都是老師傅，年齡超過六、七十歲，做餅其實很辛苦，可
能是歇業主因。層層餅皮配上麥芽糖內餡，太陽餅香甜好吃，全靠手工製
作；曾在太陽堂餅店學藝的烘焙師傅說，製餅需要的材料全都自己來，內
餡自己調，連豬油都得買肥豬肉來炸，但老師傅年紀大了，身體不堪負
荷，產量也受影響。

太陽堂餅店2012年5月才無預警關門，店東林義博未婚，三個月後的
8月14日，林義博因肺癌病逝。走過五十八年風華，讓台中成為世界知名
老牌「太陽堂餅店」的太陽真的下山了。

 結 語

俄國文豪列夫·托爾斯泰（Lev Tolstoy）在其著作《安娜·卡列尼娜》（*Anna Karenina*）書上有一句話說：「所有的幸福家庭都很相似；但每個不幸福的家庭都各有各的不幸。」惠普（HP）創辦人大衛·普克（David Packard）提出的普克定律（Packard's Law）指出，卓越公司的衰敗往往是因為機會太多而消化不良，而不是因為等不到機會而餓死。企業在成功之時，過度的自信及傲慢，以及迷失了策略方向與不知節制地追求快速成長，因追求快速成長而在關鍵職位上放錯人，衰敗往往也就伴隨而來。

《周書》曰：「前車覆，後車戒。」從上述失敗的商戰案例中，我們可以學到經商中很多寶貴的「失敗經驗」，因而，企業風險管控值得重視（**表13-3**）。

表13-3 經營者的十一條誡律

誡律	說明
1.傲慢自大（Arrogance）	你總自以為是，別人都是錯的。
2.誇張戲劇化（Melodrama）	你總是想得到眾人的注目。
3.反覆無常的情緒（Volatility）	你的情緒起伏造成企業的搖擺不定。
4.過度謹慎（Excessive Caution）	你總是害怕做出決定。
5.多疑猜忌（Habitual Distrust）	你總是偏向反面的說辭。
6.冷漠孤僻（Aloofness）	自我隔離和所有人都不來往。
7.頑皮淘氣（Mischievousness）	你堅信規則就是為了被打破而建立的。
8.特立獨行（Eccentricity）	只是為了好玩而標新立異。
9.消極抵抗（Passive Resistance）	你的默不作聲會被誤解為同意。
10.完美主義（Perfectionism）	你總是能從雞蛋裡挑出骨頭來。
11.一味取悅他人（Eagerness to Please）	贏得最佳人緣獎才是最重要的。

資料來源：David L. Dotlich、Peter C. Cairo著，李紹廷、李樸良譯（2004）。

參考書目

2012年檢察文物展資料，〈金融犯罪類——台鳳公司超貸案：啓動金融七法改革〉，網站：http://album.blog.yam.com/show.php?a=luckydoll&f=9295870&i=21946692。

EMBA世界經理文摘編輯部（2002）。〈企業爲什麼會失敗〉，《EMBA世界經理文摘》，第190期（2002年6月），頁14-17。

大衛‧杜利其（David L. Dotlich）、彼得‧卡洛（Peter C. Cairo）著，李紹廷、李樸良譯（2004）。《經營者的十一條誡律》（*Why CEOs Fail: The 11 Behaviors That Can Derail Your Climb to the Top and How to Manage Them*），商周出版。

王文欣（2000）。〈雪印乳品危機事件處理省思〉，《統一月刊》（2000年9月號），頁34-36。

王學順（1999）。〈「鳳梨宴」背後的女人〉，《商業周刊》，第628期（1999/12/06-12/12），頁40。

台鳳，維基百科網址：http://zh.wikipedia.org/wiki/%E5%8F%B0%E9%B3%B3。

吉姆‧柯林斯（Jim Collins）著，王約譯（2009）。〈小心，基業正在崩垮〉，《大師輕鬆讀》，第338期（2009/07/23-0/29），頁37-39。

江小凝（2008）。〈食品維權從「雪印牛奶事件」開始〉，鳳凰週刊網址：http://big5.ifeng.com/gate/big5/news.ifeng.com/opinion/meiti/ph/200811/1103_1901_860113.shtml。

李郁怡、單小懿（2007）。〈神秘金主奇妙出現　整垮唐雅君？〉，《商業周刊》，第1047期（2007/12/17-12/23），頁104-106。

唐雅君（2002）。《舞動新天地：唐雅君的健身王國》，寶瓶出版，頁31。

張漢傑（2002）。〈安隆醜聞vs.台鳳炒股——財務資訊能爲股價的守護嗎？〉，《會計研究月刊》，第197期（2002/07），頁36-37。

陳依蘋（2002）。〈美國史上最大破產案——安隆（Enron）深度報導〉，《會計研究月刊》，第195期（2002/01），頁16。

陳家聲（2002）。〈安隆事件的反思〉，《Cheers雜誌》，第20期（2002/05），網址：http://www.cheers.com.tw/article/article.action?id=5025444。

湯淑君編譯（2002）。〈企業衰敗，肇因十大弊病〉，《經濟日報》

（2002/05/14）。

劉任（2006）。〈2005企業異常總檢視：企業風險控管的借鏡〉，《貿易雜誌》
（*Trade Magazine*），177期（2006年3月號），頁38-42。

蕭白雪（2011）。〈亞力山大倒閉案改判　唐雅君姊妹須入監〉，《聯合報》
（2011/12/16）。

第十四章
成功企業的楷模

> 留在頂峰需要比爬山時多一倍的精力和技巧。
> ──管理大師彼得‧杜拉克（Peter F. Drucker）

　　企業不像人類有生命的極限，它可以永續經營，也可以一夕之間崩潰。根據美國密西根大學（University of Michigan）組織心理學教授卡爾‧魏克（Karl Weick）的分析建議，高可靠性企業普遍具備一項共同的特質，就是對於不斷迎面而來的意外改變，都能及早警覺並迅速採取有效的因應措施。高可靠性企業必須「不要被過去的成功沖昏了頭」、「要尊重第一線專案人員的意見」和「預想可能發生的事，也預期自己的能力限制」（統一企業編輯部，2002：1）。

　　策略管理大師麥克‧波特說：「如果我們現在看到了什麼成功企業，一定在於他們當初做了很有勇氣的事。」

 ## 成功企業的徵兆

　　就一家企業經營成功因素而言，除了因一時機運所帶來的短期盛況不談外，有的來自生產原因，有的來自技術原因，有的來自市場原因，有的來自財務原因，不一而足。但是，對於奇異這一百年老店來說，以著作《奇異傳奇》（*Control Your Destiny or Someone Else Will*）一書享有盛名的諾爾‧提區（Noel M. Tichy）教授，在他的另一著作《領導引擎》（*The Leadership Engine*）中的真知灼見，認為奇異的成功原因，乃在於奇異所擁有的一代代傑出領導者，因此他稱奇異是一家「領導者驅動」（the leader-driven）的組織。相形之下，那些倚靠生產、技術、財務，甚至市場方面優勢顯赫一時的公司，可能隨著外界環境和條件變化而衰敗，但是對於一家傑出領導者輩出的組織而言，卻能靠著卓越的領導者不斷以前瞻眼光、堅毅意志和領導能力，見微知著，掌握潮流，開創新局，才不會為時代所淘汰（許士軍，2005）。

　　《領導引擎》書中提出兩個條件來界定一家企業是否成功：一是能

成功的附加價值；二是能持續的卓越表現。

前者指的是企業能夠不斷的成長，以及提高生產力（資產使用率）；後者指的是企業在資本市場能夠持續的保有亮麗紀錄。

俗話說：「山不在高，有仙則名；水不在深，有龍則靈。」同理，公司不在規模大、資本多，凡是符合上述兩項條件者都是成功的企業（戴照煜，2012：34）。

沃爾瑪成長傳奇

> 我們不是在為沃爾瑪商店討價還價，而是在為顧客討價還價。我們應該為顧客爭取到最後的價格。
>
> ——沃爾瑪創辦人山姆‧沃爾頓（Sam Walton）

沃爾瑪公司（Wal-Mart）是一家美國的跨國零售企業，總部設在阿肯色州（Arkansas）的本頓維爾（Bentonville），以營業額計算，為全球最大的公司，也是世界上最大的零售商。它仍然是一個家族企業，其控股人為沃爾頓家族，擁有沃爾瑪48%的股權。

1962年的夏天，第一家沃爾瑪開幕，今天，沃爾瑪總共有四千多家分店，是全世界最大的私人雇主，總共有二百一十萬名員工，人數僅次於美國國防部跟中國人民解放軍。

一、改變了世界的做法

在沃爾瑪剛滿五十歲之際，美國《時代雜誌》（*TIME*）分析，它在十件事上改變了世界：天天低價、選擇性多、零售業的地標、勞動力式微、跟供應商的合作關係、沃爾瑪的儀式、採用資訊管理、過度消費的文化、永續性和通路的威力（**表14-1**）。

沃爾瑪真正的獨特之處在於，有能力以超乎想像的效率，將全球的製造商跟消費者連結起來（EMBA世界經理文摘編輯部，2012）。

表14-1 沃爾瑪改變了世界的作法

第一：天天低價

沃爾瑪從第一家店的經營哲學就是「永遠低價」（Every Day Low Price），創辦人山姆·沃爾頓知道，如果他以比對手便宜一點點的價格賣日常生活用品，他就會成功。現在沃爾瑪的利潤只有3%，公司真的把大部分省下來的錢都讓顧客受惠。

第二：選擇性多

不管什麼時候踏進沃爾瑪，日常生活用品的選擇應有盡有。當你走進一家沃爾瑪，五十步或者一百步的距離內，你能買的東西之多超乎想像。

第三：零售業的地標

因為美國消費者要求的產品選擇之多，需要更大的店面才裝得上，沃爾瑪只能在城鎮的外緣開起占地廣大的店面。

第四：勞動力式微

沃爾瑪永不停息地追求營運效率，加速了美國工作外包到海外，以及美國勞工薪資停滯的情況。為了追求更低的售價，沃爾瑪形塑了一種企業文化，可以說忽略，甚至虧待了員工。在全美各地都有沃爾瑪的員工控告公司，例如，加班不給薪。

第五：跟供應商的合作關係

沃爾瑪把供應鏈裡所有沒效率的部分通通拿掉。其中最具革命性的應該算公司跟供應商空前的合作，公司跟供應商分享大筆的即時銷售資料，也有組成大型工作團隊跟供應商共同找出節省成本的方法。

第六：沃爾瑪的儀式

沃爾瑪有鮮明的企業文化，例如，公司過去曾在每星期六早上七點半固定開會，這個做法一度很有名。

第七：採用資訊管理

早在1980年初期，沃爾瑪率先購買衛星通訊線路，以有效串連物流與資訊流，成為沃爾瑪的核心能耐（core competence）。1985年，沃爾瑪又開始研發一套創新的軟體，從條碼蒐集跟消費者行為相關的複雜資訊，然後進行各種分析。

第八：過度消費的文化

沃爾瑪的成長不只來自比對手更便宜的價格，還來自鼓勵消費者購買更多東西，低價和多到眼花撩亂的選擇，都強力影響了消費者的行為。

第九：永續性

2005年，沃爾瑪對著批評者投出了一記變化球，公司宣布要變成全世界最綠的企業，目標包括，百分之百使用再生能源、零浪費等。

第十：通路的威力

沃爾瑪真正的獨特之處在於，有能力以超乎想像的效率，將全球的製造商跟消費者連結起來。

資料來源：美國《時代雜誌》（*TIME*）分析／引自：編輯部，〈贏家思維：沃爾瑪在十件事上改變了世界〉，《EMBA世界經理文摘》，第313期（2012/09），頁104-105。

沃爾瑪賣場（丁志達／攝影）

沃爾瑪公司由美國零售業的傳奇人物山姆·沃爾頓於1962年在阿肯色州成立。經過四十多年的發展，沃爾瑪公司已經成為美國最大的私人雇主和世界上最大的連鎖零售商。

二、人力資源管理

　　沃爾瑪是家族企業，它卻很早便讓員工全員入股，稱呼員工為夥伴（associate），強調興業精神，堅持不讓夥伴組織工會（除了中國大陸），寧可用簡單的激勵措施與員工共同降低成本，加上資訊系統的協助，使得其人事成本遠比同業平均低。

　　另外，在管理層面上，沃爾瑪不僅充分授權給店長決定競爭性價格與商店管理，更要求管理人員進行走動管理，建立開放溝通環境，不設區域辦公室，強迫區域經理人員不要花時間在沒有用的行政事務，要不斷思考如何促進商店競爭力的做法。

三、環保優勢

　　沃爾瑪執行長李·史考特（Lee Scott）在對股東發表的演說中，定義「二十一世紀的領導力」重點是：矢志改善公司的環保績效。沃爾瑪將減

少三成能源用量,目標是完全使用可再生能源(來自風車及太陽能板),加倍提升龐大運輸車隊的燃料效能。總計沃爾瑪每年將會在這些能源計畫中投資五億美元,而且他們也會運用潛在的連動效應,「要求」供應商製造更環保的商品。例如,沃爾瑪銷售的魚類中有些必須來自於永續經營的漁場;成衣商必須使用有機棉材質等(Daniel C. Esty、Andrew S. Winston 著,洪慧芳譯,2007:27-28)。

光是組織的做法並不難抄襲,真正讓競爭者無以模仿的,因屬牽動所有組織做法與形成組織特質的關鍵無形因素,那就是沃爾瑪的企業文化:尊重個人、服務顧客、追求卓越,這不僅發展成為一家規模最大的企業,更是一家受人敬佩的企業(李吉仁,2004:001-008)。

 ## 遠東集團的誠勤樸慎

> 企業必須不斷求新、求變,不斷的研究發展,沒有夕陽工業,只有夕陽產品。遠東正朝著這個方向在努力、改變……
>
> ——遠東集團創辦人徐有庠

遠東集團(遠東新世紀公司),乃台灣規模最宏大、最多元化的紡織及相關產品製造者,係由創辦人徐有庠於1942年創立於十里洋場的上海。1949年遷來台灣發展,當時是以「遠東針織」為名,1952年才更名為「遠東紡織」。2009年正式變更公司名稱為「遠東新世紀股份有限公司」(Far Eastern New Century Corporation)。

遠東集團經營策略採穩紮穩打,堅守核心本業,建立上中下游一貫的機制,積極調整經營策略,多角化經營、活化資產,追求市場占有率與獲利的成長,旗下事業跨足石化能源、紡織化纖、水泥建材、零售百貨、海陸運輸、營造建築、觀光旅館、金融服務、通訊網路及社會公益等十個主要事業體系。社會教育方面,成立「豫章工商」、「亞東技術學院」、「元智大學」。

一、經營理念

徐有庠，幼時在民風純樸、鄉情濃厚的江南農村生活（江蘇省海門縣江家鎮人），對他一生待人處事的價值觀念，有了決定性的影響。在成長過程中，除了中國傳統教育之外，也接受一些西方教育。凡是到過他辦公室的人，一出電梯間，可以看到一個大匾額，上面寫著「誠、勤、樸、慎」四個字，這是徐有庠一生的座右銘，也是其立業精神，他覺得受用無窮，也把這四個字帶給遠東各關係企業作為廠訓，這也是將經書中儒家的哲學精神和理論原則，運用到企業方面，故無往而不利。

二、立業精神

在遠東集團的廠訓中，他把「誠」字放在第一位。因為在企業經營之中，有極大的部分是要與人交往，唯有以誠相待，才能有信。彼此有信，才可能合作。這不論是公司內部人員互相對待，或者是與外界往來都是如此（徐有庠口述，王麗美執筆，1994：364-365）。

誠勤樸慎（丁志達／攝影）

遠東集團創辦人徐有庠，力行「誠勤樸慎」座右銘，以誠實信譽為企業最佳資產，陸續獲得國內外金融機構信用貸款，以利企業配合國家政策多角經營、逐步擴充、穩定成長。

1.誠（坦白熱忱，認真負責；實事求是，澈底做好）。誠者，真誠也。對顧客、對社會大眾、對同事都要真誠相待，彼此有信，才能合作無間。

2.勤（自強不息，把握時效；勤奮努力，達成任務）。勤者，勤奮也。每個人都要勤奮工作，努力不懈，才能日新又新；以勤補拙，才可望克服萬難。

3.樸（樸實無華，杜絕浪費；節約能源，珍惜物質）。樸者，儉樸也。生活簡樸、愛福惜福，自然能夠清心寡慾，人生才會快樂。

4.慎（穩重精細，保養設備；維護產品，放帳安全）。慎者，審慎也。做任何事情，事前都必須審慎評估，做好規劃，才容易成功。

三、遠東環生方舟

耗資新台幣三億元，由寶特瓶回收製造的寶特磚所建造而成的「遠東環生方舟」（FE EcoARK），在2010年台北國際花卉博覽會期間造成轟動。2012年12月16日遠東集團董事長徐旭東將環生方舟捐給台北市政府。

全世界第一座全部由回收寶特瓶蓋出的「遠東環生方舟」，不僅被譽為「台灣環保奇蹟」，更是台北花博期間的熱門場館之一。「國家地理頻道」為此拍攝紀錄片，完整揭露遠東環生方舟的設計理念、建築工法、遭遇難題、設計草圖、回收過程等，是台灣第一個躍上國家地理頻道的綠建築（邱瓊玉，2012）。

徐有庠以誠懇的心情、勤奮的精神、樸實的態度、謹慎的言行，來經營每一個日子，每一件事物。他最喜歡宋朝朱熹的一首詩：「半畝方塘一鑑開，天光雲影共徘徊；問渠那得清如許？為有源頭活水來。」其中「為有源頭活水來」就是指有好的企業文化引導企業，便可讓企業永續經營，生生不息（王孝一，2006：102）。

統一集團的三好一公道

> 一理通，萬理徹；人不能不老，但觀念絕對不能老。
>
> ——統一集團創辦人高清愿

　　「三好一公道」這句企業經營的名言，普遍流行於府城地區之台南紡織、統一企業系統的員工中，這句名言就是出自「台南幫」的領導者——吳修齊。數十年來，吳修齊秉持著「三好一公道——品質好、服務好、推銷好、價格公道」的企業經營重要的理念，來經營事業。

一、台南幫的企業倫理

　　「台南幫」原先是指由台南名紳吳三連、侯雨利、吳修齊、吳尊賢等，在創辦「台南紡織」所表現充分合作緊密結合的精神。中國人最講究的「經營之道」之一，就是「以和為貴」、「和氣生財」，而這一點正足以說明「台南幫」的立業精神。

　　1968年，台灣進入十大建設期、第一個加工出口區展開，距台南紡織成立的十四年後，台灣平均國民所得成長超過一百美元，達到三百零四美元。三十八歲的高清愿心裡盤算：「國民所得提高，大家有能力改善飲食，購買力一定會大幅提高。」乃邀來吳修齊和侯雨利的兒子成立「統一企業」。就像當年侯雨利支持吳修齊兄弟創辦新和興、南紡，侯家和吳修齊這次同樣成為高清愿的大股東，漸漸地，台南幫闖蕩出現在的食品王國。

二、成立統一企業沿革

　　統一企業公司在高清愿奔走規劃之下，正式成立，資本額僅新台幣三千二百萬元，員工人數八十二人，吳修齊應邀擔任董事長，高清愿擔任

總經理。首先由麵粉廠起家，隨即擴及飼料廠、油脂廠……，經過四十餘年經營，如今統一集團旗下的事業群，包括密布全台的統一超商、康是美、家樂福以及星巴克咖啡店等，都深深影響台灣人的生活內容與型態。統一企業創業以來，沒有一年出現虧損，股東當年投資的每一塊錢，如今都回收了上千倍。員工人數的成長已超過七萬人。

統一集團正派的企業文化及價值，是從第一代吳三連、吳修齊、吳尊賢等人建立後，一代代的傳承下去。這樣的正派管理及文化，在台南，許多在地鄉親寧願排隊等職缺，也非要兒女到統一上班，因為在統一上班，做父母的可以「放心」。

1992年，吳修齊的兒子娶媳婦時，已位居統一企業集團總裁的高清愿，別著總招待名牌，站在門口迎接賓客。許多統一企業新一輩的幹部，想替高總裁分勞，高清愿都拒絕，一定要親自替恩師招待賓客。高清愿常告訴周遭的人，沒有當年吳修齊兄弟的提攜之恩，我不可能有今天的局面，這分恩情，我畢生銘誌在心。

三、統一集團創辦人高清愿

親切、沒架子的統一集團創辦人高清愿，出生於台南縣學甲鎮，家境清苦，自從小學畢業後礙於環境就追隨吳修齊所經營的「新和興布行」當學徒，因為忠厚待人，實幹苦幹、反應快、能力強，吳修齊乃刻意栽培，他曾經以「龍非池中物，乘雷欲上天」來形容高清愿，足見賞識之忱。

高清愿認為他一輩子受母親的影響最深，心中謹記她的交代，「對人要好一點，能幫人就儘量幫忙，如果人家拜託，一定儘量做到。」（天下編輯著，2000：22）

高清愿說：「檢討七十人生，問心無愧的是，從沒有做過一件對不起他人的事，最高興的一件事，則是自己受到社會尊重，畢竟再多的金錢，也不可能買到尊重。」（高清愿、趙虹著，2001：10-11）

四、接班人梯隊

　　眼光，指的是要看得遠、看得廣、看得準，企業的經營需要高瞻遠矚，掌握機先，才能立以不敗之地。統一企業真正的成功，是在於將誠信和品德的長青價值充分地彰顯出來。

　　統一企業在初創時，高清愿就從中學遴選一批教師，他們學有專長，思慮純潔，統一企業就以這批中學教師為骨幹加以訓練，其後居然個個成為企業人才，成為統一企業的中堅幹部，並有若干人接棒領導各事業部門。

　　在統一企業的人事升遷上，是以品格好、績效佳和人和為評比標準。品格好，是做人的基本條件，績效佳，則是能力的展現，至於人和，則是未來工作能夠推展順利的最佳保證。

五、千面人事件

　　面對經營危機，經營者或決策者必須完全擔負起成敗責任，因為企業每一次發生的經營危機，都是在考驗決策者的智慧與能耐，包括應變力與決斷力。

　　1987年10月，有一個歹徒在台南縣仁德鄉（行政地區已改為台南市仁德區）的一家雜貨店，仿照日本千面人犯罪手法，對統一企業的鋁箔包果汁下毒，並且向統一企業勒索一千五百萬元，造成當時全台食品業大恐慌。

　　統一企業強調「三不」立場──不妥協、不掩蓋、不逃避，立刻向警方報案，警方則在很短的時間，就逮捕此人。在偵訊中，他坦承下毒的地點只是這家雜貨店，並指認出下毒的幾罐飲料。

　　統一企業基於負責的態度，當機立斷，明快下令全面收回流通在全省各地的七十多萬包鋁箔包飲料加以銷毀。

　　「千面人事件」，讓統一企業財務受到虧損，但是卻得到消費者更多的信賴、好評，後來統一的業績很快就恢復原有水準，甚至有明顯成長。高清愿說，也許這便是「吃虧就是占便宜」的道理。

六、重視廠紀廠規

　　高清愿創辦統一企業，用人唯德，進用新人要看成績單、操行成績重於學業成績。他說過，人與人相處就像在照鏡子，經營者對其員工也是同一道理，一個不懂也不願尊重員工人格的經營者，終將會被大時代的洪流所淹沒。

　　統一企業的員工如果違反下列三項是絕對開除的，第一是禁止私下發生不正常的事情；第二就是已經結婚了，還和公司的同事有曖昧，兩個人都一定開除；第三就是賭博被抓到，因為賭博是家庭不幸的開始，賭輸了向人借錢，借不到就去偷，賭博是社會最壞的罪過，所以高清愿不會打麻將（吳韻儀、黃靖萱、謝明玲，2007：159-162）。

七、社會公益

　　「台南幫」領袖之一吳尊賢先生，捐資為台灣大學興建國際學術中心。在他致辭時，回憶早年捐錢贊助台大成立學術發展基金的經驗，他說：「要大學校長開口向人要錢，比要他的命都難。今後應更主動捐錢。」（孫震，2005：38）

　　「和氣生財」成就了統一企業。這群鹽地囝仔工合力打造的台南幫，成立的統一集團，已經走到國際、走向多角化經營，創業領導人也交棒到第三代，這個台灣僅見的「企業家族」，正堅定地向時代展現獨特而永續的經營方式。西諺說：「好的倫理就是好的經營。」（Good ethics is good business.）統一企業可謂掌握了此一原則的成功長青企業之一。

台塑集團的勤勞樸實

> 　　人生就像跑步一樣，要每天不斷地練習。如果你要比別人跑得
> 快，那必須加倍的努力。
>
> 　　　　　　　　　　　　　　　　　——台塑集團創辦人王永慶

　　全球激烈逐鹿，台塑以「勤勞樸實，追根究柢」的企業精神，「立足台灣，放眼天下」的經營理念，眼光獨到，勤樸深耕，建立全球化台塑企業王國，打下一片天。

　　享有台灣「經營之神」美譽的台塑集團創辦人王永慶，曾被英文商業周刊登載一篇專文讚譽為「天下無敵的企業強人」。他的經營理念所形成的台塑精神與經營管理制度，著書立說，不藏私的傳授祕訣風格，是台塑對社會與企業界的一大貢獻。

一、台塑企業的發展簡史

　　台塑企業創立於1954年的台灣塑膠公司，自塑膠開始，一路發展，由國內產業發展到國外產業，從製造業橫跨到服務業、科技業，以石化及塑膠工業為主體，另在纖維、紡織、染整、電子材料、機電、教育、資訊、醫療及運輸事業方面都有投資。主要之生產事業，除了台塑、南亞、台化、台塑石化外，尚包括南亞科技、台朔重工等十餘家公司和美國等海外投資事業，公益事業則包括明志科技大學、長庚醫學中心、長庚大學等，可說是一家全方位經營的大企業，也是目前國內最大的民營企業。

　　台塑在1964年上市，如果當時花一萬元買進兩張台塑股票（面額五十元，一張一百股），到王永慶去世後（1917/01/18～2008/10/15）的第一個交易日為止，四十四年前的兩百股，經過不斷配股，最後已經變成十五萬一千零九十一股，並可抱走四百八十一萬現金股利（林瑩秋，2008：122）。

二、經營管理的特點

「追根究柢」是王永慶經營理念中的精髓，也是其經營任何企業所以能夠成功的最重要法寶。台塑經營管理的特點，有下列幾點可以借鏡：

1. 從「合理化」出發的經營思維。
2. 從「零」開始的管理哲學。
3. 「制度化」管理貫穿整體經營。
4. 企業e化管理。
5. 落實「提案改善制度」。
6. 普遍施行「利潤中心」制度。
7. 利益分享激勵改善。
8. 「數字化」科學管理。
9. 「單元成本」分析追本溯源。
10. 重視人才培訓。
11. 貫徹「不斷」進步的經營理念。（孫玉壽，2001）

台塑長期塑造的「企業文化」，實事求是，追根究柢，創造出卓著、耀眼的「經營績效」成就之經營管理模式，堪稱近代中國式管理之成功典範（**表14-2**）。

表14-2 台塑集團30多年坎坷接班路

1972年，王永慶表示希望兒子能夠接班，但兒子必須從基層做起，一步一步晉升。

1977年，王永慶表示兒子是否能夠接班，要看他磨練的程度，是否有能力擔當重任。

1979年，他覺得公司中尚無可接班的人選。未來的接班人可能是以小組形式進行，由10人組成，這也是王永慶最早採取集體領導的方式來解決接班問題。

1980年，對於弟弟或者兒子是否接班的問題，王永慶不作正面的回答，他把問題交給弟弟、兒子和上帝去作決定。

1981年，王永慶表示如果他走了，接班人馬上會出來，而且接班人不會是自己的兒子，因為他考慮的是公而不是私，如果他硬要把位子傳給兒子，他就是罪人。

（續）表14-2　台塑集團30多年坎坷接班路

1983年，王永慶以避重就輕的方式把接班的問題輕輕帶過，不願意正面回答這個問題。 　　1991年，王永慶直截了當地表示，第二代接班的問題，他既沒有想過，也沒有安排。 　　1995年，他表示接班的事情很難。 　　1995年底，王永慶的長子王文洋由於意外事件退出了台塑的權力中心。 　　2003年，台塑集團首度成立五人決策小組，家族外成員楊兆麟、李志村、吳欽仁即占三席，其餘為王永在的兩個兒子王文淵和王文潮。從設立之日起，五人決策小組便被視為接班團隊，其權限為集團1,000萬元新台幣（約合250萬元人民幣）以上的投資項目。 　　由於五人決策小組中並無王永慶的後人，運行一年後，王永慶的長女王瑞華加入，五人小組擴充為六人。最終交班時，由決策小組演化而來的行政中心再度擴容——王永慶的另一位女兒王瑞瑜加盟。

資料來源：李秀娟（2012）。〈台塑集團　集體接班各司其職〉，《人力資源開發與管理》（2012/08），頁19。

奇美實業集團的幸福學

> 　　人生是為求幸福而來的，而且不只你自己幸福，也要帶給你身邊的人幸福，這樣真正的幸福才可能到來的。
>
> ——奇美實業創辦人許文龍

　　談到塑膠業，北台塑、南奇美一直在台灣地區享有盛名。早在1950年，許文龍一家人為了維持生計，在台南淺草市場買下一間房子經營童裝生意，他的父親主張商品一定要「美」且「奇」，所以命名為「奇美行」，這就是奇美公司命名的由來。

一、奇美實業的茁壯

　　奇美實業廠於1953年由許文龍創辦於台南市，為台灣最早期的塑膠

加工業者之一，以生產美麗與耐用的塑膠日用品與玩具享譽業界。1960年創立「奇美實業股份有限公司」（以下簡稱奇美實業），為台灣第一家壓克力板生產者，所生產的壓克力板（ACRYPOLY）很快獲得客戶在品質、信賴與價值感上的良好信譽，隨即ACRYPOLY成為台灣壓克力板的代名詞，許文龍亦被尊稱「台灣壓克力之父」，並且於短短十年內，奇美實業成為世界上頂尖的壓克力板供應商之一。在石化業ABS（丙烯腈－丁二烯－苯乙烯共聚物）產能位居世界第一（產品原料常用於家電外殼、玩具與汽車內部等）。

由於奇美實業的經營成功，奠定奇美集團的重要基礎，旗下的事業產品應有盡有，從吃的（奇美食品）、喝的（奇美咖啡）、看的（奇美視像、奇美材料）、玩的（奇美有機農場），還有蓋房子的（保仁工程、聯奇開發），有貿易公司（奇美物流與奇美油倉），還設立奇美醫院與博物館（黃琴雅，2012：48）。

二、釣魚池旁的領導智慧

許文龍崇尚老子的「無為而治」。天氣好一定出海釣魚，天氣不好才上班。公司成立後直到1988年才有自己的辦公室。平日來公司，到各部門看看，沒事就走了。奇美的經營幾乎全交給專業經理人。要員工「找答案」，而不是「追究責任」是他的經營哲學。

1984年前，公司盈餘快速增加後，全部員工不但約略可分到三分之一的盈餘，一星期只需上五天班，而且招待一千多員工分年分批出國旅遊。對於客戶，奇美當年若有超出預定的利潤，也將多出來的部分退還給下游廠商（李慧菊，1989：28-29）。

1988年起，奇美所屬關係企業就力行「週休二日」制，每天下午五點準時下班，他最常告誡員工的，不是業務量的突破，而是人不該為了工作，犧牲人生的幸福，也成為當地人稱頌的「幸福企業」。許文龍以柔性領導，將員工視為公司的寶，致力於「企業是追求幸福的一種手段」，為經營企業立下了典範。

範例14-1

許文龍創造的奇美王國

產業別	公司名	資本額
石化產業	奇美實業	170億元
	鎮江奇美	—
電子產業	奇美電子[1]	731億元
	奇美視像	3億元
	奇美材料	49億元
	啓耀光電	26億元
	新視代科技	10.5億元
	奇菱光電	25.8億元
	奇力光電[2]	23億元
貿易物流	佳美貿易	5.3億元
	奇美物流	2.6億元
	奇美油倉	1.8億元
產業開發	保仁工程	1.5億元
	聯奇開發	3億元
公益事業	奇美醫學中心	—
	奇美文化基金會／奇美博物館	
	樹谷文化基金會	
	奇美發展文化事業	
食品	奇美食品	7.8億元
	奇美咖啡	1,200萬元

[1]2013年1月1日改名群創光電，經營權由鴻海集團接手。
[2]已歸鴻海管理。

資料來源：黃雅琴（2012），頁49。

三、快樂經營學

在生意上，要留些利益給他人，這樣關係才會繼續下去。釣魚回程的時候，若只有我釣最多，別人都沒釣到，這時候我就會是最悲慘的。再怎麼講，也沒人理你，反正你最厲害。所以，怎樣才能最快樂呢？就是：

大家都釣到魚！這時候，整台車就會快樂得像要翻過去一樣。這個哲學就是說：「做企業，你要去想如何分享利益。分享利益的對象包括了你的客戶、你的員工、你的原料供應商。你和這幾個周邊都能夠利益共享時，這些人自然會繼續跟你在一起。」

在奇美員工的配股，比其他公司更多，不是只有技術者，即使最基層的守衛、女工，也都可分到股票（許文龍口述，林佳龍、廖錦桂編著，2010：40）。

四、塑造幸福環境

許文龍說：「一個好的經營者，應該先從降低原物料成本，提高販售價格開始，這些都沒辦法了，才談工資，從工資來降低成本的，是無能的經營者。」

奇美實業應該是全台員工待遇最好的公司之一。奇美最大的特色之一，就是董事長的薪水比總經理低，總經理的薪水比其他公司的總經理低，但一般員工的薪水比別的公司要高。奇美實業的給薪制度是同時考量「年功」與「能力」，可以說，奇美是上下薪資差距最小的公司。

過去台灣的傳統產業經常喊找不到工人，喊了一、二十年。但這個情況，奇美從來沒有發生過，因為只有工資低、環境差才會缺工。奇美除了要讓員工的待遇比別人好，同時也要給員工的未來相當的保障，這就是「幸福」的企業（黃琴雅，2012：49）。

五、失敗為成功之母

許文龍的一生中遭遇過很多挫折，也有很多傷心的事，但他都把它看成一種很有趣的經驗。跌倒的時候，不要馬上爬起來，先看看地上有沒有什麼寶貝可以撿。

退出奇美電子公司是許文龍萬不得已的決定。這位高齡八十四歲，堅持「幸福企業」的台灣老牌企業家說：「我是一位敗將，現在只能百分之百讓出經營權，交給有能力的人去發揮。」他誠實面對失敗，心中仍有遺憾（許文龍口述，林佳龍、廖錦桂編著，2010：63）。

六、零與無限大

在他的思想體系裡，有極富趣味的兩端，一個是「歸零」，一個是「無限大」，貫穿兩者之間的，就是「他的自由、彈性」，和「極限思考」。關於零和無限大，許文龍舉了例子來詮釋它。當他規劃一件事情時，他會設想「如果我把它擴大十倍、二十倍，會怎樣？」當他先把事情擴大思考，而發現這一件事有可行性，他就會搭配「零」的觀念——「頂多就是失敗了，工廠收掉，我到市場賣魚」這一種衝勁來行事。零和無限大代表了許文龍的宏觀遠見以及不怕失敗的態度，讓他能夠建立起世界第一的ABS樹脂生產廠，傲視群雄。

七、奇美文化基金會

印度威普羅（Wipro）軟體公司的主席阿其姆・普萊姆基（Azim Premji）說：「所謂成功就是長期經營志業和服務他人。」許文龍在創業有成後，成立奇美文化基金會，建立奇美博物館，並將台南都會公園博物館區奇美館捐給台南市政府。2012年12月，許文龍獲得首屆台南文化獎（莊宗勳，2012）。

他投資事業的膽識、對人的尊重程度、對藝術的見解，都與他愛自由的稟性有關。他賺來的錢幾乎都投入藝術文化，例如蓋博物館，以及世界無人出其右的提琴收藏，多年來又無償出借給許多優秀的國內外演奏家使用，因為他洞悉文化才是一個民族真正的驕傲跟尊嚴所在（許文龍口述，林佳龍、廖錦桂編著，2010：76）。

長江實業集團的商道

> 　　當別人懷疑時，你行動了；當別人行動時，你賺錢了；當別人賺錢時，你成功了。我們需要在市場尚未成熟的時候去把握它的方向和趨勢。
>
> 　　　　　　　　　　　　　　——香港長江實業集團創辦人李嘉誠

　　有「百年華商第一人」之稱的香港長江實業集團（簡稱長江集團）創辦人李嘉誠，跟台塑集團創辦人王永慶，兩人都是國小畢業，不同的是李嘉誠的英文（英國殖民地）相當不錯，王永慶的日文（日治時代）也不錯。在1950年白手起家，從二十多人的小塑膠廠發跡，1956年，他已經是香港最大的塑膠花出口廠，被封為「塑膠花大王」。目前旗下產業橫跨地產、酒店、電訊、基礎建設、港口、零售、生技等領域，員工約有二十五萬人，分布在五十多個國家。

一、誠信立業

　　理念、關懷、情操、視野是李嘉誠「聚財」的所在，他的成功，與他的為人誠信、目光長遠、善於與他人分享成功等是分不開的。他說：「這是我步步為營，不貪婪、不賭博、循規蹈矩的結果。」

　　創業以來，長江集團沒有一年虧損，因為他花了90%的時間考慮失敗。現金流、公司負債的百分比，是李嘉誠一貫最注重的環節，是任何公司的重要健康指標，任何發展中的業務，一定要讓業績達致正數的現金流。

二、經商之道

　　李嘉誠說：「好謀而成、分段治事、不疾而速、無為而治。」是他秉持的經商之道。好謀而成，指的是凡事深思熟慮，謀定而後動；分段治事，是指洞察事物的條理，按部就班的進行；不疾而速，是指事先要有籌

劃、有準備、資訊蒐集要齊備，故能胸有成竹，當機會來臨時，不慌不忙，迅速把握，一擊即中；無為而治，則要有好的制度，好的管理系統來管理。兼具以上四種因素，事業成功的藍圖自然展現。

三、做人的要訣

李嘉誠認為，做人成功重要的條件，是讓你的敵人都相信你。要做到這一點，第一是誠信，答應的事，明明吃虧都要做，這樣一來，很多商業的事，人家說我答應的事，比簽合約還有用；第二是自強不息；第三是真的要追求知識、準確的訊息（**表14-3**）。

表14-3　李嘉誠的人生感言

> 1.20歲前，事業的成果百分之百靠勤勞換來；20～30歲，10%靠運氣好，90%仍是由勤勞得來；之後，機會比例漸漸提高；到現在，運氣差不多占3～4成。不敢說一定沒命運，但假如一件事在天時、地利、人和等方面皆相背時，那肯定不會成功。
> 2.與新老朋友相交時要誠實可靠，避免說大話。要說到做到，不放空炮，做不到的寧可不說。
> 3.要相信世界上每一個人都精明，要令人信服並喜歡和你交往，那才最重要。
> 4.即使用一百的力量足以成事，我也要儲足二百的力量去攻，而不是隨便去賭一賭。
> 5.人才取之不盡，用之不竭。你對人好，人家對你好是很自然的。
> 6.知人善任，大多數人都會有部分的長處、部分的短處。各盡所能，各得所需，以量才而用為原則。
> 7.做人最要緊的，是讓人由衷地喜歡你，敬佩你本人，而不是你的財力，也不是表面上的服從。
> 8.在劇烈的競爭當中多付出一點，便可多贏一點。就像參加奧運會一樣，一、二、三名，跑第一的往往只是快了那麼一點點。
> 9.人生自有其沉浮，每個人都應學會忍受生活中屬於自己的一份悲傷。只有這樣，你才能體會到甚麼叫做成功，甚麼叫做真正的幸福。
> 10.在事業上謀求成功，沒什麼絕對的公式。但如果能依賴某些原則的話，就能將成功的希望提高很多。
> 11.精明的商家可將商業意識滲透到生活的每一件事中去，甚至是一舉手一投足。充滿商業細胞的商人，賺錢可以是無處不在、無時不在。
> 12.一個大企業就像一個大家庭，每個員工都是家庭的一份子。就憑他們對整個家庭的巨大貢獻，他們也實在應該取其所得。反過來說，是員工養活了整個公司，公司應多謝他們才對。

資料來源：張明編著（2010）。《潮商：一個國際級商幫的傳奇》。企業管理出版社，頁108-109。

四、捐助公益

1980年，李嘉誠成立基金會，基金會來自他的私人捐款。翌年，廣東潮汕地區第一所大學汕頭大學，在李嘉誠資助與官方同意下成立。李嘉誠從加拿大、香港延聘名師，擔任各學院院長，還動員他的國際人脈，邀請名人授課，致力教育改革。

範例14-2

李嘉誠在汕頭大學對畢業生的講話

以下是李嘉誠先生在汕頭大學2004屆畢業典禮上的講話，他在講話中對學生提出了十二個人生問題：

- 當你們夢想偉大成功的時候，你有沒有刻苦的準備？
- 當你們有野心做領袖的時候，你有沒有服務於人的謙恭？
- 我們常常都想有所獲得，但我們有沒有付出的情操？
- 我們都希望別人聽到自己的聲音，我們有沒有耐心聆聽別人？
- 每一個人都希望自己快樂，我們對失落、悲傷的人有沒有憐憫？
- 每一個人都希望站在人前，但我們是否知道什麼時候甘為人後？
- 你們都知道自己追求什麼，你們知道自己需要什麼嗎？
- 我們常常只希望改變別人，我們知道什麼時候改變自己嗎？
- 每一個人都懂得批判別人，但不是每一個人都知道怎樣自我反省。
- 大家都看重面子，but do you know honor？
- 大家都希望擁有財富，但你知道財富的意義嗎？
- 各位同學，相信你們都有各種激情，但你知不知道什麼是愛？

這些問題，沒有人可以為你回答，只有你自己才知道你將會怎樣活出答案。這四年來你得來的知識，可助你在社會謀生，但未

必可以令你懂得如何處世。只有你知道，你將會怎樣運用腦袋內知識素材，轉化為做人的智慧。生長與變化是一切生命的定律，昨天的答案未必適用於今天的問題，只有你的原則才是你生命導航的座標，只有你的情操才是你鼓舞生命的力量。沒有人可以為你打造未來，只有你才知道怎樣去掌握。各位同學，Are you ready?

資料來源：李嘉誠在汕頭大學2004屆畢業典禮上的講話，網址：http://cqtmjy.5d6d.net/thread-460-1-1.html

　　2005年，李嘉誠將私人投資的加拿大帝國商業銀行（Canadian Imperial Bank of Commerce）持股出售，所得港幣七十八億元全數捐贈基金會，而且全部是繳稅後捐出，並訂明：「基金會所有收益，不可以為他本人、他的家族成員、或基金會任何成員或董事帶來任何直接或間接的個人利益。」

　　2010年，《富比世》雜誌集團（Forbes）執行長史提夫·富比世（Steve Forbes）將第一屆「馬康·富比世終身成就獎」頒給李嘉誠。史提夫說：「我祖父以前常說，做生意的目的，是製造快樂，而非累積金錢。沒有任何人比李嘉誠更符合我祖父與父親的理念，他是一個生意人，也是一個慈善主義者，他是我們這一代與下一代人的好榜樣。」

　　李嘉誠說，他留給子孫一句很重要的資產是：「做人如果可以做到『仁慈的獅子』」就成功了。」他的為人與做事的風範，使人尊敬（王文靜、劉佩修、曾如瑩，2007：137-174）。

結　語

　　企業必須先確定自己的經營理念，而不是一心一意只想成為大公司或是最賺錢的公司，甚至更深一層去想「賺了錢以後，還想要做什麼？」企業一旦有願景，「有夢最美」，經營企業就會功成名就。

　　成功的模式並非歷久不衰，當環境改變之時，若企業仍沉浸於過去成功的美好時光，並認為這樣的模式將會持續存在，往往就是走向衰敗的起點。縱使是一流的企業，也應時時刻刻留意外在環境變化，思考自己的使命以及價值何在，並根據環境變化修正策略、執行方向及經營模式，才能降低可能造成的風險及衝擊，避免衰敗的命運。

參考書目

EMBA世界經理文摘編輯部（2012）。〈贏家思維：沃爾瑪在十件事上改變了世界〉，《EMBA世界經理文摘》，第313期（2012/09）。

丹尼爾・艾斯提（Daniel C. Esty）、安德魯・溫斯頓（Andrew S. Winston）著，洪慧芳譯（2007）。《綠色商機：環保節能讓企業賺聰明財》，財訊出版，頁27-28。

天下雜誌編輯部（2000）。《他們怎麼贏的──標竿企業風雲錄》，天下雜誌出版，頁22。

王文靜、劉佩修、曾如瑩（2007）。〈創業五十七年，沒有一年虧損：九○％時間先想失敗〉，《商業周刊》，1047期（2007/12/17-12/23），頁137-174。

王孝一（2006）。〈遠紡的企業文化與經營策略〉，《台灣奇蹟推手──孫運璿先生管理講座紀念文集第二輯》，國立台灣大學出版中心，頁102。

吳韻儀、黃靖萱、謝明玲（2007）。〈統一企業董事長高清愿：企業最要緊的是規矩賺錢〉，《天下雜誌》，第367期（2007/03/14-03/27），頁159-162。

李吉仁（2004）。〈序〉，《沃爾瑪王朝──全球第一大企業成長傳奇》，天下遠見出版，頁1-8。

李慧菊（1989）。〈個性決定成敗〉，《遠見雜誌》，第38期（1989/07/15），頁28-29。

林瑩秋（2008）。〈投資王永慶44年獲利超過1200倍：他從未對不起小股東〉，《商業周刊》，第1092期（2008/10/27-11/02），頁122。

邱瓊玉（2012）。〈北市說願景／鬧展場　變燈景　方舟更美了〉，《聯合報》（2012/12/27），A7話題。

孫玉壽（2001）。〈借鏡台塑卓越管理建構台肥競爭優勢〉，《台肥月刊》，第42卷，第12期（2001/12）。

孫震（2005）。《理當如此：企業永續經營之道》，天下遠見出版，頁38。

徐有庠口述，王麗美執筆（1994）。《走過八十歲月：徐有庠回憶錄》，自印，頁364-365。

高清愿、趙虹著（2001）。《總裁一番Talk：世事、事態與事業》，商訊文化出版，頁10-11。

統一企業編輯部（2002）。〈成功企業〉，《統一企業》，第29卷，第8期

（2002/08），頁1。

莊宗勳（2012）。〈許文龍：文化是國家興盛關鍵〉，《聯合報》
　　（2012/12/30），A12文化版。

許士軍（2005）。〈管理大師看致勝——聽威爾許自己怎麼說？〉，《遠見雜
　　誌》，第229期（2005年7月號）。

許文龍口述，林佳龍、廖錦桂編著（2010）。《零與無限大：許文龍幸福學》，
　　財經文化出版，頁40、63、76。

黃琴雅（2012）。〈奇美照顧你生活　醫病也醫心〉，《新新聞》，總第1335期
　　（2012/10/04-10/10），頁48-49。

戴照煜（2012）。〈領導是企業成功之魂〉，《震旦月刊》，第495期（2012年10
　　月號），頁34。

管理叢書 13

企業倫理

作　　者／丁志達
出 版 者／揚智文化事業股份有限公司
發 行 人／葉忠賢
總 編 輯／閻富萍
特約執編／鄭美珠
地　　址／22204 新北市深坑區北深路三段 260 號 8 樓
電　　話／(02)8662-6826
傳　　真／(02)2664-7633
網　　址／http://www.ycrc.com.tw
　E-mail　／service@ycrc.com.tw
I S B N　／978-986-298-105-4
初版二刷／2015 年 9 月
定　　價／新台幣 450 元

國家圖書館出版品預行編目（CIP）資料

企業倫理 / 丁志達著. -- 初版. -- 新北市 ：
揚智文化, 2013.09
　面 ；　公分. -- (管理叢書 ; 13)

ISBN 978-986-298-105-4 (平裝)

1.商業倫理

198.49　　　　　　　　　　102014863